BAJO PRESIÓN

Carl Honoré

BAJO PRESIÓN

Cómo educar a nuestros hijos en un mundo hiperexigente

Traducción de Joan Solé

Título original: *Under Pressure*
Publicado originalmente en Gran Bretaña por Orion Books,
un sello de Orion Publishing Group Ltd.
© 2008, Carl Honoré
© de la traducción: 2008 Joan Solé
© de esta edición: 2008, RBA Libros, S.A.
Pérez Galdós, 36 - 08012 Barcelona
rba-libros@rba.es / www.rbalibros.com

Primera edición: octubre 2008

REF.: ONFi215 / ISBN: 978-84-9867-343-2
DEPÓSITO LEGAL: B.42.196-2008
Composición: Víctor Igual, S.L.
Impreso por Novagràfik (Barcelona)

Para mis padres

«El gran espacio catedralicio que era la infancia.»

VIRGINIA WOOLF

«Quería hacerlo todo por mis hijos:
eliminar todos los obstáculos de su camino,
librar todas las batallas y encajar todos los golpes.»

JOHN O'FARRELL, *May Contain Nuts*

ÍNDICE

GESTIÓN DE LA INFANCIA

> «Por mucha calma con que se intente mediar
> como árbitro, hacer de padre termina por produ-
> cir comportamientos estrafalarios, y no me refie-
> ro a los niños.»
>
> BILL COSBY

En un próspero rincón de Londres, en una escuela de enseñanza primaria construida hace más de un siglo, se está desarrollando una
muy moderna reunión entre padres y maestros. Mi mujer y yo asis-
timos al encuentro para hablar de nuestro hijo de siete años. Unos
pocos padres están sentados frente al aula en sillas de plástico, con
los ojos fijos en el suelo o echando ojeadas a los relojes de pulsera.
Algunos andan por el pasillo y toquetean con nerviosismo sus teléfonos móviles.

Los cuadernos de ejercicios de segundo año están amontonados
en una mesa, cual nieve acumulada en una ventisca. Los hojeamos,
sonreímos ante excentricidades ortográficas, nos embobamos al ver
bonitos dibujos y nos maravillamos frente a complejidades aritmé-
ticas. Los éxitos y fracasos de nuestro hijo están al descubierto en la
hoja, y nos parecen que son nuestros. Celebro todas las estrellas do-
radas de su cuaderno con una exclamación silenciosa.

La señora Pendle nos hace entrar por fin en el aula. Parece que
nuestro hijo se desarrolla estupendamente, así que abrigamos grandes esperanzas en relación con la entrevista. Cuando nos sentamos
frente a una mesa baja, la señora Pendle emite su veredicto: a nuestro hijo se le da muy bien leer y escribir. Asimila bien las matemáticas. En ciencias la cosa podría ir mejor. Se porta bien y resulta agradable tenerle de alumno.

Es un informe muy bueno, pero no acaba de ser lo bastante bueno. «No ha dicho nada de su vocabulario impresionante», dice mi mujer cuando salimos del aula. «Ni nos ha explicado por qué no está entre los mejores en todas las áreas», añado yo. El tono es de broma —estamos parodiando a los padres arrogantes que encontramos en los periódicos—, pero en la ironía hay un dejo amargo. Y también eso sale de nosotros.

Mi mujer se va a casa para relevar a la canguro, yo me voy a hacer una visita a la profesora de arte. Se deshace en elogios: «Su hijo tiene mucho talento. Siempre se le ocurre algo diferente.» *Eso está mejor*, pienso en mi fuero interno. Un trabajo suyo está colgado en una pared de la sala de arte como modelo para otros niños. Se trata de un dibujo de un mago esmirriado según el estilo de Quentin Blake, que ilustró los libros de Roald Dahl. Debajo del retrato, nuestro hijo ha mostrado la cabeza del anciano desde distintos ángulos. La maestra lo baja para que lo vea.

—Es asombroso que un niño de siete años se plantee sin ayuda de nadie algo que juega así con la perspectiva —dice—. Es un joven artista, muy dotado, de veras.

Y hela aquí, la palabra mágica, las seis letras que son música para los oídos de cualquier padre. *Dotado/a.* Me voy andando a casa desde la escuela y ya me dedico a planificar la ascensión de nuestro hijo a la cúspide del mundo artístico internacional. ¿Organizará su primera exposición en Londres o en Nueva York? ¿Necesitará agente? ¿Estamos criando al próximo Picasso? De repente tienen su compensación todas las visitas a la Tate Gallery, todas las mañanas dominicales arrastrando al niño frente a Turners y Ticianos. Mi hijo es un artista.

Mi mujer está encantada con la noticia, en parte porque la profesora de arte ha emitido el panegírico en presencia del padre de un compañero de clase. Después de cenar tarde, me pongo a examinar revistas para padres y a navegar por internet, en busca del modo correcto de cultivar el don de nuestro hijo. El anuncio que me llama la atención promete: «¡Libere el genio de su hijo!». Mi mujer teme que me esté excediendo, pero en este momento sus palabras no son para mí más que ruido de fondo.

A la mañana siguiente, de camino a la escuela, juego con la idea de matricularle en un curso de arte. Pero mi hijo se niega en redondo:

—No quiero ir a clase para que un profesor me diga lo que tengo que hacer... sólo quiero dibujar —me espeta con firmeza—. ¿Por qué los mayores tenéis que controlarlo todo?

La pregunta me hace parar en seco. A mi hijo le encanta dibujar. Es capaz de pasarse horas inclinado sobre un trozo de papel, inventándose formas de vida extraterrestre o dibujando a Wayne Rooney driblando con un balón de fútbol. Dibuja bien y es feliz con ello. Pero en el fondo no es suficiente. En parte deseo controlar esta felicidad, afinar y perfeccionar su talento, transformar su arte en un logro.

Desde luego no soy el primer padre deseoso de llevar a su hijo hasta lo más alto. Va con el cargo. Hace dos mil años un maestro de escuela llamado Lucio Orbilio Pupilo calificó la prepotencia de los padres como un gaje del oficio en las aulas de la antigua Roma.[1] Cuando el joven Mozart contribuyó a poner de moda los niños prodigio en el siglo XVIII, muchos europeos encerraron a sus propios hijos con la esperanza de crear niños prodigio. En la actualidad, la presión por sacar lo máximo de nuestros niños resulta devoradora. Queremos que tengan lo mejor de todo y que sean los mejores en todo. Queremos que sean artistas, buenos estudiantes y deportistas, que se deslicen por la vida sin dificultades, dolor ni fracasos.

En su forma más extrema, esta modalidad de educación cuenta con varios nombres en todo el mundo: padres-helicóptero, porque Mamá y Papá están siempre planeando por encima; hiperpadres; los escandinavos bromean sobre los «padres *curling*»,* obsesionados con barrer el hielo que haya en el camino del niño; las «madres educativas» dedican hasta el último segundo de vigilia a guiar a sus hijos por el sistema escolar japonés.

Pero los padres no son los únicos que practican el *curling*, el vuelo con helicóptero y la prepotencia. Todos, desde el Estado hasta la

---

* El *curling* es un deporte en el que se impulsan sobre hielo grandes piedras circulares y planas hacia una meta. A fin de controlar la velocidad y la dirección de la piedra, antes del lanzamiento se alisa la superficie con una escoba. *(N. del T.)*

industria de la publicidad, tienen planes en relación con la infancia. En Gran Bretaña, un grupo de trabajo del Parlamento advirtió recientemente que demasiados pequeños sueñan con ser, de mayores, princesas de cuento de hadas y estrellas del fútbol. Dicho grupo de trabajo ofrecía como solución un programa de orientación de estudios para niños de cinco años.

En la actualidad, el mismo mensaje se repite en todas partes: la infancia es algo demasiado precioso para dejarlo en manos de los niños, y los niños son algo demasiado precioso para dejarlos solos. Tantas intromisiones están creando un nuevo tipo de infancia. En el pasado, el Niño Trabajador se afanaba en los campos y, después, en las fábricas de la Revolución Industrial. El siglo XX presenció el auge del Niño Libre. Ahora hemos entrado en la era del Niño Dirigido.

Antes de seguir avanzando, dejemos clara una cuestión: no todas las infancias son iguales. No encontraremos muchos niños dirigidos como si fueran un proyecto en los campos de refugiados de Sudán ni en las barriadas de América Latina. Incluso en el mundo desarrollado millones de chicos, sobre todo en las familias más pobres, tendrán más probablemente un déficit que un exceso de atención paternal. Seamos sinceros: la mayoría de padres-helicóptero pertenecen a la clase media. Pero eso no significa que este cambio cultural afecte sólo a la gente adinerada. Cuando se trata de un cambio social, las clases medias suelen marcar la pauta, y con el tiempo sus complejos y debilidades se deslizan arriba y abajo por el escalafón social. O como mínimo hacen que todos los demás se sientan culpables por no mantener el ritmo.

Si miramos alrededor, nos daremos cuenta de que los niños son ya objeto de mayor preocupación e intervención de los adultos que en cualquier otro momento de la historia. Un amiga neoyorquina embarazada me dice por correo electrónico que todas las noches durante una hora se mete serenatas de WombSong, que permite hacer llegar música, palabras y sonidos a través de la barriga con la esperanza de estimular el cerebro de su hijo todavía por nacer. En la otra parte del mundo, en Shanghai, padres ambiciosos inscriben a sus hijos en un programa de «MBA temprano». Todos los domingos por la mañana, los alumnos aprenden el valor de trabajar en equipo, gestionar problemas y la asertividad. Algunos apenas han dejado de utilizar pañales.

Muchos niños siguen hoy en día el tipo de programa que marearía a un alto ejecutivo. Pasan a toda prisa del yoga para bebés al aeróbic para bebés a clases de lenguaje de signos para bebés. En Corte Madera, California, Gail Penner compró una agenda electrónica con motivo del cumpleaños de su hijo John para ayudarle a seguir sus actividades extraescolares: piano, béisbol, español, baloncesto, fútbol, tenis, natación y kárate.

—Está tan ocupado que tiene que aprender a gestionar su tiempo —dice el padre. John tiene diez años.

Y si los niños tienen tiempo libre, a menudo nos da miedo perderlos de vista. La distancia media a la que se les permite alejarse de casa a los niños británicos ha descendido casi en un 90 por ciento desde los años setenta del siglo XX.[2] Mi hijo, al igual que más de dos terceras partes de los de su edad, no ha ido nunca solo al parque.

La tecnología nos permite vigilarlos como nunca. Equipados con GPS incrustados en las chaquetas, las carteras y los uniformes los convierten en pequeñas señales luminosas en las pantallas de nuestros ordenadores en el hogar y en el puesto de trabajo. Los teléfonos móviles se desdoblan cada vez más en mecanismos de seguimiento: si un niño se aparta de la estipulada «zona segura», mamá y papá reciben un mensaje de texto instantáneo. Los jardines de infancia y las guarderías en los puestos de trabajo instalan cámaras web para que los padres puedan obtener imágenes en tiempo real de sus pequeños desde cualquier parte del mundo. Ni siquiera las colonias de vacaciones son ya un refugio frente a los ávidos ojos del padre del siglo XXI, pues desde lagos y bosques lejanos se envían continuamente fotografías e imágenes de vídeo a la dirección electrónica personal o bien se cuelgan en la web.

—Antes la gente no tenía inconveniente en dejarnos a los niños una o dos semanas sin recibir ninguna noticia, aparte tal vez de una postal o alguna llamada de teléfono —dice un veterano monitor de colonias de Colorado—. Ahora, los padres se vuelven locos si su hijito no sale cada día en la página web. O si sale pero no sonríe.

Es la primera generación que protagoniza una versión propia de *El show de Truman*. La cosa empieza con el impreso del escáner de ultrasonidos y pasa a las escuchas en el útero mediante aparatos para oír el corazón del bebé. Se dice que el actor Tom Cruise estaba tan ansioso por controlar a su hija todavía no nacida que se compró un equipo para hacer sonogramas, por mucho que los médicos le advertían que ese espionaje aficionado podía dañar al feto. Después del nacimiento, se capta hasta el último instante en digital y Dolby. Como *paparazzi*, los padres modernos están siempre al acecho, un dedo en el disparador o en el botón de grabar, esperando la toma perfecta o tratando de crearla. Me sorprendo a mí mismo dando órdenes desde la silla del director: «Repite ese gesto a la cámara». O: «Que todo el mundo deje de jugar un momento y mire aquí con una gran sonrisa».

El control excesivo no finaliza al terminar la escuela. Muchos británicos planean ahora el más mínimo detalle del «año vacío» de sus hijos previo al ingreso en la universidad. En China, los padres se toman de media una semana de vacaciones para acomodar a su descendencia en la universidad, y muchos se instalan en alojamientos improvisados en el campus. Las universidades estadounidenses asignan personal exclusivamente a la tarea de hacer frente a la avalancha de llamadas y correos electrónicos de mamás y papás que quieren ayudar a elegir asignaturas, probar la comida de la cafetería, leer los trabajos e incluso analizar a los compañeros de habitación de su hijito. El cordón umbilical permanece intacto incluso después de la licenciatura. Para reclutar estudiantes universitarios, empresas de primer orden como Merrill Lynch han empezado a enviar «*packs* para padres» o a celebrar días de puertas abiertas en los que mamá y papá pueden inspeccionar sus oficinas.

—Nuestros candidatos y nuestros profesores en prácticas hacen cada vez más caso de sus padres en lo concerniente a las decisiones laborales —dice Dan Black, director de captación de estudiantes en América del Norte y del Sur para Ernst & Young.[3] Los encargados de selección de personal llegan a encontrarse con padres que acompañan a sus hijos en las entrevistas de trabajo. Un candidato se presentó hace poco en una consultoría neoyorquina de primera fila con su madre.

—La mamá no dejó de hacer preguntas sobre el sueldo, las perspectivas de promoción y las vacaciones organizadas —cuenta uno de los entrevistadores—. Era como si no pudiera contenerse.

Hoy en día no hay nada lo bastante bueno para nuestros hijos. Me asombra la cantidad de cosas que tienen los míos. ¿Cómo hemos llegado hasta aquí? No somos una familia que compre compulsivamente, pero los cuartos de los niños están anegados por un río de juguetes... y sólo son los que no hemos enviado a las tiendas de beneficencia que venden objetos usados. ¿Qué ocurrirá cuando descubran la tecnología de la información? ¿Acabarán como Julio Duarte Cruz, quien, como tantos adolescentes de todo el mundo, corre a casa desde la escuela para estar con sus artilugios? «Mi cuarto es mi mundo virtual exclusivo —me dice por correo electrónico desde Sevilla, España—. Y a mis padres les gusta porque así saben dónde estoy».

Se mire como se mire, estamos criando a la generación más conectada, consentida y vigilada de la historia; ¿es de veras tan negativo? Después de miles de años de pruebas y errores, quizás hayamos dado por fin con la receta mágica para la educación de los niños. Tal vez el control excesivo termine por dar sus frutos. Tal vez estemos criando a los niños más inteligentes, sanos y felices que el mundo haya visto.

Las afirmaciones sobre la muerte de la infancia son exageradas, desde luego. Crecer en el mundo desarrollado a principios del siglo XXI tiene muchas ventajas: menos probabilidades de malnutrición, abandono, maltratos y muerte que en cualquier momento de la historia. Se está rodeado de comodidades materiales inimaginables hace sólo una generación. Legiones de docentes, políticos y empresas buscan nuevas formas de educar, alimentar, vestir, enseñar y divitir. Se dispone de unos derechos consagrados por el derecho internacional. Se es el centro del universo de los padres.

Y, sin embargo, la infancia parece hoy distar mucho del «nido de alegría» que imaginó Lewis Carroll. Y la condición de padre no es tampoco un paseo por el parque. En muchos sentidos, la actitud moderna hacia los niños está fracasando.

Empecemos por la salud. Encerrados como gallinas de criadero, con escasez de ejercicio y una dieta hipercalórica, los niños están engordando peligrosamente. En Estados Unidos, los fabricantes aumentan el tamaño de los asientos de seguridad de los coches para que puedan acomodar a los rechonchos niños del país. Casi una quinta parte de los niños estadounidenses pesan más de la cuenta, y el resto del mundo está siguiendo el ejemplo. La Asociación Internacional para el Estudio de la Obesidad calcula que en 2010 serán obesos el 38 por ciento de los menores de dieciocho años europeos y el 50 por ciento de América del Norte y del Sur. Los kilos de más ya están condenando a muchos niños a enfermedades del corazón, a la diabetes tipo 2, a la arterioesclerosis y otros desórdenes antes reservados a los adultos.

Los chavales deportistas también lo pasan mal. Un exceso de entrenamiento a una edad demasiado temprana les está agotando. Lesiones como la rotura del ligamento cruzado anterior,[4] que antes sólo se presentaban en deportistas universitarios y profesionales, ahora abundan en los institutos y se extienden cada vez más entre niños de nueve y diez años.

Y el espíritu sigue al cuerpo. Las depresiones, las lesiones autoinfligidas y los desórdenes de la alimentación aumentan entre los niños de todo el mundo, al igual que los casos de enfermedades causadas por el estrés como el dolor estomacal, los de cabeza y la fatiga crónica. Incluso teniendo en cuenta los diagnósticos exagerados, las cifras son alarmantes: Naciones Unidas advierte que uno de cada cinco niños ya sufre de algún desorden psicológico, y la Organización Mundial de la Salud calcula que en 2020 las enfermedades mentales estarán entre las cinco principales causas de muerte o discapacidad en los jóvenes. En Gran Bretaña, un adolescente trata de suicidarse cada veintiocho minutos.[5] Los adolescentes japoneses, en vez de acabar con todo, se retiran a sus cuartos y se niegan a salir durante semanas, meses o incluso años seguidos. Los expertos estiman que más de 400.000 adolescentes del país son en la actualidad *hikikomori*, o ermitaños permanentes.[6] En otras partes del mundo, los universitarios sufren crisis nerviosas como no se había visto jamás. Hace una década, el motivo más habitual para visitar al asesor del campus eran los problemas con el novio o la novia; hoy lo es la ansiedad. Steven Hyman, catedrático de neurobiología, ex director del Instituto Nacional de Salud Mental estadounidense y en la actualidad rector de la Universidad de Harvard, declara que la salud mental de los universitarios norteamericanos se halla en un estado tan lamentable que «interfiere en la misión central de la universidad».

Gran parte del mal se debe a una cultura que hace que todo el mundo ansíe la fama, el dinero y la belleza física de las grandes estrellas de Hollywood. Pero el peso recae con más fuerza sobre los niños de las clases sociales altas, donde es más intensa la presión por competir. Investigaciones efectuadas en todo el mundo indican que ahora no es en los guetos urbanos donde más predominan la depresión y la ansiedad infantiles —y el abuso de sustancias, las lesiones autoinfligidas y el suicidio que a menudo llevan aparejados—, sino en los elegantes pisos del centro de las ciudades y en los barrios residenciales, donde las dinámicas clases medias dirigen como proyectos a sus hijos. En *The Price of Privilege* [El precio del privilegio], Madeline Levine, psicóloga clínica de una parte adinerada de San Francisco, informa que en el grupo de niños de hogares con ingresos anuales situados entre los 120.000 y los 160.000 dólares hay el triple de probabilidades de depresiones y ansiedad que en el de sus iguales menos ricos. Un estudio reciente determinó que casi el 40 por ciento de las quinceañeras de familias británicas adineradas sufre el tipo de aflicción psicológica que las sitúa en riesgo de contraer enfermedades mentales.[7] En Gran Bretaña o Francia, los índices de ansiedad y suicidio han aumentado conjuntamente con la mejora de notas en las exigentes pruebas de bachillerato y el mayor acceso a la educación superior. Los *hikikomori* japoneses pertenecen casi siempre a familias de clase media.

Para mantener el ritmo, o incluso para ir tirando, más niños que nunca —por encima de los seis millones en Estados Unidos— se medican para modificar su comportamiento y estado de ánimo. Hasta los bebés se tragan ahora antidepresivos con la leche a la hora de acostarse. Desde 1993 se han triplicado en todo el mundo las prescripciones de Ritalin, Attenta, Focalin y otros medicamentos concebidos para refrenar la hiperactividad infantil.[8] Los expertos temen que muchas familias estén usando medicamentos psicotrópicos como instrumento educativo. Un médico de un barrio acomodado neoyorquino pregunta ahora a todos los padres que le piden que les prescriba Ritalin: «¿Quiere que esto le haga la vida más fácil a su hijo o a usted?». Detrás de este *boom* de consumo de píldoras hay una ironía ácida: una generación de adultos que usó drogas para soltarse y liberar la mente las utiliza ahora para mantener a raya a sus hijos.

La obsesión de mejorar a nuestros hijos ha alcanzado la categoría de Frankenstein. A raíz de sondeos que indican que las personas altas tienden a alcanzar más éxitos, algunos padres pagan para que les inyecten hormonas de crecimiento a sus niños sanos y normales,[9] y cada dos centímetros y medio de crecimiento adicional cuesta 50.000 dólares. Otros prefieren algún pellizquito y estironcito para tener un aspecto maravilloso. Hoy en día, los cirujanos plásticos tienen que andarse con cuidado con las pacientes adolescentes a quienes sus padres han presionado para que se arreglen la nariz o se hagan cirugía en las orejas. Un médico de Sao Paulo, Brasil, cuenta que una muchacha de dieciséis años perdió el control recientemente en la mesa de operaciones antes de que se le administrara la anestesia.

—Lloraba y preguntaba por qué sus padres no aceptaban su rostro tal como era, así que la mandamos de vuelta a casa —dice—. Su madre estaba furiosa.

La tragedia es que todo este control excesivo, todos estos mimos, encierros y medicamentos no están produciendo una nueva estirpe de niños perfectos. Maestros de todo el mundo notifican que a sus alumnos les cuesta estar quietos y concentrados. Los jefes de personal se quejan de que muchos trabajadores nuevos son menos flexibles y capaces de trabajar en equipo y tienen menos deseo de formarse.

Los niños sometidos a un control excesivo pueden terminar por tener problemas para mantenerse en pie. Los asesores de estudios nos hablan de universitarios que les dan el teléfono móvil a media entrevista y dicen: «¿Por qué no arregla esto con mi mamá?» Grandes cantidades de niños de clase media optan ahora por quedarse en casa de sus padres hasta muy pasados los veinte, y no siempre debido a los préstamos de estudios y el astronómico precio de la vivienda: sencillamente, muchos no pueden soportar la idea de irse de un lugar donde son el centro del universo. A un padre que conozco en Oxford le asombra que su hija de veinticuatro años, provista de un currículo brillante, haya vuelto a casa.

—Hasta quiere que la lleve en coche al cine —me cuenta—. Es como si volviera a tener doce años.

Los japoneses denominan «solteros parásitos» a los veinteañeros que siguen viviendo en casa de sus padres.

Elevados a un pedestal, los niños han acabado creyendo que el mundo debe postrarse a sus pies, y se enfadan cuando no es así. ¿Es una coincidencia que las televisiones de todo el mundo emitan con éxito en la actualidad *Supernanny*, *Brat Camp* y otros programas televisivos que enseñan a domar a niños revoltosos? Más avanzada la vida, los berrinches pueden dar paso al narcisismo. Un examen de personalidad realizado en 2006 halló indicios de «narcisismo elevado»[10] en casi dos terceras partes de los 16.000 universitarios estadounidenses entrevistados, lo que representaba un aumento del 30 por ciento respecto a 1982. El *Wall Street Journal* informaba recientemente que, en lugar de comprar flores o chocolatinas para el Día de la Madre, muchos veinteañeros norteamericanos prefieren ahora permitirse una pequeña mejora, y hacen régimen, se arreglan los dientes (los suyos, no los de la madre), se cortan el pelo, limpian el piso o se apuntan a servicios de contactos. ¿Por qué? Porque la mejor manera de hacer feliz a la mamá del siglo XXI es mejorar a sus hijos.

23

Educados según una definición de éxito en la que no se prevé el fracaso, los niños pueden terminar también con horizontes estrechos. En un momento en el que la economía global está pidiendo a gritos personas que asuman riesgos, estamos enseñando a nuestros hijos a nadar y guardar la ropa y seguir caminos trillados. Desde luego, los jóvenes siguen rebelándose, pero ¿dónde están las protestas en los recintos universitarios que hicieron tambalear el *establishment* político y remodelaron la cultura popular en los años setenta y setenta? Muchos universitarios parecen más interesados en sacar brillo a su currículo que en blandir pancartas. Los profesores describen una nueva generación de abejas obreras expertas en obedecer el sistema pero desprovistas de chispa personal.

—Carecen de un fuego verdadero, de la pasión ardiente de aventurarse o de desafiar al *status quo* —dice un profesor de una de las más prestigiosas universidades norteamericanas—. Hoy en día parece que muchos chicos no hacen más que recitar un guión.

William Blake sintetizó la infancia en unos versos célebres:

> *Ver un mundo en un grano de arena,*
> *Y un cielo en una flor silvestre,*
> *Sostener el infinito en la palma de la mano*
> *Y la eternidad en una hora.*

Hoy, muchos niños están demasiado ocupados corriendo a la clase de violín o a la de Kumon* para sostener el infinito en la palma de la mano. Y esa flor silvestre da un poco de miedo: ¿y si tiene espinas, o el polen desencadena una reacción alérgica? Cuando los adultos secuestran la infancia, los niños se pierden aquello que confiere textura y significado a una vida humana: las pequeñas aventuras, los viajes secretos, los contratiempos y percances, la gloriosa anarquía, los momentos de soledad y hasta de aburrimiento. Todos los jóvenes acaban asimilando que lo que más importa no es encon-

---

* Actividad para desarrollar el potencial intelectual mediante las matemáticas. (*N. del T.*)

trar un camino propio, sino poner el trofeo adecuado en la repisa de la chimenea, marcar la casilla adecuada en vez de pensar fuera de ella. Por consiguiente, la infancia moderna parece extrañamente insulsa, saturada de acción, logros y consumo, pero en cierto sentido vacía y sucedánea. Le falta la libertad de ser uno mismo, y los niños lo saben.

—Me siento como un proyecto en el que mis padres están siempre trabajando —dice Susan Wong, de catorce años y residente en Vancouver, Canadá—. Hasta hablan de mí en tercera persona cuando estoy ante ellos.

Todos salimos malparados cuando los niños se convierten en proyectos. Un exceso de esfuerzo y prisa, en lugar de unir a las familias, puede terminar por distanciarlas. Pregúntenle a Connie Martínez, una madre de Los Ángeles. Hace poco, cuando fue al cine con su hijo de cinco años, éste le pidió que le dejara sentarse en la butaca de detrás de ella.

—Dijo que sería como estar en el coche juntos —explica—. Pasamos tanto tiempo en el coche para que asista a sus actividades que está muy cómodo mirándome la parte de atrás de la cabeza. Me horrorizó.

El hecho de proteger a los niños con plástico de burbujas deja sin vida los espacios públicos. En el barrio canadiense donde vivía antes, Edmonton, las calles en otros tiempos llenas del zumbido de niños que jugaban a hockey al aire libre, lanzando a canasta en las aceras o sencillamente corriendo entre aspersores están ahora en un silencio extraño e inquietante. Los niños están aparcados en los interiores, ante la PlayStation, o metidos en coches rumbo a la siguiente cita. La obsesión con nuestros hijos también puede tener como efecto que prestemos menor importancia al bienestar de los demás. Incluso en países célebres por su solidaridad social, una calidad egoísta se ha infiltrado en los patios de juegos.

—Cada vez oigo a más padres que dicen «Mi hijo esto, mi hijo aquello» —cuenta una maestra de Gotemburgo, Suecia—. Su hijo es el mesías y no parece que los otros niños les importen en lo más mínimo.

En todas partes, los padres arremeten contra quienquiera que se interponga en el camino de su descendencia. Hace poco, una mujer de treinta y tres años derribó y pegó un puntapié a una árbitro de un partido de baloncesto de jóvenes en Cedar Rapids, Iowa. Estaba furiosa porque su hijo había recibido varias faltas personales. La árbitro estaba embarazada de cinco meses. En Toronto, una pareja amenazó con denunciar a una dirigente de las escoltas cuando ésta les instó a dejar de obsesionarse con cuántas insignias obtenía su hija de ocho años. Hace poco, en una prestigiosa escuela primaria parisina, una madre arrinconó al director contra la pared por haberse negado a admitir a su hijo en el curso corriente debido a que cumplía años en un momento demasiado avanzado del curso. «¡Si lo hubiera sabido, habría acelerado el parto para que naciera un mes antes!», gritó la mujer. Otros padres tratan de obtener ventajas con la táctica opuesta. A partir de estudios que demuestran que los niños mayores de la clase tienen más opciones de salir adelante a largo plazo, padres de Estados Unidos, Gran Bretaña y otros países «apartan» a sus hijos, o los retienen un curso para que entren en el jardín de infancia en el grupo de más edad.

Este pánico irresistible, esta sensación de que sólo el niño perfecto va a tener alguna oportunidad, puede tener un efecto espantoso en la parte baja del escalafón social. Los padres obreros empiezan a plantearse vender el coche o comprar menos alimentos para contratar un profesor particular. Según un estudio efectuado recientemente en Estados Unidos, muchos hijos de las familias hispanas con menos ingresos[11] no se han tomado la molestia de solicitar el ingreso en la universidad del estado local porque suponían que la matrícula y las notas exigidas serían las mismas que las de las universidades más prestigiosas. Tres cuartas partes afirmaron que habrían presentado la solicitud de haber sabido que no era así.

El mismo pánico nubla a menudo el juicio en hogares más acomodados. En el fondo, la mayoría de nosotros sabemos que estar demasiado encima de los niños es absurdo. El problema es que resulta demasiado fácil dejarse llevar por la vorágine.

Con tanta implicación, y con tanto en juego, ¿es de extrañar que haya en todo el mundo padres quejosos de la carga que supone la educación de los hijos, o que en los últimos años hayan proliferado las novelas y las páginas web que denuncian el lado oscuro de la paternidad y sobre todo de la maternidad? Qué duda cabe de que los niños han representado siempre una dura tarea. Pero hoy, con unas expectativas tan elevadas, la carga puede disuadir por completo a la gente. Los índices de nacimientos han caído en gran parte del mundo industrial, y quienes no tienen hijos llegan a decir que están «libres de hijos», como si los niños fueran una desagradable variedad de herpes. Un titular de revista aparecido recientemente en Italia (país célebre por su amor a los *bambini*) lo dice todo: «¿Vale la pena tener niños?»

La respuesta, por supuesto, es que sí: y es por eso por lo que tenemos que hacerlo mejor. Este libro no es un viaje nostálgico ni un intento de hacer retroceder el reloj. Dudo que haya existido jamás una edad de oro para los niños; todas las generaciones cometen errores. Pero ahora hay esperanza de cambio. En todo el mundo se cuestiona la ansiedad que rodea a los niños. Los medios de comunicación están repletos de advertencias y actos de contrición. La columnista de *Newsweek* y madre de tres niños, Anna Quindlen, hablaba en nombre de muchas personas cuando pidió disculpas a los escolares de 2004. «Os han impuesto desde muy temprano un ritmo acelerado —escribió—. Debéis de estar agotados». Cien científicos británicos y otros intelectuales firmaron una carta abierta en 2006 que instaba a salvar a los niños de los efectos nocivos de la vida moderna. Unas pocas semanas después, la Academia Norteamericana de Pediatría alertó sobre el azote de los programas demasiado intensivos y de insistir demasiado en los deberes. En toda Asia, dirigentes políticos han hablado de la necesidad de reducir la carga de los jóvenes. Chen Shui-bian, presidente de Taiwán, expresó por escrito su esperanza de que los niños tengan «menos exámenes, carteras más ligeras y más horas de sueño». *Confessions of a Slacker Mom* [Confesiones de una mamá vaga] y otros libros que se oponen a la competitividad paterna se están vendiendo muy bien.

Y de las palabras a la acción. Los Gobiernos, incluso en el laborioso Extremo Oriente, han empezado a dejar más margen para la creatividad, el juego y el descanso en los sistemas escolares. Las familias tratan en todas partes de disminuir la influencia que los anunciantes tienen sobre sus niños. Las ligas de deportes para jóvenes se están reformando para que los chavales puedan jugar sin que los adultos echen a perder la diversión. Ahora, por toda América del Norte, ciudades enteras destinan días en los que se suprimen los deberes y las actividades extraescolares.

También los jóvenes ponen de manifiesto su deseo de que los adultos les dejen más espacio. Cuando Gran Bretaña celebró en 2006 su primer congreso anual de niños y niñas que representaban a sus respectivas escuelas, el tema fue el «poder de los alumnos», y los delegados pidieron menos encierros y exámenes. Instituciones docentes de primera línea empiezan a emitir un mensaje similar. No hace mucho, Marilee Jones, ex docente a cargo de las admisiones en el Massachusetts Institute of Technology, observó que el campus del MIT había perdido parte de su brillo creativo. Concluyó que el proceso de admisión estaba descartando a los inconformistas, a las personas del estilo de Bill Gates, los rebeldes que persiguen una idea por sí misma en vez de complacer a los padres o a los posibles jefes. «El niño que destroza un telescopio en su habitación para satisfacer su curiosidad y no lo lleva a una feria para ganar un premio: ese niño es el verdadero científico y observador —dice—. Es ese niño el que quiero».

Después de casi tres décadas en el MIT, Jones tuvo que dimitir al saberse que muchos años atrás había falsificado su propio currículo: el peor pecado que puede cometer la responsable de las admisiones. Pero a pesar de haber caído en desgracia, contribuyó a impulsar la corriente de opinión contraria a la idea de que la infancia tenga que ser una carrera enloquecida para entrar en una universidad de primera. Cuando estaba a punto de dejar el cargo, Jones reescribió el impreso de solicitud: redujo a la mitad el espacio dedicado a las actividades extraescolares e incluyó más preguntas inquisitivas sobre lo que realmente encendía la sangre de un candidato. También viajó por todo Estados Unidos hablando ante auditorios repletos de profesores, asesores de instituto y familias. Coincidí con ella en un congreso de Silicon Valley, un semillero de hiperpadres. Jones, ataviada con un vestido negro y un vistoso pañuelo de seda, entró enseguida en materia.

—Estamos criando a toda una generación de niños para que nos complazcan, para que nos hagan sentir felices y orgullosos, para que sean lo que nosotros queremos que sean —dijo a un público de 350 personas—. Lo sé porque durante años hice lo mismo con mi hija, y como consecuencia casi la pierdo.

Su receta era estimulantemente subversiva: los niños se desarrollan cuando tienen tiempo y espacio para respirar, cuando pueden pasar un rato con los amigos y a veces aburrirse, relajarse, arriesgarse y cometer errores, soñar y divertirse como les es propio, incluso fracasar. Si hemos de retornar la alegría no sólo a los niños sino a los padres, ha llegado el momento de que los adultos se aparten un poco para permitir que los niños sean ellos mismos. «Éste es el inicio de una revolución», exclamó Jones, y el auditorio prorrumpió en una salva de aplausos.

No será fácil encontrar una nueva fórmula para la infancia en la era de la información. El primer paso es tomarnos un descanso colectivo, lo que significa apartarse del bombo y el pánico el tiempo suficiente para entender que se está tratando mal a muchos niños. A continuación debemos abordar algunas cuestiones difíciles: ¿Cuándo es adecuado empujar a los niños y cuándo es mejor apartarse? ¿Cuánta libertad necesitan? ¿Cuánta tecnología? ¿Qué riesgos hay que permitir que corran?

Sin duda, escribir un libro como éste entraña peligros. Uno de ellos es que cualquier llamamiento a sufrir menos por los niños puede terminar por hacer que todos sufran aún más si cabe. Otro es la trampa de ser un carroza. Todas las generaciones se han desesperado con su juventud, a veces de modo apocalíptico, y sé que me acerco a una edad en la que las palabras *cuando yo era joven* pueden salir fácilmente de los labios. Pero merece la pena asumir estos riesgos.

Este libro no es un manual más para los padres: ya hay bastantes. No encontrará usted ningún recuadro con consejos prácticos ni ninguna prueba para papás al final de cada capítulo. Me propongo encontrar un modo de calmar el nerviosismo que rodea a los niños. Ello implica replantearse qué significa ser niño y qué significa ser adulto, y hallar un modo de reconciliar ambas condiciones en el siglo XXI.

Nuestra investigación nos llevará alrededor del mundo. En las páginas siguientes visitaremos aulas de Finlandia y California, Italia y Hong Kong, entre otros países. Pasaremos por un jardín de infancia al aire libre donde niños de tres años viven peligrosamente en un bosque escocés. Iremos a una ciudad estadounidense que una vez al año se sustrae a la rutina de las agendas sobresaturadas; después, a un curso deportivo neoyorquino que pretende reinventar el baloncesto para niños. Asistiremos a una feria de juguetes en Londres y a un experimento con juegos en Buenos Aires. A cada paso escucharemos a expertos, claro está, pero también a quienes más implicados se encuentran en esta batalla por redefinir la infancia en el siglo XXI: los propios padres e hijos. Muchas de las personas que aparecen en los capítulos siguientes nos hablarán en el cuarto de juegos o frente a la mesa de la cocina, o a través del correo electrónico desde el ordenador del hogar.

Este libro es también un viaje personal. Como padre de dos niños londinenses, estoy en primera línea. Al igual que la mayoría de los padres, quiero que mis hijos sean felices y sanos y que salgan adelante. Pero también deseo que la tarea de educarles se parezca menos a *Misión Imposible*. Quiero desechar el ansia por asumir el control.

En última instancia, lo que de veras quiero es que mis hijos recuerden con alegría sus años de niñez y juventud, que tengan la sensación de haber visto el mundo en un grano de arena. Quiero que tengan una infancia digna de ser llamada así.

I

SON LOS ADULTOS, ESTÚPIDO

> «En esas playas mágicas, los niños que juegan ha-
> cen varar para siempre sus barcas de mimbre.
> También nosotros hemos estado allí. Todavía po-
> demos oír el sonido del oleaje, aunque ya no vol-
> veremos a desembarcar.»
>
> J. M. BARRIE, *Peter Pan*

Es una tarde de verano, hacia el fin de la época de exámenes, y las antiguas facultades de Oxford son un patio de recreo para la dorada juventud. El sol calienta los edificios de piedra mientras la brisa acaricia suavemente la hiedra adherida a los aleros. En Magdalen College, estudiantes de todo el mundo pasan el rato sobre una hierba perfecta como césped artificial, charlan por los teléfonos móviles, escuchan música en sus iPod. Se inicia un partido de croquet que levanta risas que resuenan por el antiguo patio interior. Es una instantánea de la nueve elite en el tiempo de descanso. Parafraseando a Cecil Rhodes, padre del programa de Becas Rhodes, estos jóvenes han ganado el gordo en la lotería de la vida.

¿De veras? George Rousseau, codirector del Centro de Historia de la Infancia de la Universidad de Oxford, no está convencido. Nos citamos en el antiguo salón para fumadores del Magdalen College. En las paredes revestidas con paneles cuelgan pinturas desvaídas de escenas rurales. Los profesores charlan con tono erudito frente a tazas de té y café bajo un techo de vigas. Desde las gastadas butacas de cuero vemos a estudiantes que se pasean con toda tranquilidad por el patio de abajo. Rousseau, que ha dedicado treinta y cinco años a la enseñanza en universidades de elite de ambos lados del Atlántico, empieza diciéndome que los niños del siglo XXI no lo están pasando nada bien.

—Lo siento por muchos jóvenes de hoy, especialmente los de familias ricas —dice—. No se enfrentan a la amenaza de muerte y enfermedad que acechaban a generaciones anteriores, y cuentan con muchas ventajas, pero también están vigilados, presionados y sobreprotegidos hasta un extremo asfixiante. No les queda ninguna sensación de libertad.

Si esto es lo que va a suceder, primero debemos entender cómo la infancia ha evolucionado hasta su forma actual. Rousseau me advierte que no es una tarea sencilla. Es difícil hacer generalizaciones porque las vidas de los niños varían mucho, no sólo en el tiempo, sino entre las clases sociales y las culturas. La historia de la infancia como disciplina escolar no nació realmente hasta los años sesenta del siglo XX, y todavía hoy tenemos un conocimiento fragmentario de las relaciones entre adultos y niños en la era premoderna.

—El resultado es una gran cantidad de conjeturas y suposiciones —dice Rousseau.

Un mito común es que en el pasado no existía la infancia. Esta idea se extendió en los años sesenta cuando Philippe Ariès, un historiador francés, sostuvo que en la Europa medieval se trataba a los niños como adultos en miniatura desde que se les destetaba: llevaban la misma ropa, gozaban de las mismas diversiones y desempeñaban los mismos trabajos que todos los demás.

Ariès tenía razón al decir que el pasado lejano era un lugar muy adulto, pero andaba muy equivocado en la afirmación de que nuestros antepasados carecían de toda idea de la infancia y como consecuencia jamás trataron a los niños de un modo específico. Dos mil años antes de NetNanny,* Platón sostuvo que una sociedad tenía la obligación de controlar lo que su juventud veía, oía y leía. Incluso la Regla de San Benito, la principal guía monástica en la Europa

---

* Bloqueador de páginas web cuya función es impedir que los niños entren en páginas de contenido pornográfico. (*N. del T.*)

medieval, estipulaba que se concediera más comida y horas de sueño a los monjes niños, así como tiempo para jugar.

—Ariès creó una versión convincente para su tiempo, pero en parte era errónea, o como mínimo incompleta —dice Rousseau.

Otra creencia errónea indica que, endurecidos por los índices de mortalidad, los padres de épocas anteriores evitaban crear vínculos afectivos con sus hijos y los trataban como sirvientes de los que podían prescindir a voluntad. Las familias reciclaban a menudo el nombre de un hijo muerto poniéndolo a un hermano. En el primer siglo de nuestra era, el filósofo romano Séneca recomendaba mutilar a los niños para que fueran mendigos más efectivos. No mucho después, un ginecólogo griego llamado Soranus publicó un libro de título despiadadamente darwiniano: *Cómo reconocer al recién nacido que vale la pena criar.* Matar o abandonar bebés no deseados fue habitual hasta un punto asombroso en Occidente hasta el siglo XIX. Todavía en los años sesenta, una tercera parte de todos los bebés nacidos en Milán se abandonaba en las entradas de las casas o en las esclusas creadas para hacer frente a los aluviones. Varios indicios sugieren que en muchas culturas abundaban las agresiones, el abandono y el abuso sexual a los niños. Lloyd deMause, psicoterapeuta e historiador norteamericano, concluyó célebremente en 1974 que «la historia de la infancia es una pesadilla de la que sólo empezamos a despertar».

Pero el asunto tiene otra vertiente. Incluso si la vida en el pasado era dura, los padres de ayer no consideraban necesariamente a sus hijos como bienes muebles indignos de sentimientos. Las madres que abandonaban a sus bebés, a menudo los dejaban con llaves, broches y otros objetos con la esperanza de reencontrarles algún día, aunque fuera en el cielo. A lo largo de la historia, diarios, cartas y memorias revelan que el amor y la ternura paternales surgían incluso cuando la vida valía menos. Sólo hace falta escuchar el lamento de Gregorio de Tours por la secuela de una hambruna en la Francia del siglo VI: «Perdimos a nuestros pequeños, a quienes tanto queríamos, a quienes abrigábamos en nuestros pechos y mecíamos en nuestros brazos, a quienes alimentábamos y criábamos con un cuidado tan amoroso. Mientras lo escribo me seco las lágrimas».

Y sin embargo mucho ha cambiado. Aunque nuestros antepasados no desconocieran el amor paternal ni la idea de la infancia, aunque sintieran un impulso similar a mimar, controlar y sacar brillo a los jóvenes, la mayoría no se obsesionaba con los niños.

—Este presionar, vigilar y cuidar constantemente a los jóvenes es en gran medida un rasgo característico del mundo moderno —dice Rousseau.

El cambio empezó después de la Edad Media, al imponerse nuevos modos de pensamiento. Los puritanos declararon que todos los bebés nacían marcados por el pecado original y que sólo una resuelta intervención adulta podía salvar sus almas. El filósofo John Locke, cuyas ideas tuvieron una enorme influencia en Europa, incrementó la presión al publicar en 1693 un libro titulado *Pensamientos sobre la educación*, en el que argüía que un niño llega al mundo como una *tabula rasa*, o tabla en blanco, que espera que la llenen (los adultos, por supuesto).

Más adelante, Jean-Jacques Rousseau, uno de los filósofos que inspiraron el movimiento romántico que se extendió por Europa desde finales del siglo XVIII, les dijo a los adultos que no se inmiscuyeran. Sostuvo que había que apreciar la infancia por sí misma —«sus juegos, sus placeres, su amable intuición»— en lugar de explotarla como medio para un fin; que los niños nacían puros, espontáneos y alegres y por consiguiente había que dejar que aprendieran y crearan su propio espacio. Impulsados por este ideal romántico, pintores como Joshua Reynolds y Thomas Gainsborough empezaron a presentar a los niños como angelitos que jugaban, y escritores como William Wordsworth y Johann Wolfgang Goethe ensalzaron al niño en tanto que ser casi divino unido a la naturaleza por un vínculo especial.

Aún hoy seguimos escindidos entre las visiones lockeana y romántica sobre la infancia: ¿hemos de ver a los niños como arcilla o relajarnos y dejar que sean niños? Sea como fuere, ambas filosofías, combinadas con una creciente prosperidad, contribuyeron a elevar a los niños hasta un lugar prioritario. Este cambio se produjo en primer lugar en las clases altas y medias, que paulatinamente fueron allanando el camino para una transformación cultural más amplia. Los manuales de etiqueta empezaron a dar consejos sobre el modo de educar y preparar a los jóvenes en el siglo XVII. Poco después surgió el mercado de ropa, libros, juguetes y juegos concebidos expresamente para los niños. Más o menos al mismo tiempo, los médicos comenzaron a investigar cómo podían beneficiarse los jóvenes de una atención médica especializada, con lo que pusieron las bases para la pediatría como campo médico independiente. Y conforme se intensificaba la atención sobre los niños, también lo hizo la preocupación de los padres. A finales del siglo XVIII, mucho antes que las pruebas de acceso a la universidad y el «peligro extranjero», un clérigo inglés llamado John Townsend escribía acerca de «padres afectuosos y ansiosos, que habéis sacrificado la comodidad, el descanso, las propiedades mundanas, la salud, todo, por la comodidad y prosperidad de vuestros descendientes». A finales del siglo XIX, el bienestar infantil era un destacado tema de debate entre los intelectuales, los reformadores, las asociaciones benéficas y los burócratas, aparecían los primeros movimientos a favor de los derechos de los niños y los Estados aplicaban leyes y creaban programas de bienestar para proteger a los jóvenes.

Sin embargo, la verdadera revolución fue el fin del trabajo infantil, que adquirió impulso desde mediados del siglo XIX. En Gran Bretaña, por ejemplo, la asistencia a la escuela se cuadriplicó entre 1860 y 1900.[1] Ello se debió en gran medida a la creencia romántica de que poner a los niños a trabajar y beneficiarse de sus esfuerzos era inmoral, así como la creciente necesidad de una población activa con estudios. Cuando se redujo su capacidad de generar dinero, el valor de los niños se disparó en otros sentidos. Pasaron a ser vistos como un precioso recurso nacional. Una doctora británica llamada Margaret Alden advirtió en 1908 que «la nación que sea la primera en reconocer la importancia de criar y preparar científicamente a los niños de la Commonwealth será la que sobrevivirá». El siglo XX fue apodado el «siglo de los niños», y la Sociedad de Naciones declaró en 1924 que «la humanidad debe al niño lo mejor que pueda darle».

El cambio en las actitudes públicas se reflejó en el hogar. Los historiadores han hallado pruebas de que, ya en el siglo XVII, las relaciones familiares adquirieron un tono más cálido y sentimental. Los padres empezaron a celebrar los cumpleaños de los hijos y a usar en cartas y diarios expresiones cariñosas como «mi querido niño». En tiempos, lamentar la muerte de un niño pasó de ser considerado compasión por uno mismo o incluso desafío a la voluntad divina, a ser algo habitual en el siglo XIX. A principios del siglo XX, los tribunales estadounidenses concedían compensaciones a los padres de niños muertos en accidente, no por las ganancias perdidas, sino por la angustia emotiva.

Con el descenso en los índices de nacimientos y defunciones, la familia también evolucionó: se redujo, se volvió hacia el interior y se fue construyendo cada vez más en torno a las necesidades del niño. En vez de tratar de mantener viva una gran prole, los padres del siglo XX se podían concentrar en ocuparse y gozar de unos pocos niños. «Hay una gran diferencia entre decir «quiero mucho a mis hijos» y «tengo tres hijos pero sólo uno de ellos es probable que sobreviva», dice George Rousseau, el historiador oxoniano. Estudios realizados en todo el mundo indican que los padres de familias reducidas tienen más tendencia a controlar excesivamente a su descendencia. Disponen de más tiempo para dedicar a cada hijo y tal vez tengan la sensación de tener menos opciones de acertar. Por otra parte, es más probable que los padres de familias grandes reconozcan que cada niño nace con un temperamento y unas capacidades peculiares, y que por consiguiente hay límites a las intervenciones en su desarrollo.

La consecuencia es que la familia ha pasado a girar en torno al niño de un modo inaudito. Lo veo en mi propia vida. Pegamos los programas de nuestros hijos en la nevera y adaptamos los nuestros. Planificamos las vacaciones y los fines de semana para complacerles. Incluso estamos pensando en mudarnos de casa para estar cerca de la escuela idónea. Si las estadísticas son correctas, pronto les consultaremos sobre qué ordenador o coche debemos comprar para la familia. ¿Es de extrañar que después de todo este esfuerzo, todo este sacrificio y abnegación, empecemos a experimentar como nuestros los logros de los niños? ¿O que los niños se hayan convertido, más que en ningún otro momento, en una extensión del ego paterno, un mini-yo al que elogiar al lado del dispensador de agua de la oficina o en sitios web? Los padres siempre se han jactado de las proezas de sus hijos, pero hoy en día la «carta de alarde» navideña parece una solicitud de ingreso a la universidad, un descarado catálogo de proezas escolares, sociales y deportivas del muchacho. Algunos padres llegan al extremo de usar la primera persona del plural para referirse a sus hijos: «Vamos a hacer un Bachillerato Internacional» o «Hemos conseguido una beca para la Sorbona». Lo que los niños comen y llevan, la música que escuchan, la escuela donde estudian, sus peinados, los deportes que practican, los chismes que usan: todo ello se exhibe hoy como una insignia de honor paterna. ¿Cómo se explica sino que unos zapatos sin cordones Baby Gucci cuesten 140 dólares?

A medida que la familia se ha ido centrando en el niño, los padres se han volcado en sus hijos para satisfacer en mayor medida sus necesidades emocionales. Esto parece una respuesta natural a un mundo donde casi la mitad de todos los matrimonios terminan en divorcio y los niños nos ofrecen la única relación que seguro que va a durar hasta la muerte. También puede explicar por qué hablamos tan a menudo acerca de qué pueden hacer nuestros hijos por nosotros, y no de lo contrario. El eslogan de *Supernanny*, que se emite en cuarenta y cinco países, no deja lugar a dudas: «Cómo sacar lo máximo de sus hijos».

El descenso en los índices de nacimientos ha reforzado el estatus de los niños como un artículo escaso y por tanto valioso. España, Francia y otros países han empezado a pagar «primas por niño» para estimular la procreación. Las entrevistas con mujeres deseosas de crear una familia, con o sin compañero, son habituales en los medios de comunicación, al igual que las noticias sobre parejas que se someten a caros tratamientos de fertilidad. «Lo sacrificaré todo para quedarme embarazada —declara a *Bild*, revista alemana, Anna, de treinta y ocho años—. Me siento incompleta y vacía sin un niño». La fecundidad es la nueva moda. Los papás famosos, desde David Beckham a Brad Pitt, hacen ostentación de sus niños como accesorios de moda, y el embarazo, que antes era el fin de la carrera para una actriz, se ha convertido en el acceso más directo a la portada de *Hello* o *People*: los *paparazzi* se pelean por fotografiar al último bebé de las grandes estrellas. Las encuestas indican que en varios países los muy ricos han empezado a tener familias más grandes. Los niños son ahora un símbolo de estatus, el homenaje definitivo en una cultura de consumo. Qué más da la mujer trofeo. Es la era del niño trofeo.

También es una era de inseguridad, y la historia demuestra que cuando la gente siente incertidumbre respecto al futuro, dedica más energía a sus hijos. El lanzamiento del Sputnik soviético en 1957 hizo añicos la ilusión de la superioridad occidental y suscitó peticiones de exigir más a los niños en clase. La crisis del petróleo de los años setenta tuvo un efecto similar. Al hacer subir el termostato competitivo en el puesto de trabajo y más allá, la globalización ha intensificado la presión para maximizar hasta la última hebra del potencial de los niños. La ciencia también ha intervenido. Desde los años noventa, la investigación que indica que los bebés empiezan a formar complejas redes neuronales al nacer ha transformado cada segundo de los primeros años en un posible momento de enseñanza. Basta con prestar atención a esta advertencia de *Newsweek*: «Cada canción de cuna, cada risita y cada cucú desencadena un chisporroteo en sus comunicaciones neuronales, lo que prepara el terreno para lo que algún día podría ser amor al arte o talento para el fútbol o el don de hacer y conservar amistades». Eso es presión.

Los medios de comunicación han propiciado la atmósfera de competencia. Cada vez que aparece en los titulares un nuevo novelista de diez años, un emprendedor adolescente o una banda impúber de pop, sube el listón y «estándar» o «medio» resultan mucho menos aceptables. En el pasado, a menudo se presentaba a los prodigios como un poco extraños. Hoy se les aclama y considera la regla de oro, la prueba de que tanta presión y perfeccionamiento funcionan realmente, y que de no haber sido tan perezoso, uno también podría tener un superniño. Los anunciantes han convertido en forma artística el jugar con el miedo de que nuestros niños queden rezagados. Un conocido eslogan publicitario de Taiwán reza: «¡No permita que su hijo pierda en la línea de salida!» La BBC me envía regularmente publicidad de Muzzy, un animal de peluche acompañado de unos DVD que prometen situar a los pequeños en la senda del bilingüismo. El folleto está repleto de adolescentes sonrientes que llevan camisetas de Harvard o exhiben becas Fulbright. Cada vez que llega siento una sacudida de pánico al pensar que mis niños monolingües están destinados a un futuro de trasegar hamburguesas en McDonald's.

Con tanto en juego, la propia tarea de ser padres se ha transformado en un deporte competitivo. Desde la segunda guerra mundial se organizan concursos del Papá y la Mamá del Año, pero hoy en día la presión consiste en ser el mejor padre que se pueda ser. Tal vez el mejor que haya habido jamás. Esto se aplica especialmente a las mujeres. Con el referente de famosas como Catherine Zeta-Jones y Gwyneth Paltrow, la madre del siglo XXI se siente obligada a serlo todo a la vez: una diosa doméstica, mamá atractiva, mamá que acompaña al fútbol, dietista, asesora de estudios, secretaria personal, Florence Nightingale y la madre Teresa de Calcuta, y tal vez incluso la que sostenga a la familia.

Por supuesto que todos somos conscientes de la imposibilidad de satisfacer todas estas facetas. El problema es que, en una cultura competitiva, en la que se observa con microscopio cualquier aspecto de la infancia, el instinto natural de hacer lo mejor por nuestros hijos se dispara al máximo. Incluso cuando nos burlamos del exceso de celo de algunos padres —la madre que corrige toda la ortografía de los deberes de su hija, el padre que reprende al entrenador de fútbol por no hacer jugar más a su hijo—, una parte de nosotros se pregunta: *¿Y si tuvieran razón? ¿Y si les estoy fallando a mis hijos por no prestarles la suficiente atención?* Atormentados por la culpa y aterrorizados por la posibilidad de equivocarnos, terminamos por imitar al padre perfecto en el patio de juegos.

Jo Shirov conoce este sentimiento. Rebasada la cuarentena, esbelta y con estilo, combina un trabajo de directora de recursos humanos en Toronto con la educación de unos gemelos de siete años. En mi visita, el hogar de la familia Shirov parece un reportaje gráfico de *Elle Décor*, todo colores neutrales, parqué y cojines étnicos. Los gemelos, Jack y Michael, están haciendo los deberes en la mesa de la cocina. Hasta hay un pastel de zanahoria cociéndose en el horno (ingredientes orgánicos, claro). Sin embargo, bajo el suave barniz de perfección materna de siglo XXI, Shirov chapotea como un pato enorme.

—Si usted cree que el mundo empresarial es competitivo, tendría que intentar ser madre hoy —dice—. Tienes la sensación de que todo el mundo te está juzgando, y sé que es terrible reconocerlo, pero a veces acabas haciendo algunas cosas sólo para impresionar a otras mamás y no por el bien de tu hijo. —¿Por ejemplo? Hace una pausa, baja la voz y añade—: Inscribí a los niños en un curso de mandarín porque todo el mundo decía que era muy importante, pero ellos no lo soportaban. Lo dejamos en muy poco tiempo, pero tardé un mes en decirles a las demás madres que ya no íbamos a clase.

A veces la presión sobre los padres es más explícita. En una escuela privada taiwanesa, los niños se queman las cejas hasta dieciocho horas al día. Cuando Hsiou-mei Wang retiró a su agotado hijo, los amigos de la familia se escandalizaron.

—Nos dijeron que estar en aquella escuela era como haber ganado la lotería, y que irnos era una locura y una irresponsabilidad por nuestra parte —dice Wang. Su hijo completó los estudios en una escuela menos dura y saca buenas notas en la universidad, pero los mismos amigos afirman que las uvas están verdes—. Nos dicen que ha tenido suerte o que es injusto que le haya ido tan bien —cuenta Wang—. La presión por hacer lo mismo que todos los demás padres es increíble.

Y que lo diga. Hace como mínimo un siglo que la matriculación de los hijos en actividades extraescolares constituye un barómetro del éxito paterno, pero en la actualidad muchos niños tienen una agenda más apretada que nunca. Un motivo es el ímpetu cultural. Un amigo mío constata con asombro que sus dos niñitos están apuntados a cinco actividades extraescolares cada uno.

—No sé muy bien cómo sucedió —me dice—. Parece que es lo que hay que hacer hoy en día como padre.

Otro motivo es que muchos de nosotros tenemos ahora bastante dinero para ofrecer a nuestros hijos experiencias —lecciones de esgrima, clases de matemáticas, campus de tenis— que nosotros no hemos tenido. El auge de los hogares con dos sueldos, combinado con el aumento de las horas de trabajo en muchas profesiones, ha hecho que la familia moderna vaya muy justa de tiempo. Derivar los niños a ocupaciones externas a la escuela es una manera de compensar la desatención. Marian Schaeffer, abogada de Boston especializada en el derecho de propiedad intelectual, lleva a sus dos niños de preescolar a actividades la mayoría de días de la semana.

—Para ellos es divertido y enriquecedor —me dice—. Pero mire, para ser sincera, también es una forma muy cómoda de guardería.

Mantener a los niños ocupados también garantiza que estén seguros, lo que es otra obsesión moderna. Arraigada en el siglo XVIII, la idea de que los niños son seres frágiles necesitados de protección se ha afianzado en nuestra cultura y se amplifica incesantemente en la caja de resonancia de los medios de comunicación. A pesar de que los secuestros o los asesinatos de niños son escasos, las coberturas mediáticas de veinticuatro horas, con sus constantes actualizaciones, montajes de imágenes a cámara lenta y emotivas ruedas de prensa convierten cada caso aislado en una tragedia que parece nuestra. Pensemos en el furor mediático que causó la desaparición en 2007 de Madeleine McCann, de tres años, en una habitación de un hotel portugués. No es extraño que según las investigaciones, cuantas más noticias consume, más ansiedad siente la gente por sus hijos. El otro día oí una información radiofónica sobre una niña de siete años que murió al ser atropellada por un todoterreno en el norte de Inglaterra. Lo primero que pensé fue: no voy a permitir que mis hijos vayan solos a la tienda de la esquina hasta que cumplan los diez años. O tal vez los veinticinco.

Conforme ha ido aumentando el pánico por la seguridad de los niños, también lo han hecho los esfuerzos por acorralar a los jóvenes. A principios del siglo XX, los accidentes de tráfico dieron lugar a medidas drásticas contra los juegos en la calle y a zonas de juegos delimitadas con cercas. Ahora los niños van en manada a enormes complejos recreativos para jugar ante el ojo vigilante de personal cualificado y cámaras de circuito cerrado.

Una causa de esta atención es la amenaza de demandas. En 2006, el Club de Natación de Chesterbrook, en el condado de Fairfax, Virginia, eliminó el trampolín alto de su piscina, y no porque alguien hubiera sufrido lesión alguna saltando desde él, sino para recortar las grandes primas de los seguros. Por idéntico motivo, ya no hay trampolines en la mayoría de piscinas norteamericanas. Como cultura, hemos olvidado cómo enfrentarnos al riesgo: así de sencillo. Muchos padres del siglo XXI camparon a sus anchas cuando eran niños. Cuando tenía diez años, mi madre me hacía salir de casa por la mañana y no esperaba volverme a ver hasta la hora de la comida o de la cena. Hoy en día, este tipo de permisividad es visto como una negligencia en el cumplimiento del deber. Una reciente tira cómica se burlaba de la nueva aversión al riesgo mediante una comparación de padres actuales y de otros tiempos. Mostraba a un niño que se curaba una herida en la rodilla después de caer de un árbol. La madre de ayer se lo toma con calma: «Supongo que has aprendido una lección sobre esto de trepar a los árboles», dice. La madre moderna entra en estado de pánico: «¡Tenemos que aprobar una ley para que los árboles sean más seguros!»

La tecnología nos anima a llevar el impulso protector hasta extremos orwellianos. Sally Hensen, liquidadora de seguros londinense, se llama a sí misma Gran Madre. En el ordenador de su puesto de trabajo, observa cada pocos minutos, a través de la cámara web, la guardería donde está su hija, y en ausencia de su jefe mantiene permanentemente abierta la entrada de vídeo pixelado en una ventanilla situada en la esquina de la pantalla.

—Cuando me compré un podómetro, me obsesioné con contar los pasos —dice—. Ocurre lo mismo con la cámara web: como está ahí, espero poder vigilar a mi hija en cualquier momento del día.

Esperar es la palabra clave. En esta cultura competitiva y consumista, todo lo que concierna a la infancia está sujeto a unas expectativas desmesuradas. Ya elegimos a los donantes de esperma y de óvulos como si fueran piezas de vestir del catálogo de Bergdorf. «Me quedo con el alto y atlético con máster... y el de los ojos azules tampoco estaría mal». O escuchamos las reflexiones de Angelina Jolie sobre cómo formar la familia perfecta adoptando bebés de todo el Tercer Mundo. «¿Sabe? Se trata de qué otra niña, otro niño, qué país y qué raza encajarían mejor con los chicos.» Si podemos tener unos dientes perfectos, una casa perfecta y unas vacaciones perfectas, ¿por qué no tener un niño perfecto? Los manuales para padres cuentan con una larga historia, pero en el siglo XIX adoptaron un tono más preceptivo, con una nueva especie de expertos autoritarios que pronunciaban mandamientos sobre la hora de las comidas, la preparación del aseo, las técnicas de baño y los hábitos de sueño. Hoy, la creencia de que ser padre es una destreza que se puede enseñar, practicar y perfeccionar sustenta a un ejército global de especialistas que instituyen la ley en revistas, libros, cursos, sitios web, colaboraciones radiofónicas y programas televisivos. Al disminuir su capacidad de influir en la economía, los políticos se han sumado al coro con sus sugerencias, refrendadas por el Estado, sobre cómo educar a los niños.

Esta avalancha de consejos, junto con programas televisivos como *Little House of Horrors* que «arreglan» las familias disfuncionales con un solo episodio de una hora, refuerzan la idea de que educar a un niño es como preparar un pastel o cuidar un Tamagotchi, el objeto de compañía digital accionado: siga las instrucciones y acabará teniendo el niño de sus sueños. Mayores y con más estudios que nunca, los padres modernos también se sienten más inclinados a asumir un enfoque de «mejor práctica» ante la educación de los niños, convencidos de que la gestión, la pericia y la inversión adecuadas producirán resultados óptimos. Ello es particularmente cierto en el caso de las mujeres, que pueden terminar canalizando hacia la maternidad el mismo brío profesional que antes dedicaban a su trabajo. Si las madres que se quedan en casa convierten el cuidado de los niños en un Gran Trabajo para justificar la renuncia laboral, las que siguen trabajando hacen lo mismo para demostrar que conceden la misma importancia a la maternidad que a la oficina. El resultado final es la profesionalización de la tarea de padres en un grado inaudito en la historia, y un golpe devastador para la confianza de los padres. Tal vez por eso algunos padres contratan ahora los servicios de asesores para que convenzan a sus hijos de comer verduras o usar el orinal, enseñen a ir en bicicleta a sus niños de cinco años y acompañen a comprar ropa a sus adolescentes. Y tal vez también por eso algunas familias organizan regularmente en torno a la mesa de la cocina reuniones de estilo empresarial para evaluar el rendimiento y los objetivos de largo alcance.

En comparación, ser padre en el sentido tradicional ha pasado a verse como algo de aficionados, de segunda fila, o simplemente de vagos. ¿Cómo puede competir el juego de tocar y parar en el patio con un campus de béisbol dirigido por entrenadores titulados? Cuando no hay fiesta de cumpleaños sin un mago profesional y alguien que pinte las caras, ¿puede uno quedarse con juegos infantiles tradicionales y un trozo de pastel? ¿Y quién puede leer *Harry Potter y el cáliz de fuego* tan bien como Jim Dale en los audiolibros? Tal vez sepamos en nuestro fuero interno que las mejores cosas de la vida no cuestan dinero, pero cuando todos los demás se lo están gastando para sacar más partido tal vez resulte difícil no seguir la corriente. El otro día me sorprendí planteándome la contratación de un entrenador para que enseñara a mis hijos a manejar un bate de críquet.

Al mismo tiempo, la presión exige hacer felices a los niños. La idea romántica de que la infancia debe ser una época de juegos fue transformándose paulatinamente en la creencia de que la felicidad era un derecho de nacimiento de todos los niños. Si hoy se pregunta a cualquier padre qué desea para su descendencia, «que sea feliz» suele estar en los primeros puestos. Una estrategia para lograrlo consiste en repetir a cada momento a los niños lo bonitos, listos y maravillosos que son. Otra, en comprarles cosas. Además de hacernos sentir bien o menos culpables, gastar es también una buena manera de evitar conflictos. Casi la mitad de los padres decimos hoy a los encuestadores que queremos ser «el mejor amigo de mi hijo»,[2] y nada arruina tanto una amistad como decir no. En un mundo acelerado y estresado, ¿por qué echar a perder un precioso tiempo familiar discutiendo si hay que comprar un Kit Kat expuesto al lado de la caja del supermercado? Es mucho más fácil, mucho más pacífico, ceder a las peticiones reiteradas. Lo sé porque lo hago, y muy a menudo. Todo viaje familiar en coche está jalonado de paradas para repostar patatas o caramelos o bebidas o lo que sea para conseguir algo de paz.

Todos estos gastos han incidido en un aumento del precio de ser padres. Se estima que el coste de criar a un niño asciende hoy a los 300.000 dólares, que incluyen ropa, cosas para la casa, comida, transporte, salud, guardería y escuela, y eso sin contar la matrícula de la universidad. Una mujer que trabaje puede calcular que renunciará a más de un millón de dólares en ingresos si antepone la maternidad a la actividad laboral. Un reportaje de la BBC vinculaba recientemente la paternidad con el suicidio económico: «Las parejas podrían ser millonarias si evitaran la *trampa de ser padres* [la cursiva es mía] e invirtieran el dinero en otra cosa». ¿Es de extrañar, pues, que cuando, a pesar de todo, tenemos hijos queramos maximizar lo que obtenemos a cambio de nuestra inversión?

En esta última generación, el ansia de sacar lo máximo de nuestros hijos ha alcanzado su conclusión definitiva: ya no queremos sólo proporcionar la mejor infancia que el dinero pueda conseguir; también queremos vivirla. En un mundo donde la juventud es el Santo Grial, los adultos se comportan como Peter Pans actuales: leen *Harry Potter*, van en moto al trabajo, escuchan la banda 50 Cent en el iPod, permanecen en los bares hasta altas horas. Basta con ver cómo vamos vestidos. Mi padre no tuvo nunca sudadera ni vaqueros ni zapatillas deportivas: llevaba traje y corbata en el trabajo y camisa con cuello los festivos. Mi hijo y yo somos muy a menudo indistinguibles con nuestras bermudas, camisetas y zapatillas. He llegado a ponerme una gorra de béisbol al revés. Pasados los treinta. Sí, eran treinta y pocos, pero vaya. La brecha generacional ha sido sustituido por las marcas.

Esta desaparición de fronteras puede ser divertida para todos, pero al mismo tiempo deja a los jóvenes menos espacio para ser niños. Los parques destinados a practicar con el monopatín cerca de mi casa de Londres están repletos de hombres de más de veinte y treinta años, todos equipados con prendas de *skaters* aprobadas por Tony Hawk (famoso practicante de monopatín estadounidense) y exhiben todo tipo de destrezas con el monopatín. A los niños que se presentan con monopatines les hacen el vacío.

Cuando los adultos reclaman los símbolos de la infancia disminuyen las opciones de rebeldía. Las pruebas históricas indican que los niños crecen más sanos en sociedades que les conceden unos años para experimentar e incluso apartarse del buen camino. Pero ¿cómo puede rebelarse uno cuando papá se sabe al dedillo la lista de grandes éxitos y pone Kaiser Chiefs y Snow Patrol a un volumen tan alto que hace temblar la casa? ¿O cuando mamá se pone un *piercing* en el ombligo y va a clases de baile en barra? Hay dos soluciones. O bien se busca una forma más extrema de rebeldía, como las drogas, un desorden de la alimentación o practicarse cortes, o bien se prescinde de toda rebeldía: uno se conforma, se adapta al papel de Niño Dirigido y se convierte en otro ladrillo en el muro.

Debajo de esta fusión de las fronteras generacionales están la envidia y la nostalgia por las que a los adultos siempre les ha costado dejar en paz a los niños. Convencidos de que los jóvenes no aprovechan la juventud, nos arremangamos y nos ponemos a enseñarles cómo hay que hacerlo, o cómo querríamos haberlo hecho cuando nos tocaba. Por eso todas las culturas, todas las generaciones, han reimaginado la infancia para que responda a sus necesidades y prejuicios peculiares. Los espartanos ensalzaban al niño guerrero. Los romanos estimulaban el valor en los jóvenes. Los puritanos soñaban con niños devotos y obedientes. Los victorianos se cubrieron las espaldas, y al mismo tiempo que ensalzaban al niño fuerte y trabajador de los peores barrios, cargaron de sentimentalismo al niño inocente que permanecía en las casas de la clase media.

Hoy hemos acabado enredados en un embrollo de contradicciones. Queremos que la infancia sea tanto un ensayo general para una edad adulta llena de éxitos como un jardín secreto repleto de alegría y libre de peligros. Les decimos a los niños que tienen que «crecer» y nos irritamos cuando lo hacen. Esperamos que cumplan nuestros sueños y que sin embargo, de algún modo, se mantengan fieles a sí mismos.

El rasgo común es, por supuesto, que en ninguna época los niños han elegido su propia infancia. Los adultos han llevado siempre la voz cantante.

—En realidad no se ha tratado nunca de los niños —dice George Rousseau—. Siempre se ha tratado de los adultos.

Hoy parece tratarse de los adultos más que nunca. La pregunta es: ¿cómo podemos conseguir que la infancia trate más de los niños?

2

PRIMEROS AÑOS:
CUANDO LOS HITOS SE CONVIERTEN EN PITOS

> «Si las cosas pudieran provenir de la nada, el tiempo no sería esencial para su crecimiento, para su maduración hasta la plena madurez. Los bebés serían jóvenes en un abrir y cerrar de ojos, y bosques completos brotarían de la tierra. ¡Ridículo! Sabemos que todas las cosas crecen, poco a poco, tal como debe ser, a partir de su naturaleza esencial.»
>
> LUCRECIO, siglo I a. C.

Una ventosa tarde de principios de primavera, cuando Taipei se precipita según el ritmo de la jornada laboral, tal vez el lugar donde haya más nerviosismo en toda la ciudad sea la sección de padres de la librería Eslite. Cuando llego, más de una docena de personas, mayoritariamente mujeres, están hojeando algunos de los centenares de títulos. A parte de algún comentario en voz baja, reina un silencio ansioso. La educación de los niños es un asunto muy serio en la capital taiwanesa.

En Eslite exhiben libros de expertos occidentales y asiáticos, y los títulos reflejan la presión que sienten los padres en todo el mundo para poner al niño en una situación ventajosa. Un manual titulado *Niños prodigio* se vende mucho, igual que un libro delgado con el título de *El genio en la cuna*. Otra obra de éxito es *Sesenta maneras de asegurar el éxito para su dotado niño*. En un rincón veo a una elegante futura madre que hojea un volumen grueso. Hace una pausa para acariciar la cubierta y cierra los ojos para pronunciar lo que parece una plegaria silenciosa; a continuación desliza el libro al interior de su bolso Fendi negro y se va hacia la caja.

Voy a echar un vistazo al libro que ha encendido su imaginación. El título está concebido para que cualquier madre se suma en un estado de pánico: *¡El éxito de los niños depende en un 99% de la madre!* En la solapa posterior hay una fotografía de la autora coreana con aire petulante, y es comprensible: tiene dos hijas estudiando en Harvard y Yale, y un hijo en la Harvard Business School.

La escena me remonta a cuando mi mujer anunció que estaba embarazada de nuestro primer hijo. Cuando menguó la euforia, hicimos lo que hacen los padres de todo el mundo cuando hay un bebé en camino: fuimos a la librería local y empezamos a juntar nuestra biblioteca de manuales sobre la cría de niños. Como todos los demás, queríamos que nuestro bebé empezara la vida con muy buen pie.

Recuerdo un libro en particular. Trazaba mes a mes los hitos del desarrollo de los recién nacidos: mover la cabeza de lado a lado, sonreír, seguir objetos con los ojos, agarrar juguetes con la mano, experimentar con causas y efectos, etcétera. Yo no quitaba ojo a aquel gráfico. Si el niño se retrasaba respecto al programa, cundía el pánico. ¿Qué le sucede? ¿No somos buenos padres? ¿Hemos de consultar al médico? Análogamente, nada me hacía más feliz que ver a mi hijo por encima de la media, sobre todo si otro padre se daba cuenta. (Ya que lo preguntan, se dio la vuelta muy pronto.)

A nuestros antepasados les habría asombrado. A lo largo de gran parte de la historia, el desarrollo de los niños no fue una preocupación acuciante. Se acostumbraba encomendar a los recién nacidos a nodrizas o simplemente se les ataba a la madre mientras ésta se ocupaba de sus tareas. La muerte de un bebé era a menudo considerada menos trágica que la de otro niño. Michel Eyquem de Montaigne, el gran ensayista del Renacimiento, escribió célebremente: «Perdí dos o tres niños en la primera infancia, no sin pesar, pero sin gran aflicción».[1] Sí, es probable que la señora Montaigne lo sintiera algo más, pero aun así, esta declaración bastaría hoy para que los Servicios Sociales iniciaran una investigación.

Esto no significa que nuestros antepasados no sintieran la tentación de hacer que los niños crecieran un poco más deprisa. Algunos padres de la Europa medieval usaban cuerdas y marcos de madera con vistas a estimular a los niños para que anduvieran más pronto. Desde finales del siglo XVII, los cirujanos europeos trataron de acelerar el inicio del habla cortando los ligamentos de la lengua de los bebés.[2] Pero hace sólo cien años, a la mayoría de los padres seguía preocupándoles más si su hijo sobreviviría o no que si superaría los hitos del desarrollo antes de lo previsto. Sin embargo, con la caída de la mortalidad infantil y el aumento de las expectativas, el acento se fue poniendo en impulsar a los bebés hacia un inicio cognitivo relámpago.

Hoy es más fuerte que nunca la presión para empezar a trabajar antes de hora y así comenzar con ventaja. La ciencia ha demostrado que un bebé es la máquina de aprender más potente del mundo: más potente incluso de lo que se creía hace una generación. Sirviéndose de funciones de marionetas en las que desaparecen personajes, los investigadores han demostrado que los bebés son capaces de entender la idea de «permanencia de un objeto»[3] —que cuando mamá sale de la habitación no cesa de existir— ya a las diez semanas, no a los nueve meses como se creía antes. Un estudio de 2007 concluyó que los bebés pueden distinguir distintas lenguas simplemente observando el rostro del hablante.[4] En un experimento efectuado en Canadá, bebés de cuatro meses miraron un vídeo donde aparecía un adulto hablando inglés o francés, con el volumen bajado; cada vez que el hablante cambiaba de lengua, los bebés se despabilaban y prestaban más atención.

Todo bebé experimenta un Big Bang neuronal que establece la red de conexiones sinápticas que en años posteriores se ordenará y pulirá. Para sacar el máximo provecho de esta fase temprana de construcción cerebral, los bebés necesitan estímulos. Lo mismo se aplica al reino animal. En una serie de conocidos estudios, ratas criadas con otras ratas en una gran jaula llena de juguetes desarrollaron cerebros de mayor riqueza neuronal que los que se criaron solos en jaulas pequeñas y vacías.

El problema es que este tipo de indagación ha entrado en el torrente sanguíneo cultural en forma de decreto taxativo: cuantos más estímulos reciba su bebé, y cuanto más temprano, más inteligente será. Y si no se saca el máximo de este desarrollo neuronal temprano, la ventana de las oportunidades se cerrará de golpe a los tres años y ya puede decir adiós a la universidad. De ahí no hay más que un pasito a los altavoces que se sostienen pegados a la barriga y que llenan el útero de música «enriquecedora para las neuronas» o al cochecito I'coo Pico cuyo soporte iPod integrado permite al bebé oír canciones o vocabulario mandarín en movimiento, lo que convierte el paseo por el parque en una «experiencia multisensorial».

No está tan claro si este aluvión de estímulos surte efecto realmente. Los últimos avances en neurociencia indican que la cría humana no necesita más enriquecimiento que el que ya está contenido en la experiencia cotidiana de un niño normal, y que en lugar de ser una *tabula rasa* que espera pasivamente a que la llenen los adultos, los bebés están programados para buscar las entradas que necesitan para construir sus cerebros. Por eso la humanidad ha logrado criar niños durante miles de años sin teléfonos móviles electrónicos ni DVD de Baby Einstein. ¿Y esas ratas inteligentes criadas en entornos enriquecidos?[5] Bueno, antes de correr a llenar la guardería con tarjetas de ayuda pedagógica y pantallas de plasma, piense en el último hallazgo que se ha hecho público de ese sondeo: ninguna cantidad de enriquecimiento ha producido en modo alguno ratas con mejores cerebros que los que se criaron en la naturaleza.

Claro está que algunos niños crecen en un entorno familiar que les deja en inferioridad de condiciones para la escuela. Un estudio general de la Universidad de Londres siguió a 15.500 niños nacidos entre 2000 y 2002 en varios ámbitos sociales.[6] Cuando los niños cumplieron tres años, los descendientes de padres licenciados en la universidad, más proclives a llenar el hogar de libros, cuentos y charlas, iban diez meses por delante de los de padres menos preparados en lo concerniente a vocabulario, y un año por delante en la comprensión de formas, tamaños, colores, letras y números. Los programas adicionales tempranos pueden ayudar a los niños de hogares menos privilegiados a salvar esta diferencia. Pero eso no significa que todos los demás necesiten apuntarse también, ni que acumular estímulos pueda mejorar las conexiones básicas del cerebro.

John Bruer, autor de *El mito de los tres primeros años* y presidente de la Fundación S. McDonnell, que financia estudios en la ciencia del cerebro, rechaza de plano la creencia de que una mayor cantidad de estímulos produzca mejores cerebros: «La idea de que se puedan proporcionar más sinapsis a fuerza de estimular más al niño carece de base científica».

Lo cual no nos impide seguir intentándolo. Cuando unos investigadores averiguaron en los años noventa que escuchar Mozart mejoraba el razonamiento espacial de los universitarios, surgió toda una industria basada en la afirmación de que inundar la guardería de conciertos para piano podía representar un estímulo para el cerebro de los niños. La idea resultaba tan atractiva que a finales de los noventa y principios del siglo XXI, los hospitales del estado de Georgia enviaban a todos los bebés a casa con un CD titulado «Cree la Capacidad Cerebral de su Bebé a Través del Poder de la Música», que contenía piezas de Bach, Händel y Mozart. Hoy todavía se pueden comprar álbumes y DVD que anuncian el denominado efecto Mozart. El único problema es que el efecto Mozart es una absurdidad. En 2007, el Ministerio de Investigaciones alemán encomendó finalmente a un equipo de grandes neurocientíficos, psicólogos, pedagogos y filósofos que analizara todas las investigaciones realizadas con relación a este fenómeno. Concluyeron que, suponiendo que escuchar piezas de Mozart mejore el razonamiento espacial-temporal (y no todos los estudios lo han demostrado), el efecto no dura más allá de veinte minutos. Y lo que es más, el equipo alemán no halló ninguna prueba de que escuchar música clásica afine en modo alguno el cerebro del bebé.

Una interpretación errónea de la ciencia, combinada con las expectativas desorbitadas, también impulsa muchos intentos condenados al fracaso de enseñar lenguas extranjeras a los bebés. Indagaciones de los años noventa que demostraban que los bebés poseen una capacidad única para aprender cualquier lengua hicieron que los padres se lanzaran en tropel a comprar cintas de casete Berlitz con la esperanza de convertir a sus recién nacidos en minipolíglotas. No funcionó. ¿Por qué? Porque los bebés sólo sintonizan con una lengua cuando la oyen regularmente hablada por una persona de verdad. En experimentos más recientes, bebés expuestos sólo a DVD en lenguas extranjeras o cintas de audio o juguetes bilingües no absorbieron nada: ni una palabra ni una expresión, ni un solo sonido. Tampoco llegaron a la escuela con más ganas de conjugar verbos franceses o de identificar símbolos mandarines. Conclusión: los bebés, para aprender, necesitan una conexión humana y práctica, no estímulos artificiales.

¿Significa eso que la respuesta está en las clases de lenguas extranjeras con profesores de la vida real? En todo el mundo, padres ambiciosos inscriben a sus hijos en cursos de inglés a edades cada vez más tempranas. En toda Asia, niños que todavía no tienen soltura en su lengua nativa se pasan horas matándose con el abecedario. En la otra dirección, padres occidentales aflojan la mosca en niñeras que hablen chino y clases de mandarín para sus hijitos. Mi vecino lleva a su hijo de dos años a clases de mandarín todos los sábados por la mañana.

—El chino es el futuro —dice—. Cuanto antes empiece, mejor.

Pues también depende. Las investigaciones demuestran que, para llegar a ser bilingües, los niños necesitan estar expuestos a una lengua extranjera como mínimo durante el 30 por ciento de sus horas de vigilia. Esto implica clases de inmersión adecuadas o pasar una gran parte del día hablando la otra lengua con un progenitor o una niñera, o con otros niños en una guardería. No significa meter una hora de instrucción en mandarín entre la gimnasia y el viaje para hacer las compras el sábado por la mañana.

—Lo cierto es que no hay ninguna manera fácil de aprender una lengua: hay que vivirla, estudiarla, leerla, comerla y respirarla —dice Ellen Bialystock, una experta en bilingüismo de la canadiense Universidad de York—. Habría que proporcionar siempre a un niño la experiencia lingüística más rica que sea posible, pero ésta debe tener sentido en el hogar: no puede ser artificiosa, no puede ser una tarea más en la lista de jaleos paternos. —También resulta que el hecho de no aprender una segunda lengua en los primeros años no implica toda una vida de monolingüismo—: El aprendizaje de lenguas es un poco más difícil conforme pasan los años, pero no hay prueba alguna de que una oportunidad se cierre para siempre a una edad determinada —dice Bialystock—. La gente puede aprender lenguas durante toda la vida. El modo de aprenderlas cuenta más que el cuando.

Y no es así sólo con las lenguas. Los últimos sondeos indican que el cerebro continúa desarrollándose mucho después de los primeros años, y que para la mayoría de conocimientos y destrezas no hay una «ventana decisiva» que se cierre para siempre en el tercer aniversario.

El balance final parece ser que la memorización en los bebés es a menudo absurda, y hasta puede ser contraproducente.[7] Las destrezas adquiridas por la fuerza con frecuencia tienen que ser aprendidas de nuevo posteriormente. Un profesor de música londinense cuenta el caso de una niña a la que sus padres empujaron a dominar el violín desde los tres años. La niña descolló entre sus compañeros, pero a los seis años su técnica se deformó tanto que tuvo que dedicar meses a reaprender lo más básico.

—Lo peor fue que los demás niños, que habían tocado al nivel que les correspondía, cogieron el ritmo y la dejaron atrás —relata el profesor—. Fue un caso clásico de la liebre y la tortuga.

Un exceso de estímulos puede interferir en el sueño, necesario para que los bebés procesen y consoliden lo que han aprendido durante las horas de vigilia. Cuando los padres se ponen nerviosos en relación con los hitos, cuando dedican más tiempo a cultivar a su bebé que a reconfortarlo, también éste puede estresarse. Si se inunda el cerebro infantil de hormonas de estrés como la adrenalina y la cortisol, el cambio químico puede ser permanente con el tiempo y dificultar el aprendizaje o el control de la agresividad en la vida posterior, así como aumentar el peligro de depresión.

Así, ¿cuál es el modo correcto de tratar a un bebé? La pregunta en sí ya es tramposa. Por mucho que deseemos que la ciencia nos proporcione una guía minuciosa para los primeros años, el conocimiento incompleto que tenemos del desarrollo cerebral lo hace imposible. Aún más, todos los niños y todas las familias son diferentes, lo que significa que jamás podrá haber una sola receta para criar un bebé.

Sin embargo, hay algunas pautas claras. Una, que a todos los bebés les convienen las interacciones individuales con abundante contacto visual. Repetidos estudios han demostrado que los contrastes fuertes y los colores fascinan a los bebés, y precisamente eso es lo que encuentran en el rostro humano, con su complejo y cambiante paisaje de arrugas, ángulos, grietas y sombras. Un bebé que escrute la cara de su padre y descifre las emociones y expresiones que apuntan en ella lleva a cabo el equivalente neuronal de los ejercicios gimnásticos de Jane Fonda. Un vídeo educativo, un móvil electrónico con lucecitas o un póster con dibujos blancos, negros y rojos no pueden competir con ello. Basta fijarse en cómo, a falta de chismes y cachivaches, un padre y una madre se relacionan con su bebé: le miran a los ojos, sonríen, lo acarician, adoptan expresiones faciales exageradas, le hacen cosquillas, pronuncian palabras m-u-y lentamente, le dan besos, imitan sonidos. Tal vez no parezca mucho en comparación con las emociones más vistosas del lenguaje de signos para bebés, pero es en verdad una conversación rica y estimulante, y no hace falta un especialista que enseñe a hacerlo porque nos sale naturalmente a todos. Además de ser una fuente de alegría y asombro, esta charla elemental, esta interacción amorosa entre padres y bebés ayuda a formar el córtex prefrontal de este último, la parte «social» del cerebro que gobierna la empatía, el autocontrol y la capacidad de leer señales no verbales de otras personas: las destrezas que los maestros consideran las más importantes para salir adelante en el jardín de infancia y después. Los expertos coinciden en que establecer un vínculo fuerte con uno o más cuidadores es la piedra angular de todo desarrollo infantil y todo aprendizaje posterior. También puede inmunizar a los niños contra el estrés para toda la vida.

Y tal vez este mensaje empieza a calar. En todo el mundo, expertos en desarrollo infantil dan el mismo consejo a padres preocupados e impacientes: todos los niños se desarrollan a una velocidad distinta. Los primeros años cuentan mucho, pero no son ninguna carrera. Dedique menos tiempo a tratar de enriquecer a su bebé y más a conocerlo. Confíe en su intuición en vez de imitar lo que haga en el patio de recreo cualquier mamá perfecta.

Algunos padres están aprendiendo estas lecciones a base de golpes. June Thorpe se encargó durante más de una década de preparar eventos de alto copete en Miami, Florida. Después de dar a luz a los treinta y seis años, se tomó la maternidad como si de la organización de un congreso se tratara. Elaboró un rígido programa de comidas, descanso, yoga, masaje y juegos interactivos para su bebé, Alexia, y lo pegó en la puerta de la nevera. «Quería crearle hábitos lo antes posible, para que empezara bien», recuerda Thorpe. El problema fue que aquellos hábitos no eran adecuados para Alexia, que siguió despertándose varias veces por la noche y tardó más de lo habitual en sentarse sola. En las tertulias matutinas, Thorpe se sentía fracasada al oír que otras madres se jactaban de lo bien que dormían sus niños, de lo pronto que empezaban a gatear y de la facilidad con que aceptaban la comida sólida. Empezó a considerar la maternidad como una tarea aburrida, desmoralizadora y sin perspectivas.

Todo cambió de golpe cuando descubrió la blogosfera. Thorpe encontró escritos de multitud de madres estancadas en la misma rutina, y de muchas que habían salido del atolladero a fuerza de crear su propio camino. Llegó a la conclusión de que la condición de madre se da de todos los modos y formas posibles, y que tratar de seguir las normas o el programa de otra persona puede volverla tediosa y frustrante, y en última instancia eliminar la parte más fascinante y gratificadora de ser padre: conocer a tu hijo. En otras palabras, no hace falta ir corriendo a esas sesiones de yoga para bebés ni pasarse horas tratando de que la casa parezca una fotografía a toda página de una revista de decoración. Que los demás se vayan a paseo. No hay nada malo en pasarse la tarde tendidos en la cama, abrazados, dando el pecho, adormeciéndose y despertándose a medias como en un duermevela. A veces se pasará gran parte de la noche intentando en vano que el niño deje de llorar, y tampoco hay nada malo en ello.

—Cuando miré más allá de mi círculo social, me di cuenta repentinamente de que no era la única para quien la presión de ser una supuesta supermamá estaba convirtiendo la maternidad en una lata —dice Thorpe—. Y creo que, además, Alexia captaba mi nerviosismo.

Así que cambió de táctica. Decidió hacer caso de sus instintos. Eso significaba dejar a un lado los programas, los gráficos de desarrollo y los DVD interactivos, y permitir que Alexia se amamantara y durmiera cuando quisiera. Madre e hija no asistían a clases de yoga para bebés, sino que echaban un sueñecito juntas en el gran sofá del salón, rodeadas de cojines blandos y animales de peluche.

A Thorpe le encanta el nuevo plan. Es menos parecido al trabajo, y ella se siente mucho más cerca de Alexia, más capacitada para interpretar sus estados de ánimo y necesidades. Alexia empieza a dormir toda la noche.

—Parece más satisfecha ahora que no trato de obligarla a ser lo que considero que debe ser un bebé —dice Thorpe—. Y yo estoy más satisfecha sabiendo que no tengo que encajar en lo que otros consideran que debe ser la mamá perfecta. Lo importante es lo que resulte adecuado para Alexia y para mí.

Edward Hardy, padre primerizo, alcanzó la misma conclusión respecto a su hijo Emmanuel. Desde el primer momento él y su esposa rechazaron de plano los gráficos de desarrollo en la pared, las actividades estructuradas y los aparatos de estimulación de bebés. En cambio, mantuvieron su actividad de padres en un nivel reducido y simple. Fueron a parar a la papelera los prospectos que anunciaban clases de yoga y de lenguaje de signos para bebés y los catálogos repletos de DVD de Baby Einstein.

En los primeros meses, Hardy, que trabaja como escritor técnico en Londres, dedicaba mucho tiempo a las actividades básicas con Emmanuel: bañarlo, vestirlo, cambiar los pañales, calmarlo, acariciarlo y darle de comer. Los viajes de día a una zona de juegos segura en Watford no compensaban las molestias que comportaban: el precio, el viaje, la tensión y la interrupción de los hábitos de descanso de Emmanuel. Hardy prefería llevar a su hijo en un saco portabebés a los columpios o el parque del barrio. También se pasaban horas sentados en un café cercano, donde Emmanuel se distraía con sus juguetes, mordisqueaba trocitos de tostada y flirteaba con las camareras.

—Para algunos, todo esto puede ser muy aburrido y previsible, pero lo cierto es que le ofreció un entorno cambiante con muchas cosas que ver y estímulos diversos —dice Hardy—. Y nos ofreció mucho tiempo para estar juntos sin más, conociéndonos.

Hardy reconoce que hubo momentos de aburrimiento, que a veces le habría apetecido irse al museo Victoria and Albert o a algún otro del centro de Londres. Pero sobrellevar el tedio ha resultado fructífero:

—Antes de que tuviéramos a Emmanuel, creía que los bebés eran aburridos —dice Hardy—. Pero al pasar tiempo con ellos y conocerles, percibes cualquier cambio minúsculo que experimentan, cada detalle de su evolución y desarrollo, y descubres que son fascinantes.

Hardy tiene una relación muy cálida y tranquila con Emmanuel, que ahora es un niño de cuatro años despierto, feliz y muy curioso. El padre lo atribuye al mucho tiempo que han pasado juntos sin más en vez de perseguir hitos de desarrollo.

—¿Es posible que lo que lleve a los padres hasta tales extremos de ambición sea la culpa? ¿Que, por algún motivo, ya no haya bastante con un niño que juega en una caja de arena de la zona de recreo del barrio? —se pregunta—. Lo que aprendí es que hay una correlación inversa entre el esfuerzo que pones —dinero, organización, estrés— y los beneficios que recoges. He terminado por creer que las cajas de arena del barrio son mágicas.

La moraleja del cuento: para los bebés, menos es a menudo más.

Desde luego, esto no significa que los hitos del desarrollo no tengan ningún papel. Pueden ser cruciales en la identificación de la reducida minoría de niños que requieren una intervención temprana. La clave es tomárselos como pautas generales y no como un horario diario escrito en tablas de piedra. La investigación indica que los padres poseen un instinto digno de toda confianza para saber cuando algo es claramente negativo para el bebé, sobre todo cuando se apartan de la vorágine competitiva.

En lo concerniente a qué deben hacer los niños en los primeros años, el juego es más importante que ir a la caza de hitos. *Juego* es una palabra muy connotada hoy en día. En una cultura de adicción al trabajo y de carreras, parece casi una herejía: un placer vergonzoso, una excusa para la indolencia o para perder el tiempo. Pero el juego es mucho más que lo que ocurre cuando dejamos de trabajar. En su forma más pura, es un profundo modo de comprometerse con el mundo y con el yo. El juego verdadero es espontáneo, incierto: nunca se sabe adónde va a llevar. No consiste en ganar o perder, ni en alcanzar un objetivo o hito. Desafía todos los instrumentos de nuestra cultura basada en los grandes logros: metas, agendas y resultados susceptibles de ser medidos.

Los artistas siempre han sabido que una mente proclive a jugar puede desentrañar los secretos más valiosos, y que los niños entienden los juegos mejor que nadie más. Pablo Picasso se refirió a su necesidad de permanecer en un estado similar al del niño para pintar. Henri Matisse observó que las personas más creativas tienen siempre «un espíritu de aventura y una afición a jugar tremendos». Incluso en el más riguroso mundo de la ciencia, un examen de los límites parecido a un juego, una aceptación casi infantil de la incertidumbre y la negativa a dejarse encasillar por la idea de otros sobre el modo correcto de hacer las cosas son a menudo el primer paso hacia las ideas «eureka», los relámpagos de genio que cambian por completo el mundo. Sir Isaac Newton comentó una vez que «tengo la impresión de haber sido sólo como un niño jugando en la orilla del mar, de haberme divertido de vez en cuando al encontrar un guijarro más liso o una concha más bonita de lo habitual, mientras el gran océano de la verdad se extendía ante mí por completo desconocido». Albert Einstein lo expresó de modo aún más diáfano: «Para estimular la creatividad, hay que desarrollar la inclinación hacia los juegos y el afán de reconocimiento, ambos propios de los niños».

Si los adultos pueden hacer volar la mente jugando como niños, ¿qué significa el juego para los propios niños? Pues resulta que mucho. Las más recientes indagaciones científicas sugieren que los juegos libres son una parte esencial del crecimiento, y no sólo en los humanos. También juegan los mamíferos. Todos aquellos retozones combates y persecuciones que los lobeznos y los cachorros de león despliegan en los documentales sobre naturaleza parecen obedecer a un propósito. Los mamíferos jóvenes gastan del orden de entre el 2 y el 3 por ciento de su energía en juegos: tal vez no parezca mucho, pero los biólogos evolutivos dicen que es un gasto demasiado grande para no ofrecer alguna compensación. Y por añadidura el juego puede ser peligroso: casi el 80 por ciento de muertes entre las focas jóvenes se produce cuando las crías están demasiado ocupadas retozando para advertir la presencia de un depredador.

Así pues, ¿qué obtienen los animales a cambio de una gran cantidad de esfuerzo y riesgo? Pues al parecer, los juegos pueden ser el modo en que la madre naturaleza nos hace inteligentes. Se ha demostrado que los mamíferos que juegan más, como los delfines y los chimpancés, tienen los cerebros más grandes. Según una teoría, los mayores cerebros son más sensibles a los estímulos del medio, y por consiguiente, necesitan jugar más a fin de ponerse a punto para la edad adulta. Estudios efectuados con gatos, ratas y ratones han determinado que el momento en que más juegan es justo cuando sus cerebros son más elásticos.[8] «Lo más probable es que, cuando juegan, los animales estén dirigiendo su propia unidad cerebral», dice John Byers, un destacado experto en juegos de la Universidad de Idaho. Los escáneres muestran además que el cerebro humano se enciende con mucha más intensidad y extensión que lo que se esperaba durante los juegos.

¿Significa esto que privar de juegos a los niños obstaculiza su creatividad y capacidad de aprender? La respuesta directa es que nadie lo sabe a ciencia cierta porque todavía no se han hecho las indagaciones suficientes. Estudios efectuados en animales sugieren que el déficit de juegos se hace sentir luego. Los científicos han averiguado que las crías de rata privadas de juegos[9] tienen más pequeño el neocórtex, la parte del cerebro que controla las funciones superiores como la percepción sensorial, el razonamiento espacial, las órdenes motoras y (como mínimo en los humanos) el lenguaje. Y al cabo de los años tienen menos capacidad para relacionarse. Los niños con diagnóstico de déficit de atención e hiperactividad muestran síntomas similares.

Lo que parece claro es que el juego es un impulso básico para los niños. Dedican la friolera de un 15 por ciento de su energía a jugar, y casi parece que sea para ellos una necesidad física. Recuerdo que mi hijo volvía corriendo a casa de la guardería a la hora de comer para retomar un cuento fantástico que había tenido que interrumpir por la mañana. Incluso cuando las circunstancias son adversas, los niños encuentran un modo de jugar. Las descripciones de la vida en las fábricas victorianas nos hablan de niños trabajadores que se escabullían de las máquinas para chutar un balón, contarse cuentos o permitirse un rato jugando al escondite. Trabajé durante un año con *meninos da rua*, o niños de la calle, en Fortaleza, una ciudad costera del empobrecido noreste de Brasil. Para aquellos niños, una típica infancia occidental era algo que sólo habían entrevisto en la televisión. Vivían en favelas, o chabolas, donde escaseaba la comida y la violencia estaba a punto de aflorar a la superficie. A las cuatro y a las cinco de la madrugada salían a la calle para ganarse la vida como limpiabotas o lavando coches. Durante gran parte del tiempo los *meninos* mantenían una fachada de pilluelo callejero y de hastío, pero a veces emergía el instinto de jugar. De repente dejaban las herramientas para jugar a fútbol con una lata de Coca-Cola vacía o al corre que te pillo. Hasta jugaban al bingo sirviéndose de cartones improvisados y piedras. Era en aquellos momentos de juego, o al abandonar las responsabilidades y los estragos del mundo adulto, cuando más felices se sentían los *meninos*: entonces recordaban que eran niños.

De momento, parece evidente que jugar tiene muchos efectos beneficiosos para los niños. Les permite crear mundos imaginarios donde pueden enfrentarse a los miedos y ensayar papeles de adultos. Como si fueran pequeños científicos, conciben teorías acerca del mundo —la Tierra es plana o todos los hombres con barba son magos—, y después las ponen a prueba y las revisan. Jugar en grupo sin adultos que dirijan el espectáculo enseña a los niños a intuir los sentimientos de otras personas y manejar la frustración y las concesiones que forman parte de las relaciones humanas. Basta con observar cómo un par de niños de tres años construyen una casa con ramitas del jardín. Reúnen material, negocian cómo montarlo, crean reglas, discuten sobre quién coloca qué y dónde. En los juegos libres los niños también empiezan a descubrir sus propios intereses y pasiones, sus puntos fuertes y débiles.

Nigel Cumberland, que antes trabajaba como cazatalentos, ahora prepara a jóvenes prometedores en Hong Kong. Resulta que muchos nuevos reclutas parecen unos fenómenos sobre el papel pero en persona carecen de chispa, de conciencia social y de agallas. Prefieren que se les dé órdenes a agarrar un problema por el cuello y resolverlo con un destello de brillantez. Cumberland lo atribuye a que de niños se les arrebataron los juegos.

—Si los pequeños pudieran jugar más, habría mejores ingenieros, mejores directivos y más inspiración en el lugar de trabajo —dice—. Si se le niega a un bebé o a un niño de entre uno y dos años la oportunidad de jugar, y después se le lleva al jardín de infancia, donde compite y se le juzga en todo momento, nace el miedo, y esto crea una falta de disposición a asumir riesgos. El resultado, adultos aburridos.

El juego no es más que una versión natural del aprendizaje más estructurado que se produce en la clase, e incluso puede poner los fundamentos para la lectura, la escritura y las nociones elementales del cálculo aritmético. En un estudio preparado por Herbert Ginsberg, catedrático de psicología y educación en la Universidad de Columbia, examinó a ochenta niños. Concluyó que dedicaban el 46 por ciento de sus juegos libres a contar, explorar formas y modelos y distribuir objetos en grupos: matemáticas básicas, en otras palabras.

Para aprender letras y números, un niño debe antes entender que las cifras y los caracteres son símbolos que denotan cantidades y sonidos. Eso no se adquiere repasando letras en libretas de Kumon: se comprende mediante los juegos y las relaciones sociales que los acompañan.

—Si pedimos a un niño que ponga la mesa y hable de ello —dice Anna Kirova, experta en educación de la primera infancia en la Universidad de Alberta—, un plato por persona, un tenedor por persona, y que las cucharas van con los tenedores... bueno, esto es correspondencia de uno a uno. O podrían hacer coincidir piedras con ramitas, da igual. Lo que conservan es el concepto general de hacer coincidir e igualar.

El siguiente paso consiste en dar el salto a la conexión de números con cantidades y letras con sonidos.

El principal inconveniente de los juegos infantiles es que, desde la perspectiva de un adulto, se parecen demasiado a hacer el vago. Este prejuicio se remonta hasta muy atrás. Cuando en 1840 abrió sus puertas en Alemania el primer *kindergarten*, o jardín de infancia, del mundo, su fundador, Friedrich Froebel, fue objeto de burlas por sugerir que los juegos formaban una parte esencial del desarrollo infantil, y los críticos demolieron su libro. Hoy, aunque hablemos de la importancia de jugar porque queda bien, a menudo no nos atrevemos a darle rienda suelta. Queremos acorralarlo y cuantificarlo, doblegarlo para que se adapte a nuestros objetivos y programas, asemejarlo un poco al trabajo. Ello no quiere decir que los mayores deban abstenerse de participar en los juegos de niños. Nuestra aportación es crucial, pero más que nada como caja de resonancia o fuente de sugerencias amables. Esto significa dejar que los niños pequeños jueguen como les plazca.

Son más los padres que atienden a este llamamiento. Marta Hoffman, que pertenecía a un grupo de acción antes de quedarse en el hogar para cuidar de su bebé en Washington, empezó jugando con su bebé, Theo, como si de un juguete se tratara. Se tendía en el suelo, según aconsejan los expertos, pero no podía reprimir el impulso de llevar el mando. Si Theo estaba construyendo una torre con bloques de madera, Hoffman estaba a su lado, recogiendo las piezas que caían y enderezando la estructura final para que se pareciera a la de la caja. En la playa siempre le llenaba el cubo con agua y le restauraba los castillos de arena. «Sabía que era ridículo, pero no lo podía evitar», cuenta Hoffman. Todo cambió al recorrer a un especialista en terapia de familia para que averiguara por qué a Theo, que entonces casi tenía tres años, le costaba jugar con niños de su propia edad. Cuando trataba de completar un rompecabezas de madera que representaba animales de granja, su madre le guiaba hacia todas las piezas correctas. Después la madre elegía otro rompecabezas para que lo montara. El terapeuta quedó horrorizado:

—Se me quedó mirando y dijo: «¿Quién está jugando de veras aquí, usted o su hijo?» —explica Hoffman—. Era la llamada de alarma que necesitaba.

Hoffman decidió tomárselo con más calma. Sigue poniéndose a cuatro patas para jugar con Theo, pero no cada vez que él quiere coger un juguete. Y cuando juega con el niño, domina el impulso de guiar todos sus movimientos y arreglar sus trabajos manuales.

—Me cuesta porque soy una perfeccionista y quiero lo mejor para él, pero básicamente tenía que quitarle presión —dice—. Un niño tiene que jugar a su manera sin que su mamá se entrometa constantemente.

Unos pocos meses después, Hoffman me envió un mensaje de correo electrónico para comunicarme que Theo se lleva mejor con los de su edad, y ella disfruta mucho más jugando con él ahora que ya no trata de optimizar todos los momentos que pasan juntos.

La ciencia nos está diciendo de muchas maneras que no nos ahoguemos en un vaso de agua. El hecho de que la infancia sea una época de una plasticidad cerebral única no significa que un bebé necesite una estimulación permanente, o que sufra daños irreparables si se le deja llorar un rato en la cuna mientras se atiende a quien llama a la puerta. Tales momentos de frustración pueden ser en realidad el primer paso para aprender que estar solo no es el fin del mundo y que las cosas no siempre van según se habían planeado. El aburrimiento da a los niños el espacio para percibir los detalles del mundo que les rodea —la mosca que zumba en la ventana del dormitorio, el modo en que el viento agita las cortinas—, y les enseña a aprovechar y llenar el tiempo. Lo que es más, ahora sabemos que, al contrario de lo que creía John Locke, los bebés no son pedazos de arcilla cuyo futuro dependa por completo del trato que les dispensen sus padres. Todos nosotros nacemos con un plano genético único que tiene un papel fundamental en la formación de nuestra inteligencia, temperamento y capacidades. En otras palabras, que un niño aprenda a hablar temprano puede deberse, no a que sus padres hayan dedicado muchas horas a manejar las cartulinas, sino a que sus genes le hayan predispuesto a conquistar el lenguaje de muy pequeño.

Algunos expertos sostienen ahora que los compañeros, los maestros y la comunidad tienen una mayor importancia de lo que se creía antes. Otros sugieren que lo que los padres son —su educación, ingresos, edad, inteligencia, hábitos de lectura— tiene una influencia mucho mayor en cómo salgan los niños que lo que hagan los padres. Después de consultar una gran cantidad de datos y estudios longitudinales para su libro *Freakonomics*, Steven Levitt y Stephen Dubner concluyeron que a menudo la educación no puede doblegar a la naturaleza. «En este aspecto, un padre autoritario se parece mucho a un candidato político que cree que las elecciones se ganan con dinero, cuando en verdad todo el dinero del mundo no puede hacer ganar a un candidato que no caiga bien a los votantes, sin ir más lejos.»

En resumidas cuentas: es una equivocación creer que todo lo que hagamos como padres deja una marca indeleble, para bien o para mal, en nuestros hijos, ni siquiera en los primeros años. Los padres tienen una importancia enorme, desde luego, pero que un niño salga adelante no depende en un 99 por ciento de la madre, y tampoco del padre, puestos a hablar claro.

En marketing hay un antiguo refrán que dice que la mitad de la publicidad funciona, pero no sabemos qué mitad. Hasta cierto punto, cabe decir lo mismo de la tarea de los padres. La cuestión es qué hacer con este conocimiento. Se puede utilizar como un motivo para obsesionarse con todos los incidentes de la vida y el desarrollo del niño, por si acaso. O uno se puede relajar un poco, sabiendo que los momentos en los que el niño no se está enriqueciendo ni regodeando con la atención de usted, momentos de aburrimiento incluso, son una parte natural del crecimiento. Y que dedicar toda la energía a alcanzar el siguiente hito lo antes posible es a menudo una pérdida de tiempo y puede llegar a ser perjudicial.

—Te quitas un peso de encima —dice Hoffman al valorar ahora su función— al saber que no tienes que dedicarte al bebé en todo momento. Ahora tengo que encontrar un jardín de infancia que tenga planteamientos similares.

3

JARDÍN DE INFANCIA:
JUGAR ES COSA DE NIÑOS

«La parte más importante de la educación es un aprendizaje adecuado en la primera escuela.»

PLATÓN

No hace mucho tiempo, los años del jardín de infancia parecían algo muy bonito. En casa, e incluso en la guardería, los niños hacían lo que les salía naturalmente. En mis primeros años escuchaba cuentos, me disfrazaba, componía obras de arte anárquicas y cantaba. Me entretenía con juguetes y construía castillos en las cajas de arena; me peleaba y jugaba con mis amigos. En general, gozaba de libertad para explorar el mundo como se me antojara. Y mi objetivo, si ésa es la palabra adecuada, era humilde: llegar al primer día de colegio feliz, confiado y capaz de relacionarme con los compañeros.

¡Qué pintoresco parece todo aquello ahora! En la última generación, los años de preescolar se han convertido en una febril competencia escolar. ¿Quién tiene tiempo para pintar con los dedos o ver funciones de marionetas cuando hay que reseguir letras y aprender números? Dejemos el estanque: hay que ensayar la entrevista de la guardería. Gymboree, una cadena de tiendas de juguetes norteamericana, ofrece un curso de doce semanas que promete convertir los niños de dos años en «ciudadanos globales» a fuerza de mostrarles el arte, la danza y la música de culturas de todo el mundo. El Hualan International Village Kindergarten, una guardería elitista en régimen de internado en la ciudad portuaria china de Tianjin, ahora acepta niños de tres años.

Con semejante presión para aprender a leer, escribir y calcular a edades más primerizas, las empresas que ofrecen tutores han lanzado divisiones de preescolar. Las escuelas preparatorias de Tokio ya aceptan a niños de dos años. En las escuelas Kumon de todo el mundo, los niños de tres años aprenden ahora el alfabeto, a sumar y la fonética básicos. También aprenden a escribir números y a contar hasta doscientos. Las guarderías, sobre todo las del sector privado, han reducido las horas destinadas al arte, la música y el teatro para reemplazarlas con clases de letras y números. Y cuando los niños llegan finalmente a la escuela, las hojas de ejercicios y los deberes empiezan a amontonarse desde la primera semana. Para embutir todas estas enseñanzas formales, muchos jardines de infancia de Estados Unidos han suprimido por completo los descansos de mañana y tarde. Incluso la hora de la comida se dedica más a comer que a jugar.

¿Por qué tantos esfuerzos a una edad tan temprana? ¿Por qué tantas prisas? Uno de los motivos es que vivimos en una cultura impaciente, hipercompetitiva. En todo el mundo, maestros de preescolar sufren presiones para que pongan notas a sus alumnos. ¿Está mi hija en el percentil 95? Si no es así, ¿por qué no? ¿Y qué podemos hacer para mejorar su posición? Si un niño puede leer cualquier libro infantil a los cuatro años, imaginen qué leerá a los diez. O a los treinta y cinco. Desde luego, muchos de nosotros sospechamos que transformar los primeros años en una rutina escolar es un error: ¿de veras es un pupitre el hábitat natural para un niño de tres años? Pero, como siempre, cuando se levanta el torbellino competitivo, nuestra cordura sale disparada por la ventana.

Al mismo tiempo, los políticos han puesto en un lugar destacado de la agenda el aprendizaje temprano. En los años sesenta, los gobiernos empezaron a introducir programas de ayuda a los niños económicamente desfavorecidos para que siguieran con los estudios: un ejemplo es el plan Head Start en Estados Unidos. Hoy, cuando las empresas reclaman trabajadores más preparados y los padres exigen un nivel educativo más alto, los círculos oficiales han reinventado los primeros años hasta convertirlos en la etapa en la que se les inculca a todos los niños conocimientos lingüísticos y numéricos básicos.

Al igual que la paz mundial, la «educación temprana» parece algo indiscutiblemente deseable: ¿cómo puede alguien poner reparos a darles un buen comienzo a los niños? El problema es que el paso por el invernadero escolar está sujeto a la ley de los resultados menguantes. Es cierto que a veces puede dar el tipo de resultados que causan el asombro de los maestros y la jactancia de los padres: niños que al ingresar en el parvulario ya leen libros adaptados a sus edades, escriben su nombre y controlan del todo las tablas de multiplicar. Pero ¿qué sucede a largo plazo? ¿Compensa más adelante todo aquel aprendizaje temprano? La verdad es que no. Las últimas investigaciones indican que alcanzar hitos de aprendizaje temprano no garantizan el éxito escolar futuro. Un estudio efectuado en Filadelfia concluyó que a los siete u ocho años no se percibía ninguna diferencia notable entre el rendimiento de los niños que habían pasado los años de preescolar en guarderías de perfil formal y rígido y los que provenían de otras con planteamientos relajados y basados en los juegos. La única diferencia era que los niños de invernadero tendían a ser más nerviosos y menos creativos.[1]

Aunque muchos creen que el conocimiento de las letras, números, formas y colores constituye la mejor preparación para la escuela, los maestros opinan de modo muy distinto. Dicen que el niño que llega al primer año capaz de relacionarse, de compartir, empatizar y seguir instrucciones, después tendrá más opciones de aprender a leer, escribir y calcular.

Lo cierto es que los seres humanos están programados para aprender desde el nacimiento, y que para ellos es mejor alcanzar los hitos escolares cuando están emocional y psicológicamente preparados. Algunos se desarrollan más despacio que otros, pero la mayoría acaba consiguiéndolo: el haragán de ayer puede ser el ratón de biblioteca de mañana. Esto requiere paciencia, un artículo escaso en nuestra cultura apresurada. Recuerdo cuando mi hijo llegó a casa por primera vez con deberes de lectura a los cinco años. Se esforzaba por unir los sonidos en palabras y por recordar cómo pronunciar las combinaciones de letras más difíciles. Resultaba frustrante, y llegué a temer que fuera disléxico. Pero de repente, como si se hubiera accionado un interruptor dentro de su cabeza, se puso a leer. No tardó en quedarse dormido todas las noches con un libro en el pecho.

Los expertos coinciden en que el aprendizaje formal es más productivo a partir de los seis años, aproximadamente, cuando los niños son más capaces de manejar ideas abstractas y las diferencias de la primera fase se han compensado en gran parte. Enseñar a leer, escribir y calcular demasiado pronto puede indisponer incluso a los niños contra el aprendizaje y dificultar la posterior adquisición de conocimientos. Un estudio realizado en 2003 determinó que los niños de Dinamarca y Finlandia, donde se entra en la escuela oficial a los seis y a los siete años, tienen más capacidad de concentración que los niños de Gran Bretaña, donde empiezan dos años antes.[2]

Lo que mejor parece dárseles a los niños en los años de preescolar es la libertad de explorar el mundo circundante en un entorno seguro y relajado repleto de cuentos, rimas, canciones, charlas y juegos. Necesitan esforzarse, luchar y ponerse a prueba, pero no del modo que tal vez imaginan muchos adultos.

Si hay que buscar un jardín de infancia que rompe moldes, son muchos los que buscan inspiración en la pequeña ciudad de Reggio Emilia. Esta población del norte de Italia empezó a hacerse un lugar en el mapa de la primera educación inmediatamente después de la segunda guerra mundial. Al regresar a su ciudad y encontrarla en ruinas, un joven maestro llamado Loris Malaguzzi llegó a la conclusión que la mejor manera de reconstruirla era comenzar por el principio y reinventar el jardín de infancia. Pero Malaguzzi era más que pedagogo: era un reformador social carismático con una gran idea. Reunió un fenomenal equipo de profesores de mentalidad similar y se puso a crear jardines de infancia capaces de «cambiar la cultura de la infancia». Esto significaba en la práctica conectar con la curiosidad natural de los niños y dar rienda suelta a su capacidad de expresión.

—Hoy la opinión mayoritaria es que el niño necesita una orientación y una aportación constantes de los adultos para alcanzar objetivos que han impuesto los mismos adultos —dice Claudia Giudici, maestra y portavoz de Reggio—. Nosotros creemos que los adultos deben intervenir cuanto menos mejor para que los niños puedan construir sus propios conocimientos y relaciones.

En los jardines de infancia de Reggio no se enseña a leer, escribir y calcular. Tampoco tienen un programa fijo. En cambio, los niños profundizan en trabajos surgidos de sus propios intereses. Si observan una bandada de pájaros que atraviesa el cielo de otoño, pueden dedicar los dos o tres meses siguientes a familiarizarse con diversas especies de aves, aprender a construir nidos con materiales recogidos en el exterior y analizar el fenómeno de la migración. Se trata el arte como el medio natural para que los niños exploren, analicen y comprendan el mundo, como una materia adicional y opcional. No como un trampolín para una carrera de éxitos.

En los jardines de infancia de Reggio no se ponen notas a los niños, y el aprendizaje es en gran medida una tarea de grupo. Si falta un niño, los demás hablan de cómo habría reaccionado a las actividades del día o qué tipo de preguntas hará al día siguiente. No hay competencia por hacer el mejor dibujo ni el librito más limpio. Tampoco hay prisa alguna por acabar un trabajo: el calendario se establece conforme los niños avanzan.

Reggio no publica manuales para profesores porque su planteamiento está siempre en evolución, y cada niño, así como cada grupo de niños, es único. El único artículo de fe es que un maestro de Reggio no asume el mando. Aporta ideas y materiales nuevos a la mezcla pero siempre de un modo que permite a los niños hacer descubrimientos por su cuenta. Se permiten los errores y se inician los trabajos sin una idea precisa de adónde pueden llevar. Al término de cada jornada, maestros y niños reflexionan sobre lo que han aprendido y dejan constancia de ello. Ello puede adoptar cualquier forma que se presente naturalmente: palabras, dibujos, pinturas, esculturas, collages, música, movimiento. El hecho de documentarlo permite a los profesores conocer más a los niños que tienen a su cargo y el mismo proceso de aprendizaje; les da a los niños una oportunidad de profundizar sus conocimientos a fuerza de volver sobre sus hallazgos y explicarlos a otros.

El objetivo de Reggio es crear niños capaces de pensar, soñar, analizar, jugar, especular y relacionarse con los demás. Y parece que funciona. Hoy, la mitad de los niños de menos de seis años de Reggio Emilia asisten a escuelas del estilo de Reggio, que están totalmente financiadas por el Gobierno municipal. Muchos de los alumnos de hoy son hijos de ex alumnos de Reggio. En los años noventa, *Newsweek* declaró que los jardines de infancia de Reggio eran los mejores del mundo, lo que convirtió esta población italiana en una meca para maestros, académicos y políticos de todo el planeta. Casi veinte mil observadores extranjeros la han visitado en misiones de investigación desde 1994.

A fin de presenciar cómo se aplica el planteamiento de Reggio, me sumo a la procesión a principio de una primavera. La ciudad en sí tiene poco de especial para ser italiana: 140.000 habitantes viven en casas de vecinos de posguerra apiñadas en torno a un núcleo medieval. Mi visita coincide con la de casi cuatrocientos observadores de Estados Unidos y de los países nórdicos. Como peregrinos que visitaran las estaciones de la cruz, recorren las diversas escuelas locales, provistos no de Biblias sino de libretas y carpetas con el logotipo de Reggio Children, el organismo creado para hacer frente al aluvión internacional.

Para sustraerme a las muchedumbres, voy en coche a Pratofontana, una aldea situada a ocho kilómetros. El jardín de infancia del pueblo se llama Prampolini, y es un buen ejemplo del credo de Reggio de que la belleza eleva el espíritu y enciende la imaginación. La instalación es un festín para los sentidos, los rosales están cubiertos de flores blancas y rosas, las mariposas revolotean por el herbario repleto de salvia, romero, menta, tomillo y albahaca. Una cabaña de madera para la observación de aves domina las tierras de labranza llanas que se extienden hasta donde alcanza la vista. Esta parte de Italia es conocida por la leche y el queso, y por el Lambrusco, por eso los campos de alrededor están punteados de viñedos y ganado que pasta. Al lado de la escuela situada enfrente del pueblo hay una espléndida cabaña en lo alto de un árbol con mesas, sillas y cubiertos. Cuando el viento amaina, se puede oír, aguzando el oído, el leve sonido de un hilito de agua que sale de la pequeña fuente de piedra colocada al pie del jardín.

La escuela en sí es una hermosa estructura de ladrillo con ventanas con postigos y tejado de terracota, y un interior de paredes blancas y techos altos. Por dondequiera que se mire hay algo capaz de hacer circular los fluidos creativos: una zona de disfraces con un enorme guardarropa de vestidos aquí, un rincón con caballetes allá. Las estanterías crujen bajo el peso de contenedores llenos de bolígrafos, lápices, cepillos, reglas, plumas, tornillos, pasta seca, ganchos de plástico, chatarra. El comedor parece un restaurante, las mesitas azules adornadas con plantas en macetas, figuras de arcilla y cuencos de cerámica llenos de nueces. A la hora de comer, sale de la cocina olor a lasaña casera.

Es evidente que a los niños, de entre tres y seis años, les encanta este lugar. Un grupo está haciendo figuras de arcilla bajo un enrejado en el jardín, charlando sin cesar sobre la procedencia del material y los cambios de textura con las diferentes temperaturas. Al lado, un grupo de niños de tres años usa tiras de cobre y cable viejo para revestir un águila hecha con chatarra.

Giulia y Marco están concentrados pintando rosales. Un maestro comprueba sus evoluciones de vez en cuando, pero básicamente los dos van por libre. Situados detrás de grandes caballetes, con los pinceles en la mano, parecen enfrascados en el acto de la creación. Giulia coge una rosa, la huele y la sostiene en lo alto para inspeccionarla desde todos los ángulos. Después la coloca en el caballete y la fotografía con una cámara. «Para acordarme después —explica—. Y para compararla con mi pintura». De vez en cuando, Giulia y Marco charlan acerca del rosal: los matices, cómo le da la luz, el modo en que el viento cambia la forma de las hojas. Es a esto a lo que se refería Blake al componer aquello de ver un mundo en un grano de arena. Cuesta creer que los dos niños tengan sólo cinco años.

Se presenta otra niña para exhibir una mariquita en el dedo. Los tres niños se la van pasando. Marco compara el rojo de las alas de la mariquita con las rosas. Giulia dice que el insecto les traerá buena suerte. Y a continuación vuelven a los caballetes. Al cabo de unos cuarenta y cinco minutos, los niños le dicen al maestro que han acabado. Las pinturas, sobre todo la de Giulia, están bastante logradas. Marco está encantado con la suya:

—Es exactamente como la veía en mi cabeza —dice sonriendo.

Las demás actividades que se llevan a cabo en Pampolini son igual de complejas. En la segunda planta, un grupo de niños de cuatro y cinco años está concluyendo un trabajo sobre el agua que empezó cuando uno de ellos visitó un acueducto cercano y regresó lleno de preguntas. En los últimos seis meses, han visitado ríos, canales y acequias de la zona, y han investigado cómo varían el color, la profundidad y el movimiento del agua y hablando sobre los modos en que el agua modela nuestras vidas. Para poder explicar mejor sus hallazgos a los demás alumnos, han tomado una gran cantidad de fotografías. Cuando llego, dos niños están disponiendo las imágenes en un ordenador. Un niño y una niña se sirven de piezas de madera para reconstruir su recuerdo de una barca que pasaba por la compuerta de una esclusa a treinta kilómetros de allí.

—¿Dónde estaba el motor que movía las puertas? —pregunta el maestro. El niño se lo piensa un momento antes de responder:

—Estaba escondido en las paredes, que están hechas de cemento.

Esto enciende un animado debate sobre cómo podría el agua afectar a un motor, y cómo el humo que despide un motor podría afectar al agua.

En la sala de al lado ya se exhiben los frutos de otro trabajo. Comenzó cuando algunos niños decidieron que había que arreglar una rotonda de Pratofontana. Cada uno de ellos elaboró un plan propio, después se pusieron en común las diversas ideas y se elaboraron complejos proyectos a partir de su visión compartida. En una, la rotonda es un colorido jardín hecho con guijarros, hierba y pétalos de verdad, con gran cantidad de gente de papel y coches aparcados alrededor.

El proyecto más reciente es una escalera para el ático. Se inició cuando algunos niños propusieron incorporar sonido a la fuente del jardín, que quedaba en silencio en el frío invierno. Cinco niños de cuatro años se apiñan en torno a una mesa cubierta de una gran variedad de objetos: tejas, piedras, trozos de madera, botones, conchas, diversos tipos de papel. Hay también un equipo de sonido con un micrófono.

—El trabajo se encuentra en una fase embrionaria, así que todavía no sabemos qué queremos documentar o aprender —dice Alessandro, el maestro—. No imponemos nada a los niños; preferimos antes dejar espacio para la experimentación y ver cómo abordan el tema.

Los niños buscan materiales que reproduzcan el sonido de un hilito de agua que desciende por la fuente. Lorenzo arruga una hoja de papel de seda.

—Esto se parece más a la lluvia —dice.

Claudia asiente con la cabeza, a su lado, y pasa un trozo de alambre por una mazorca de maíz seca.

—Tampoco es esto —dice ella.

Dario, que tiene el cabello castaño rizado y una sonrisa pícara, coge el micrófono.

—Cuando sopla el viento hace este ruido —dice, y sopla ante el micrófono. Después se pasa la lengua por la parte interior de la boca para hacer un sonido sorprendentemente similar al del agua que cae. Los demás niños aplauden y se echan a reír.

Alessandro deja hacer a los niños, pero también los orienta de vez en cuando. Señala una botella de plástico llena de arena.

—¿Qué tipo de sonido creéis que hace? —pregunta.

Claudia coge la botella y la agita.

—Se parece más al viento, como el viento que se oye en el campo de detrás de mi casa —dice. Dario lo agita con más fuerza—. Ahora parece una tormenta.

—Espero que se familiaricen con la música y con el mundo del sonido —comenta Alessandro, complacido—, lo que nos podría llevar a hablar de los sentidos, pero ya veremos adónde nos lleva la imaginación. Ocurren cosas asombrosas cuando se deja que los niños sigan sus instintos.

Lo primero que perciben los visitantes de una escuela de Reggio es el respeto que se muestra a los niños. Esto no significa un *Solo en casa* y un ancha es Castilla en el que los niños destrocen el lugar e insulten a los adultos. Significa que, en vez de tratar con condescendencia a los niños hablándoles con voces estúpidas o llenar las aulas con animales de peluche de Disney, en vez de imponerles un plan de estudios, los maestros les animan a relacionarse a su manera con el mundo.

Pero lo que más me impresiona de la Escuela Prampolini es que el entusiasmo infantil va de la mano con el trabajo serio. Los niños se afanan en sus trabajos con una concentración que emociona y estimula, pero hay tantas risas como las que se puedan oír en cualquier parte donde se reúnan niños de menos de seis años. Mucho antes de que los escáneres cerebrales empezaran a demostrar su valor, el juego constituía una parte central de la filosofía de Reggio. Los trabajos se llevan a cabo con un espíritu de diversión. Uno de los principios fundamentales de Malaguzzi es «no hacer nada sin alegría». En los intervalos entre los trabajos de Prampolini hay mucho tiempo para jugar. Durante mi visita veo cuatro niños absortos en un complicado juego de roles en la cabaña del árbol situada en el exterior. Otros corren por una de las zonas de juegos disfrazados de caballeros medievales.

Al término de mi visita charlo con algunos observadores extranjeros en Reggio. Todos están impresionados por la complejidad del trabajo de los niños y su capacidad de concentrarse. También admiran la habilidad del profesor para guiar los proyectos de trabajo sin tomar el mando.

Mary Hartzell, directora de un jardín de infancia en Santa Mónica, California, inspirado en Reggio, viaja a Italia cada pocos años para no perder el contacto. En California, sus ex alumnos tienen un buen rendimiento en escuelas de todo tipo.

—Cuando se van, son pensadores creativos y poseen una enorme capacidad de aprender —dice—. Con sus magníficas habilidades sociales, comunicativas y de solución de problemas, trabajan bien en grupo, pero también son personas con un marcado sentido de individualidad.

Al enfoque de Reggio no le faltan críticos, desde luego. Hay quien dice que sólo funciona con niños ricos, y que los niños de familias trabajadoras a menudo necesitan más —no menos— orientación en sus vidas. Otros dicen que está demasiado arraigado en la experiencia italiana, con su fuerte énfasis en los vínculos con una comunidad más amplia, para exportarlo a otros lugares. Los partidarios rechazan ambos argumentos y afirman que las escuelas de Reggio sirven con éxito a niños de todas las clases sociales. En Prampolini hay niños de familias de renta baja, así como inmigrantes y hasta gitanos.

La filosofía de Reggio también se ha exportado muy bien. Visité un jardín de infancia de Manhattan inspirado en Reggio que es como Prampolini sin la exuberancia de los campos de labranza. Las técnicas de Reggio, desde el trabajo con proyectos hasta la documentación, también están surgiendo en jardines de infancia que no siguen la línea de Reggio.

Al mismo tiempo, otras filosofías educativas que permiten a los niños ser niños van ganando terreno en los jardines de infancia de todo el mundo. Montessori y Steiner Waldorf son dos ejemplos. Al igual que Reggio, ambos evitan los exámenes, las notas y la enseñanza formal a fin de dar curso a la curiosidad natural y el espíritu juguetón del niño. Tal como dijo Maria Montessori: «Jugar es trabajo de niños».

Y este planteamiento también parece funcionar. Estudios efectuados en niños con familias similares demuestran que los que asisten a los jardines de infancia de Montessori llegan a la escuela primaria más preparados para aprender matemáticas, a leer y a manejar problemas complejos. Los niños de Montessori tienen una habilidad especial para jugar y trabajar con sus compañeros.

Después de visitar Prampolini, viajo al otro extremo del mundo para ver en acción un jardín de infancia Waldorf. Highgate House se encuentra en lo alto de un monte que domina la isla de Hong Kong. Es una vista impresionante, con el mar que se extiende a lo lejos y bonitas villas acurrucadas en las laderas boscosas de abajo. Los rascacielos de Hong Kong quedan ocultos en el otro lado de la isla.

Highgate House es el único jardín de infancia Waldorf en un estado donde el aprendizaje escolar temprano es casi un fetiche.

Cuando llego, la escena no podría ser más distinta de lo que se ve en otros jardines de infancia alrededor de Hong Kong. Aquí domina el juego. En lugar de encorvarse sobre pupitres para estudiar escrituras chinas, algunos niños están sentados en círculo observando cómo un maestro enciende una vela y toca unas notas en un xilófono como preludio a un cuento. Otros tocan solos en el exterior, en la terraza, donde hay una estructura metálica para trepar, una gran cesta de piñas, bloques de madera, neumáticos, una caja de arena y una conejera donde se alojan Holly, Thumper y Fluffy.

Julie Lam, la coordinadora de educación, me cuenta que los niños que les llegan de otros jardines de infancia a menudo están agotados o enfermos tras su estancia en el invernadero escolar. Algunos se quedan quietos en el centro del aula porque no saben jugar ni hacer amigos. Hong Kong es, al fin y al cabo, el tipo de sitio donde los niños suelen tener soltura con las tablas de multiplicar antes de saber atarse los cordones de los zapatos.

—En el fondo, todo el mundo sabe lo que está bien y lo que está mal para los niños —dice Lam—. Pero cuando todo el mundo hace lo mismo, hace falta mucho valor para hacer algo distinto.

Wisdom Chan puede dar fe de ello. Como propietario de una sociedad de inversión, pertenece de pleno a la elite profesional de Hong Kong. Pero a diferencia de la mayoría de los que están a su altura, optó por resistirse a la presión de poner a Beatrice, su hija de dos años, en el carril rápido del aprendizaje. Mientras muchos niños de su edad se pasan largas jornadas en aulas provistas de pizarras, Beatrice juega en Highgate House un par de horas tres días a la semana.

Me encuentro con Chan cuando va a recoger a Beatrice. Mientras charlamos, ella escarba en la caja de arena con una amiga. Las dos se disputan una pala, pero sin que ningún adulto intervenga como mediador, terminan por encontrar un modo de compartirla. Juntas cavan un hoyo y lo rellenan varias veces.

—Lo que me gusta de esta escuela es su calma; no agobian a los niños para que hagan esto o aquello o aprendan cosas antes de estar preparados, ni se adapten a una idea única de lo que debe ser un niño —dice Chan—. He leído muchos libros sobre desarrollo infantil, y lo prioritario en esta etapa es que Beatrice se divierta, se interese por lo que está haciendo y se relacione con otros niños. La enseñanza formal viene después.

No le resultó fácil renunciar al sistema de guarderías-invernadero. Los amigos y la familia le advirtieron que Beatrice quedaría rezagada. Incluso Chan albergaba dudas:

—Al principio me preocupaba que se lo pasara bien pero se retrasara, así que puse dos meses de prueba —cuenta—. Disfrutó muchísimo y al mismo tiempo aprendió todo tipo de cosas, como los nombres de animales y la diferencia entre un avión y un helicóptero. Ahora habla mejor que la mayoría de los niños de su edad inscritos en guarderías formales, y parece saber mucho más acerca del mundo. Además, se desenvuelve mejor en sociedad. Cuando sea el momento de ir a la escuela estará más que preparada.

Los directores de la escuela están de acuerdo. Algunos se quejan de que los niños salen de las guarderías-invernadero de Hong Kong quemados y socialmente incapaces. En cambio, los niños de Highgate, como los de Waldorf, Reggio y Montessori de todo el mundo, llegan repletos de energía y con afán de aprender. Un grupo de padres locales está llevando a cabo una campaña para crear una escuela primaria Waldorf en Hong Kong a la que los niños puedan pasar al concluir su etapa en este enclave de lo alto del monte.

Sin embargo, los hábitos antiguos se resisten a desaparecer. Para facilitar el ingreso en las escuelas primarias más formales de la isla, Highgate House ofrece en la actualidad clases opcionales de lectura y cálculo a partir de los cuatro años. Las sesiones rebosan de arte y movimiento —los niños dejan las letras en el suelo—, y Lam lo considera un simple mal necesario en esta edad tan temprana.

—Demuestra lo profundo que es el prejuicio —dice con un suspiro.

Pero muchos padres que han optado por Highgate House se mantienen fieles a la ética original de la escuela. Wisdom Chan no tiene ninguna intención de forzar el aprendizaje del lenguaje escrito a Beatrice antes de que entre en la escuela. En vista de lo bien que ha crecido su hija y de lo feliz que es, él y su familia son conversos a Waldorf. Amigos que eran escépticos al principio ahora se plantean inscribir a sus hijos.

Cuando estoy recogiendo mis cosas para marcharme, Beatrice corre hacia su padre. Está sin aliento, entusiasmada por algo que ha sucedido en la caja de arena.

—Araña —dice, adornándolo con sonrisas—. Con muchas patas. Chan ríe y la abraza.

—Estos son los momentos que recuerdas el resto de tu vida —dice—. Mi hijo Albert va a empezar el próximo trimestre.

El deseo de liberar a los niños pequeños de la tiranía de los estudios formales también está impulsando el auge de un tipo de jardín de infancia todavía más radical. No tiene libros, ni libretas para colorear, ni lápices, ni estructuras metálicas para trepar, columpios, cajas de plástico ni juguetes de madera, cámaras de vigilancia, ordenadores ni zonas de juegos revestidas de capas de goma. Ni siquiera tiene techo ni paredes, porque todo sucede en el exterior, en la madre naturaleza, en gran medida como Jean-Jacques Rousseau prescribía en el siglo XVIII. Práctica escandinava desde los años cincuenta, los «parvularios al aire libre» se están extendiendo ahora por Europa y más allá.

Cualquiera que haya visto cómo juegan los niños una tarde en los bosques sabe que la naturaleza es la zona de juegos perfecta. Pero también es el aula original: mucho antes de las pizarras y los paneles blancos, el exterior era el espacio donde los jóvenes aprendían a observar, manipular y deleitarse con el mundo de alrededor.

La escuela privada Lakeside de Zúrich decidió abrir un parvulario al aire libre en 2003, a raíz de un descenso en el nivel general. Los maestros habían notado que los niños que llegaban al jardín de infancia tenían menos habilidades psicomotrices y preferían esperar a que los adultos les dijeran qué tenían que hacer antes que tomar la iniciativa. También tenían dificultades para concentrarse, fijarse en pequeños detalles y gozar del momento, porque siempre estaban ansiosos por pasar a la siguiente actividad estructurada. La solución de Lakeside consistió en regresar a la naturaleza.

Dos veces por semana, haga el tiempo que haga, una docena de niños de tres y cuatro años se adentra a pie en los bosques de las afueras de Zúrich. El parvulario empezó con tareas prefijadas, como una manera de tranquilizar a los padres, pero no tardó en desechar la idea porque parecía contraproducente. Sin un programa estipulado, los niños elegían qué explorar cada mañana. Una semana de inicio de primavera, dedicaron un día a examinar los capullos que surgían en árboles y arbustos. De repente empezó a nevar, y la clase decidió construir un iglú. Después de que a finales de semana hubiera tormenta, los niños se pasaron un día ayudando a los guardas forestales locales a cortar en pedazos árboles caídos con sierras en miniatura. De paso, casi por ósmosis, adquirieron los rudimentos que a otros les hacen aprender a la fuerza en el aula, aprenden formas comparando piedras, a contar reuniendo ramitas y flores. Aprenden los colores a fuerza de inspeccionar plumas de pájaros o de estudiar cómo cambian las hojas de los árboles a lo largo de las estaciones. Se familiarizan con los sonidos escuchando los ruidos que hace la fauna del lugar. Cuando llegan a la escuela son niños dotados de iniciativa, confianza y concentración, ávidos de conocimientos.

Igual que en las clases de Reggio, Waldorf y Montessori, los maestros del parvulario al aire libre observan la discreción. Lo prioritario es dar a los niños espacio y tiempo para que aprendan por su cuenta. Liz Blum, directora del parvulario de Lakeside, cree que el hecho de estar en la naturaleza lo facilita.

—Cuando se ven niños en los bosques, explorando, jugando, asumiendo responsabilidades, equivocándose y aprendiendo de los errores, haciendo lo que les es propio, sabes perfectamente que es eso lo que corresponde a los niños.

¿Qué podemos concluir de todo esto? Que la enseñanza escolar oficial puede esperar. Que los juegos libres son un ingrediente esencial de la primera infancia. Que hay muchas maneras distintas de aprender, lo que implica que hay más de un modo de ser padres.

Ver que su hija se siente a gusto en Highgate House sin duda ha ayudado a Wisdom Chan a tomarse con más calma la tarea de padre:

—Tienes que asumir esa filosofía de dar a los niños tiempo y espacio y aplicarla fuera del jardín de infancia —dice—. Quiero que Beatrice viva su vida para ella, no para mí.

4

JUGUETES: PULSE «PLAY»

> «Crees que un animal de madera es algo simple,
> y no lo es.»

> HILDA DOOLITTLE, poeta, 1886-1961

Hamleys es la mayor tienda de juguetes del mundo, y también una de las más antiguas. Cuando abrió sus puertas en Londres en 1760, su fundador esperaba crear un lugar donde los niños pudieran escapar del mundo adulto, y gran parte de ese espíritu de País de Nunca Jamás sobrevive hoy. Con 40.000 juguetes distintos esparcidos en siete pisos, el Hamleys moderno rivaliza como atracción turística con el palacio de Buckingham y la Torre de Londres, pues atrae a millones de familias cada año. Muchas van a comprar, otras sólo a empaparse de la atmósfera.

Flanqueado por las tiendas para mayores de Regent Street, Hamleys sigue pareciendo un refugio frente a los adultos. La planta baja es un santuario de todo tipo de animales de peluche: leones, osos, ranas, cerdos, perros e hipopótamos. Los dependientes disfrazados manejando juguetes de muestra crean un ambiente de carnaval. Cuando entro en la tienda una mañana gris de un lunes, un payaso hace burbujas con una pistola de plástico y las lanza hacia las hordas de niños que fluyen por la entrada. En el interior, un joven con perilla impulsa un pequeño avión de espuma de poliestireno que gira por encima de la muchedumbre como un bumerán. A poca distancia, los niños se apiñan en torno a una parada donde otro empleado hace desaparecer y reaparecer pilas de monedas bajo tacitas de latón.

Esta sensación de maravilla y huida, de ahuyentar la ansiedad adulta, de dar rienda suelta a la niñez, impregna la tienda... hasta que se llega a la segunda planta. Es el departamento de preescolar, y aquí el juego es un asunto serio. Este espacio está dominado por juguetes que prometen transformar a tu alegre criatura en un superniño. Los nombres de las marcas no dejan lugar a dudas: Brainy Baby ('niño inteligente'), Clever Clogs ('zuecos listos'), Amazing Baby ('niño asombroso'). Incluso la atmósfera es más sobria. En todas las demás plantas resuenan las risas y los chillidos de los niños; aquí, la mayoría de los clientes son adultos, e impera un silencio incómodo. Me recuerda la sección de padres de la librería Eslite de Taipei.

He venido a Hamleys a comprar una muñeca Madeline para el tercer aniversario de mi hija, pero me veo arrastrado al departamento de preescolar. Cuesta resistirse, en buena parte porque la mayoría de los juguetes prometen utilizar tecnología de vanguardia y las más recientes investigaciones del cerebro para ofrecer un comienzo de primera a cualquier niño. Hay DVD que garantizan enseñar el alfabeto y lenguas extranjeras a bebés, granjas de plástico que reproducen sonidos de animales y libros electrónicos con efectos sonoros y voces de personajes. Diseñados para colgar de la parte trasera de los asientos del coche, la Tiny Love Wonder Wheel ('rueda maravillosa del amor pequeñín') mantienen al bebé entretenido y estimulado durante el viaje con una sinfonía de sonidos y luces... y hasta viene con un mando a distancia que no es peligroso para los bebés. Por un momento me pregunto cómo podría haber cambiado con este artilugio aquellos viajes largos e infernales en los que nuestro hijo oscilaba entre el sueño y los lloros en el asiento trasero.

Gran parte del texto de los paquetes está concebido para acelerar el corazón del padre moderno. El Leapfrog Hug y Learn Animal Globe ('abrazo con salto y globo animal de aprendizaje'), una pelota blanda que emite canciones y sonidos de animales, promete «¡un mundo de aprendizaje cada vez que gira o se aprieta!». Muchas empresas publican tablas que anuncian los beneficios cognitivos de cada juguete. Tiny Love tiene siete categorías: sentidos, habilidades motoras generales, habilidades motoras delicadas, reconocimiento de objetos, cognición, comunicación y lenguaje e inteligencia emocional. De repente, una Madeline de baja tecnología parece un error gravísimo.

Resulta que no soy el único padre que se pasea por los corredores sumido en una miasma de culpa y pánico. Un sondeo informal de opinión indica que muchos de los compradores en el departamento de preescolar están escindidos entre el deseo de juguetes divertidos y el de juguetes que mejoran el cerebro. Cualquiera que combine ambos aspectos es miel sobre hojuelas, desde luego. Angela Daly, fisioterapeuta, venía en busca de un tren de madera para su hijo de tres años. Ha encontrado uno, pero también se lleva a casa el ordenador portátil Vtech Tote and Go Laptop Plus, que promete «programar a su hijo en edad preescolar para un aprendizaje temprano».

—Una parte de mí cree que los juguetes tendrían que ser simples y divertir, como los que teníamos de pequeños —explica—. Pero otra parte piensa: «Aquí hay mucha indagación científica y tecnología nueva, y si mi hijo va a jugar igualmente, ¿por qué no jugar con juguetes que le hagan ser más inteligente?»

Ningún padre de la era premoderna se habría hecho estos planteamientos. Los niños han tenido juguetes desde antes de la historia escrita, y muchos de estos juguetes apenas han cambiado a lo largo del tiempo. Unos arqueólogos que practicaban excavaciones en el ámbito de la civilización del valle del Indo encontraron pequeñas cartas y silbatos con forma de pájaro que databan de casi cinco mil años atrás. En 1100 a. C., los padres persas daban a sus hijos carros hechos de piedra caliza y equipados con ejes de madera. En la Grecia y la Roma antiguas, los niños jugaban con pelotas, sonajeros de arcilla, palos con cabeza de caballo y peonzas. Pero a las civilizaciones anteriores no se les ocurrió jamás que los juguetes pudieran contribuir a crear niños mejores. Nuestros antepasados compraban o hacían objetos para tener divertidos y distraídos a sus niños, o les dejaban que se hicieran los suyos propios con palos, piedras o lo que tuvieran a mano. No les pasó por la cabeza la idea de que el juguete adecuado pudiera terminar por ayudarles a casarse con alguien de una familia mejor o a conseguir un puesto en el tribunal.

Esto empezó a cambiar en el siglo XVII. Cuando los niños escalaban posiciones en la jerarquía cultural y una industria de juguetes alzó el vuelo en Europa, los juguetes pasaron a ser vistos como algo más que objetos de diversión. Podían ser instrumentos para afinar los cerebros jóvenes, un medio para un fin. Intelectuales como John Locke alentaron a los padres a comprar juguetes que facilitaran su educación además de entretenerles, y los fabricantes respondieron a la llamada. Primero fue lo de jugar a naipes con el alfabeto impreso. Los primeros rompecabezas, que aparecieron en Londres no mucho después de que Hamleys abriera sus puertas, se promocionaban como un instrumento para enseñar historia y geografía, y los primeros juegos de mesa, como el Pasatiempo Aritmético, prometían ayudar con las sumas.

Pero diseñar juguetes específicamente para aumentar la inteligencia y habilidades motoras o cognitivas concretas es un fenómeno más reciente. Aunque éste se originó en los años veinte del siglo pasado, el mercado para los juguetes educativos se puso en marcha realmente en los noventa, justo cuando la presión competitiva sobre los niños se disparaba hasta velocidades vertiginosas. Hoy, cerca de la mitad de todo el dinero que se gasta en juguetes en el mundo industrial se dedica a niños en edad preescolar, y la mayoría de éste se destina a productos que afirman aumentar la capacidad mental. En su discurso de 2007 sobre el Estado de la Nación, el presidente norteamericano George W. Bush destacó a tres ciudadanos por el extraordinario servicio que habían prestado al país. Uno de ellos era el fundador de la empresa Baby Einstein.

Qué duda cabe de que muchos juguetes «educativos» no son más que juguetes tradicionales rebautizados. El xilófono de Hamleys es casi el mismo instrumento que los niños han tocado durante casi cuatro mil años, pero en la caja hay una lista de beneficios cognitivos, desde la estimulación de los sentidos hasta el incremento del don de gentes.

Más controvertidos son los juguetes diseñados para utilizar sonidos, luces y otros elementos de hechicería interactiva para entretener y educar a los niños. Pero la pregunta es: ¿de veras hacen lo que se afirma en la caja?

Empecemos por la cuestión del entretenimiento. En una época en que se difuminan las fronteras generacionales, suponemos que los niños tienen los mismos gustos que nosotros, que, enfrentados a elegir entre una muñeca Madeline que no hace nada y un cachivache que emite pitidos, silbidos y destellos, el niño del siglo XXI optará por el segundo. Pero ¿es esto cierto?

Para averiguarlo, acudo a presenciar un experimento en Buenos Aires. Las ventas de juguetes electrónicos se han disparado en la capital argentina, y los padres bonaerenses comienzan a preguntarse si vale la pena gastarse el dinero en alta tecnología. Un ocioso domingo por la mañana, la sede local de la Asociación Internacional de Juegos ha decidido escenificar una versión adaptada de la antigua prueba de sabor de Pepsi frente a Coca-Cola. Se mostrarán varios juguetes a una docena de niños de entre tres y ocho años, para ver cómo reaccionan.

La sala es grande y aireada, con parqué brillante y pantallas industriales colocadas sobre bombillas descubiertas que cuelgan del techo. En las paredes hay pinturas hechas con los dedos. Cada juguete está colocado en una estera propia, y están todos los sospechosos habituales: montones de piezas de Lego mezcladas, piezas de madera y dominós; muñecas y animales de peluche; rompecabezas y Jenga; tiendas de campaña en miniatura y un conjunto de aparatos electrónicos.

Un joven llamado Leo, que me recuerda al Che Guevara sin la boina, presenta cada juguete antes de iniciarse el experimento. Dos niños se precipitan hacia el Lego. Tres niñas lanzan un ataque contra Leo con un pulpo de peluche. Un niño de cinco años tocado con gorra de béisbol al revés va derecho a los juguetes electrónicos. Abre el ordenador portátil y se pone a teclear las letras que aparecen en la pantalla; cada vez que acierta suena una campana. Al principio parece encantado, pero después, al cabo de unos minutos, se pasa al Lego. Una niña de cuatro años toma una caja electrónica de colores brillantes y se pone a golpear los símbolos que hay en ella, cada uno de los cuales pronuncia la correspondiente palabra en inglés. «Tree», «house», «car», dice un hilito de voz. Leo se sienta a su lado y trata de que el juego resulte más divertido haciendo preguntas y ruidos divertidos, pero la niña no tarda en perder interés.

—Es más divertido hablar con una persona —anuncia antes de levantarse e irse a jugar con las muñecas.

Gran parte de la diversión, junto con los juegos más intensos, parece tener lugar con los juguetes más simples, los que dejan más espacio para la imaginación del niño. Arrodillado sobre una estera, un niño de ocho años vestido con chándal azul junta piezas de madera en una compleja serie de torres.

—Todavía no estoy seguro de lo que es —dice—, podría ser un castillo o una cárcel o una barca... o podría ser una nave espacial. Sí, es una nave espacial.

Y se embarca en una narración larga y serpenteante en la que unos astronautas despegan para encontrar una roca especial en el otro extremo de la galaxia y por el camino se enfrentan a alienígenas.

Transcurrido un tiempo, más de la mitad de los niños están reunidos en torno al Lego. Con los ceños fruncidos de concentración, están sentados construyendo coches, naves espaciales y casas en un silencio amigable, haciendo alguna pausa de vez en cuando para exhibir su obra o buscar una pieza rara o ayudar a un niño más pequeño a encajar dos piezas difíciles. Algún niño se pone a contar una historieta relacionada con su invención. Los juguetes electrónicos están abandonados en la estera de al lado, descartados y olvidados. Cuando Leo anuncia que ha acabado la hora, los gemidos de protesta resuenan por la sala.

Después de un breve descanso, los niños se sientan formando un círculo en el suelo para hablar del experimento. Leo pregunta qué juguetes les gustaría llevarse a casa. La mayoría de votos son para el Lego, los rompecabezas y las piezas de madera. Cuando pregunta por los juguetes electrónicos, los niños menean la cabeza.

—Tenemos montones de juguetes como ése en casa, pero después de un tiempo son aburridos porque siempre se repiten —explica una niña de seis años—. Me gustan los juguetes con los que puedes inventar cosas.

Desde luego, el experimento de la Asociación no es un estudio definitivo: sólo se utilizó un conjunto limitado de juguetes, y en ningún momento hicieron aparición los artilugios de alta tecnología más populares, como los videojuegos. Pero sí plantea algunas cuestiones interesantes. Para empezar, pone en tela de juicio la suposición de que en esta era electrónica los niños prefieren naturalmente los juguetes electrónicos.

La mayoría de padres tiene cierta experiencia en esto. La mañana de Navidad, el niño arranca el envoltorio de un regalo, y aparece un juguete de alta tecnología muy caro. Uno lidia con las instrucciones, mete las pilas y entrega el chisme, con toda la esperanza de que va a ser la atracción estelar del día. Pero el niño tiene otras ideas. Aparta el juguete a un lado y se pone a jugar con la caja, la convierte en un personaje de su fábula particular, o simula que es un casco o una casa.

Incluso el sumo sacerdote de la alta tecnología, Bill Gates, entiende la necesidad que tienen los niños de dirigir sus propios juegos y no dejar que se los dirija el juguete:

—Si alguna vez ha observado cómo un niño con una cartulina y una caja de lápices de colores crea una nave espacial con buenos mandos de control, o ha escuchado sus reglas mejoradas, como «Los coches rojos pueden saltar por encima de todos los demás», sabe que este impulso de sacar más provecho de un juguete está en el centro de los juegos infantiles innovadores. Es también la esencia de la creatividad.

Después del experimento de la Asociación, los padres se reúnen para debatir sobre los resultados. Algunos muestran sorpresa porque los juguetes de alta tecnología hayan sido desechados a cajas destempladas.

—Después de esto te preguntas si en realidad lo electrónico va dirigido a los padres y no a los hijos —dice una madre—. Tal vez estemos comprando estos juguetes para exhibirlos o para sentirnos mejores padres.

Otros todavía sienten la influencia de la etiqueta «educativo»:

—A los niños no les gusta la verdura, pero eso no significa que no deban comerla —dice un padre—. Tal vez los juguetes educativos son como la verdura: menos divertidos, pero buenos para el desarrollo.

Pero ¿lo son de verdad? Después de todas las investigaciones, modelos, sistemas de circuitos, pruebas, fabricaciones y marketing que implican, ¿están estos artilugios educativos a la altura de la publicidad y vuelven más inteligentes a los niños? La respuesta es, lisa y llanamente, que nadie lo sabe.

La neurociencia se halla en un estadio demasiado embrionario para poder demostrar cómo afectan los juguetes al cerebro. En lo relativo a cumplir las grandiosas afirmaciones que se hacen en las cajas, incluso las empresas jugueteras envían mensajes contradictorios. Algunos sostienen que los niños modernos son un tanto distintos de generaciones anteriores porque necesitan apoyos, empujoncitos y orientación a fin de que circulen los fluidos creativos, y los juguetes educativos canalizan el juego de un modo que construye cerebros mejores.

—Mientras que otros juguetes dejan que los niños hagan sus propios descubrimientos sobre lo que ocurre cuando se relacionan con ellos, los nuestros encienden un momento de aprendizaje con cada toque y giro —dice Scott Axcell,[1] director de marketing de Leapfrog—. Esto da a los niños un gusto por aprender, así que cuando finalmente llegan a la escuela, tienen la mente abierta al hecho de que aprender puede ser divertido.

Otros son más prudentes y tienen en cuenta que no hay ninguna prueba sólida de que los juguetes educativos susciten una mejora cognitiva. La doctora Kathleen Alfano, directora de investigación infantil de Fisher-Price, reconoce sin ambages:

—No hay ninguna prueba de que este tipo de juguete contribuye a hacer más inteligentes a los niños.

Si en efecto es así, he aquí la pregunta que debemos hacernos:

¿de verdad necesitamos algún tipo de juguete electrónico? Los críticos sostienen que, sean cuales sean los beneficios que pueda reportar una exposición temprana a DVD interactivos o a centros de aprendizaje de alta tecnología, idénticos beneficios, si no mejores, pueden obtenerse con los juguetes de toda la vida. Muchos expertos rechazan de plano la etiqueta educativa y la califican de artimaña publicitaria. En Gran Bretaña, la Guía del Buen Juguete ha resistido las presiones de la industria para que incluya una «sección educativa» en su prestigioso estudio anual de nuevos productos aparecidos en el mercado.

—Una etiqueta educativa en un juguete no significa nada, y los padres no tienen por qué gastarse un dinero adicional para comprar estos productos —dice Carole Button, directora de la guía y responsable de la evaluación de juguetes de la Asociación Nacional de Juguetes y Bibliotecas de Ocio de Gran Bretaña—. Si los padres compraran el producto situado al lado de un supuesto juguete educativo en la estantería, descubrirían que hace exactamente lo mismo por una pequeña parte del precio.

El parecer del Centro Internacional de Investigación sobre Juguetes es similar:

—Pongo en cuestión todo el concepto de juguete educativo —dice el fundador y director Krister Svensson—. Es el juego lo que resulta educativo, no el juguete en sí. Se puede hacer un juguete complejo que obligue a los niños a manipularlo de cierto modo, pero los niños pueden aprender lo mismo a fuerza de quitar varias veces la tapa de una caja de zapatos y volverla a poner.

Una opinión más controvertida es que los juguetes electrónicos no sólo son un desperdicio de dinero, sino que también pueden resultar dañinos. Que por el hecho de hacer demasiado convierten al niño en un observador pasivo, en un perro de Pavlov que aprende a seguir una fórmula («pulsa este botón y sucederá esto»), no a imaginar o resolver problemas. Incluso algunos juguetes tradicionales se han vuelto más normativos y dejan menos margen para que los niños inventen su propio juego. Basta con fijarse en Lego. Antes, con lo que más dinero ganaba esta empresa era con la venta de cajas de piezas mezcladas que los niños utilizaban para construir aquello que concibiera su imaginación. Hoy, más de la mitad de ingresos de Lego provienen de kits temáticos diseñados para montar una única estructura: un Destructor Imperial de la Guerra de las Galaxias, pongamos, o un muñeco Bionicle Inika. Mi hijo tiene varios de estos kits, y en todos los casos construyó el modelo una sola vez, y nunca ha usado las piezas especializadas para construir un modelo propio.

—El peligro es que los niños podrían acostumbrarse a que otros se ocuparan de las iniciativas imaginativas —dice Svensson—. Lo que de veras necesitan los niños es más tiempo sin iniciativas, más tiempo para procesar sus experiencias propias.

Los fabricantes de juguetes replican que el niño del siglo XXI necesita para jugar más argumentos preprogramados y personajes marcados, más intervención de los adultos. Tonterías, replican los expertos, los niños tienen las mismas necesidades hoy que hace quinientos años. El doctor Michael Brody, que imparte el curso de Niños y Medios de Comunicación en la Universidad de Maryland y dirige la comisión de Televisión y Medios de la Academia Norteamericana de Psiquiatría Infantil y Adolescente, es de los muchos que creen que los juguetes modernos están a menudo demasiado estructurados:

—Jugar es cosa de niños, y para eso, los juguetes básicos (piezas de construcción, muñecas, juguetes de arrastre, arcilla, lápices de colores y papel) son lo mejor —dice—. [Muchos juguetes modernos] imponen a los niños la historia de alguna otra persona, por lo que los niños no desarrollan su imaginación.

Como en todos los demás ámbitos de la infancia, estas advertencias no deben creerse al pie de la letra. Al fin y al cabo, como mínimo desde el siglo XIX, los críticos han temido que los juguetes causaran el fin de la civilización. Maria Edgeworth, novelista anglo-irlandesa, criticaba las muñecas y los muñecos articulados por ser, a su juicio, una barrera al ejercicio físico y al juego imaginativo. Ralph Waldo Emerson atacó todos los juguetes hechos por el hombre por juzgar que apartaban perniciosamente de las enseñanzas del mundo natural. «Llenamos las manos y los jardines de nuestros hijos con todo tipo de muñecas, tambores y caballos, y apartamos sus ojos de la faz sencilla y los objetos suficientes de la naturaleza, el sol, la luna, los animales, el agua y las piedras, que deberían ser sus juguetes», escribió. Mucho antes de los vídeos Brainy Baby y los centros de aprendizaje interactivos, los críticos alertaron de que juguetes demasiado activos producirían niños inactivos.[2] «Cuanta más imaginación e inteligencia ha puesto el inventor en el juguete, menos margen hay para la imaginación y la creatividad del niño», comentó un observador en los años noventa. Pero a pesar de estos temores, el mundo ha seguido produciendo generaciones de niños sanos y creativos.

Sin embargo, tal vez estos temores no sean hoy tan descabellados. Los juguetes que se exhiben en la segunda planta de Hamleys hacen sin duda muchas más cosas que cualquiera que se vendiera en la misma tienda en el siglo XIX. Es más probable que un niño se convierta en observador pasivo ante una VTech Magic Moves Baby Ball (pelota con relieves exteriores y motor integrado en el interior que la hace rodar en distancias cortas) que ante un caballito de juguete o una muñeca de trapo. Los juguetes electrónicos deben tener un papel en nuestro mundo conectado, pero incluso los fabricantes advierten contra un exceso de sus artilugios.

—Uno de nuestros mayores retos es hacer que los padres entiendan que, en el campo de lo electrónico no se aplica el principio de que «si un poco es bueno, mucho tiene que ser mejor» —dice el director de desarrollo educativo de un conocido fabricante de juguetes—. Los padres tienen que usar el sentido común para encontrar el equilibrio correcto.

Al mismo tiempo, aumentan las pruebas de que los juguetes sencillos y ajenos a la alta tecnología que permiten a los niños jugar como les plazca pueden favorecer el aprendizaje. En un experimento reciente, el Centro Internacional de Investigación sobre Juguetes puso trenes de madera Brio y otros juguetes básicos en varias escuelas de primaria suecas. Se alentó a los niños a que jugaran con ellos durante los recreos. El resultado: pupilos más tranquilos y concentrados.

—Los maestros estaban asombrados por el efecto que aquello había tenido en los niños —dice Svensson—. Ya no tardan una hora en apaciguarse, sino que llegan a la puerta dispuestos para aprender.

Algunos padres están llegando a conclusiones similares en el hogar. En San Diego, California, Michael y Lucy Noakes se gastaron una pequeña fortuna en juguetes educativos electrónicos al nacer su hijo Sam.

—La casa estaba tan llena de pitidos, ruidos de animales y palabras en castellano y otros sonidos que parecía un salón recreativo —recuerda Michael.

Pero Sam no se convirtió en el niño sobresaliente que esperaban sus padres. Era inquieto y agresivo, tardó mucho tiempo en aprender a hablar y mostraba escasa imaginación en sus juegos. En su tercer aniversario, un amigo psicólogo les hizo ver que tal vez Sam estuviera expuesto a un exceso de estímulos, así que a modo de experimento los Noakes apartaron los artilugios y dieron a su hijo juguetes de madera sencillos para que se entretuviera. Al cabo de unas semanas, Sam empezó a cambiar. Comenzó a inventar cuentos, a usar como personajes todo cuanto encontrara a su alcance: palillos de comida oriental, cepillos, bolígrafos. Y estaba menos tenso. Ahora, con cuatro años, Sam se desenvuelve bien en el parvulario.

—Creo que al darle juguetes que lo hacían todo, le dejamos sin nada que hacer —dice Michael.

—Cuando tuvo juguetes que le permitían explorar y expresarse sin que le llevaran a hacer esto o pensar aquello, empezó a desarrollarse —cuenta Lucy mientras asiente con la cabeza—. Las madres y los padres creen que los juguetes más recientes y caros, sobre todo si afirman ser educativos, van a ser los mejores para sus hijos, pero no siempre es cierto —dice—. Los niños necesitan juguetes que les permitan ser niños.

¿Prestan atención los fabricantes de juguetes? Algunos observadores de la industria detectan el inicio de un alejamiento de los juguetes que hacen demasiado. Para ver cuánto ha oscilado el péndulo, dediqué un día a pasearme por la Feria de Juguetes de Gran Bretaña en su edición de 2007. Casi trescientos exhibidores de todo el mundo han instalado puestos en un centro de congresos enorme y moderno del East End londinense. Están todas las marcas conocidas, como Fisher Price y Vtech, igual que muchos emprendedores desconocidos que pregonan lo que esperan que sea la Próxima Sensación. Con ejércitos de compradores y vendedores acechando en la muestra, en la feria predomina el ambiente enérgico y un tanto falto de alegría de los encuentros comerciales habituales. Me recuerda la segunda planta de Hamleys.

Muchos fabricantes presentes en la feria enarbolan la bandera educativa. Los puestos están adornados con eslóganes del tipo «Aprender Jugando» y «Jugar para Aprender». También está claro que reina la tecnología. Incluso Brio ha lanzado un producto de «Ferrocarril Inteligente» con microchips que hacen que el motor del tren emita ruidos y se detenga en la estación. Un joven emprendedor, Imran Hakim, ha ido a la feria a promocionar su nuevo iTeddy,[3] un osito de peluche con un reproductor multimedia incrustado en el pecho. Puede descargar cuentos, dibujos animados e instrucciones de informática en línea.

—Los padres quieren ofrecer a sus hijos una posición aventajada en la carrera de la mente —me dice Hakim.

—Tal vez sea cierto —respondo—. Pero, ¿y los niños? ¿Está usted seguro de que quieren transformar al osito en una plataforma multimedia?

—Los niños también quieren tecnología —responde Hakim con el fervor del verdadero creyente—. De este modo pueden llevarse los documentos de audio y vídeo a dondequiera que vayan, incluso a la cama.

Una semana después, encuentro a Hakim en *Dragon's Den* (la guarida del dragón), un programa televisivo de la BBC en el que creadores decididos exhiben sus inventos a cinco inversores implacables. Uno del quinteto, Duncan Bannatyne, arremete contra el iTeddy:

—Leer cuentos a la hora de dormir es tarea de los padres... no quiero que me sustituya un osito —dice—. Espero que este negocio fracase.

Pero tal vez su deseo no se haga realidad. Dos «Dragones» se avinieron a invertir dinero en iTeddy, y Hakim dice que destacados minoristas están llamando a su puerta.

De nuevo en la feria, hay más gente contraria al imperio de la tecnología en el ámbito de los juguetes. El stand que hay al lado del iTeddy está a cargo de Dave Pateman, un afable señor de sesenta y tantos años de Bournemouth, una aletargada población de la costa meridional de Inglaterra. Carpintero y diseñador de cocinas de profesión, Pateman se ha reinventado como el David de la baja tecnología enfrentado al Goliat de la alta tecnología de la industria juguetera. Todo empezó al ver a sus dos nietos, entonces de cinco y nueve años, pegados a los Game Boys:

—No paraban de pulsar botones y no se apartaban de delante de la pantalla —dice Pateman—. Y cuando no era así, se quejaban de aburrimiento.

Una tarde de verano, toda la familia estaba sentada en el patio cuando los niños se quejaron de que no había nada que hacer. Pateman se incorporó como por un resorte. Se fue al garaje a buscar algo para entretenerles y volvió con un viejo trozo de tubería y una pelota de tenis raída. Puso el tubo en posición vertical en el suelo y desafió a todos a introducir la pelota en él después de que diera un bote, cosa que resultó mucho más difícil —y divertida— de lo que parece. A las dos horas, en medio de risas y bromas, toda la familia seguía turnándose en el intento de introducir la pelota en el tubo. Cuando regresaron al cabo de dos semanas, los nietos le pidieron volver a jugar al juego de la pelota.

—Yo lo había olvidado por completo, pero los niños no, y eso me hizo pensar —dice Pateman. Después de efectuar algunos estudios de mercado, decidió convertir su juego improvisado en un juguete comercializable. Dibujó algunos diseños y viajó a China para encontrar un fabricante. El resultado es el Frog in the Hole (Rana en el agujero),[4] de 9,99 libras: un tubo hecho de resistente plástico impermeable y dos pelotas esponjosas de goma, todo adornado con dibujos de ranas.

Cuando llego al stand de Pateman, dos hermanos —niño y niña— de cuatro y seis años están jugando. Son los únicos niños que he visto en todo el día, y se lo están pasando en grande, ríen y se animan cada vez que el otro está a punto de acertar. Los padres consiguen finalmente llevárselos, y es mi turno. Después de pasar varias horas probando juguetes electrónicos de última tecnología en la feria, la Rana en el agujero me parece enormemente adictiva.

—Es de lo más sencillo: hacer rebotar una pelota y meterla en un agujero, pero a los niños les encanta —dice Pateman—. Contribuye a desarrollar la coordinación de manos y ojos, desde luego, y lo subrayamos en la publicidad, pero básicamente todo se reduce a divertirse de lo lindo. Y los aparta de los Game Boys y la televisión.

Rana en el agujero ha suscitado un gran interés entre compradores y cadenas jugueteras.

Otros emprendedores acuden a la feria para vender juguetes que hacen menos a fin de que el niño pueda hacer más. Tina Gunawardhana me dice que Occidente puede aprender mucho de los países pobres como el suyo, Sri Lanka, donde los niños se pasan horas inventando mundos imaginarios y juegos complejos sirviéndose simplemente de palos, piedras y pedazos de materiales desechados.

—A los niños occidentales se les da todo masticado, incluso los juegos —me explica—. Como consecuencia, se les cierra la imaginación y se aburren con facilidad, y están siempre pendientes de que les sirvan en bandeja el siguiente estímulo o experiencia electrónicos.

Gunawardhana vende bonitos juguetes de madera que estimulan la creatividad de los niños. Unos animales pintados con colores alegres y peces que encajan como piezas de rompecabezas en cajas poco profundas son de los que más se venden.

—Podríamos haber hecho un arca o un acuario como complemento, pero no lo hicimos para que el niño pueda desarrollar ideas propias —dice Gunawardhana—. Pueden hacer un arca, un zoo o un acuario con una caja de zapatos vieja o una botella de plástico vacía. Queremos que den rienda suelta a su imaginación.

No sólo los inconformistas y las empresas familiares están construyendo juguetes que dejan más margen para que el niño invente: algunos gigantes de la industria también buscan modos de crear productos menos autoritarios y capaces de generar juegos de verdad. En el stand de Lego encuentro a varios compradores que examinan las últimas incorporaciones a la serie Creator, que apareció en 2003. Cada caja va acompañada de diagramas para construir tres modelos distintos —el kit de Voladores Veloces contiene un avión, un aerodeslizador y un helicóptero—, así como una docena de fotografías que sugieren otros modos de usar las piezas. Éstas son además más genéricas, para animar a los niños a guardarlas en una caja de Lego corriente y usarlas para cualquier construcción que pueda ocurrírseles.

—Me gusta que esta línea sea menos restrictiva —dice un vendedor—. No sólo se construye un único modelo y basta: se anima al niño a seguir inventando cosas nuevas con las mismas piezas.

Cuando me alejo del puesto de Lego, siento que mi ánimo decae. Hay un poco de mal gusto en mezclar juguetes con grandes negocios. Y lo que es más grave, acabo de pasar un día entero hablando acerca de los niños y no con ellos. Me siento como un observador en un congreso sobre multiculturalidad en el que todos los delegados fueran blancos. Pero de repente topo con la guardería infantil de la feria. La primera sorpresa es que hay algunos niños de verdad en el interior. La segunda sorpresa es que en lugar de estar repleta de todas las últimas novedades en juguetes electrónicos, la sala está provista del tipo de objetos anticuados que dejan mucho margen para imaginar e inventar: piezas de construcción de madera, libros para dibujar, disfraces, animales de peluche, una estructura metálica para trepar, plastilina, lápices de colores y papel. Aparte de una unidad de PlayStation, que está olvidada en un rincón, el centro es una zona libre de electrónica.

Y si quieren saberlo, a los niños les encanta. Dos niñas de seis años están pegadas a la mesa de dibujo, disfrazando a princesas que han recortado de las hojas de papel coloreado. Un niño desfila disfrazado de soldado romano. Dos más están enfrascados en un libro sobre un dragón.

Cuando un hombre pasa a recoger a su hija que está sentada a la mesa de dibujo, ella se resiste a marcharse. El padre insiste. Ella se mantiene firme.

—Venga, Olivia, podrás ver todos esos preciosos juguetes nuevos en los stands de la feria —dice el papá desesperado—. Tal vez hasta podamos comprarte uno para que te lo lleves a casa.

Olivia menea la cabeza y le espeta una reprimenda que reconfortará a todos los padres que hayan sido víctimas de las peticiones insistentes de los niños y que causa escalofríos a los equipos de vendedores que trabajan en los puestos próximos a la guardería:

—No quiero ningún precioso juguete nuevo —exclama al tiempo que vuelve de sopetón a la mesa de dibujo—. Sólo quiero quedarme aquí y jugar.

5

TECNOLOGÍA: BYTES DE REALIDAD

«Tecnología [...] la habilidad para disponer el mundo de tal modo que no tengamos que experimentarlo.»

MAX FRISCH, arquitecto, 1911-1991

Una cálida tarde del verano de 2005, un hombre de veintipico años entró en un cibercafé de Taegu, la cuarta ciudad de Corea del Sur. Se llamaba Lee Seung Seop. Se conectó en un ordenador y se puso a jugar a Starcraft, un juego de simulación de batallas en línea con gráficos trepidantes y un argumento ingenioso sobre humanos exiliados que luchan por la supervivencia en el extremo de la galaxia. El señor Lee se agachó para sumirse en una sesión maratoniana. En las cincuenta horas siguientes sólo se levantó de la silla para ir al lavabo o hacer una breve siesta en una cama improvisada. Bebió agua mineral pero apenas comió nada.

Finalmente, los amigos le localizaron en el café y le pidieron que dejara de jugar. El señor Lee les respondió que no tardaría en acabar y que se iría a casa. A los pocos minutos le falló el corazón. Se desplomó al suelo y murió.

Para los practicantes acérrimos de los juegos, el señor Lee fue un mártir, o sólo tuvo mala suerte. Pero, para otros, su muerte fue una advertencia, la prueba de que los artilugios electrónicos que pueblan nuestro mundo deberían llevar un aviso sanitario. Asustados por este infarto, algunos padres surcoreanos se apresuraron a prohibir los juegos de ordenador en el hogar. Un acto reflejo comprensible, tal vez, pero ¿acertado?

Es innegable que vivimos en una cultura de alta tecnología y que la tecnología de la información ha transformado el mundo de muchos modos fantásticos. ¿Cuántos de nosotros optaríamos por vivir sin correo electrónico, teléfono móvil o internet? En comparación con Asteroids, PacMan y los demás juegos de ordenador toscos de ayer, Starcraft y algunos de sus rivales son sutiles, complejos y divertidísimos.

Al igual que el mundo que les rodea, los niños se mueven a un ritmo electrónico más que nunca. Las encuestas indican que los británicos de entre once y quince años se pasan más de siete horas diarias frente a una pantalla,[1] hasta un 35 por ciento desde 1994, y eso sin contar el tiempo dedicado a charlar y enviarse mensajes de texto por los teléfonos móviles. Los niños estadounidenses de menos de seis años se pasan ahora la misma cantidad de tiempo pegados a las pantallas que jugando al aire libre.[2] Algunos campamentos de verano, que antes ofrecían una oportunidad de explorar los bosques y juguetear en lagos, se han reinventado como refugios de tecnología de la información donde los niños pasan entre cinco y seis horas diarias ante el teclado. Los bebés también están conectados. En muchos países, canales especiales ofrecen en la actualidad programaciones durante todo el día para bebés de a partir de seis meses. Una cuarta parte de los niños norteamericanos menores de dos años tienen tele en la habitación.[3] Tal vez haya usted comprado ya un iTeddy para su recién nacido.

La tecnología parece el regalo perfecto para un niño. Queremos que nuestros hijos tengan lo mejor de todo, y sentimos la presión de proporcionarles los aparatos que todos los demás exhiben en el patio de recreo. Los artilugios de alta tecnología prometen prepararlos para la vida en un mundo de alta tecnología. También prometen mantenerlos a salvo. Uno siempre puede localizar a su hijo si éste tiene un móvil. Y al niño de nueve años no puede atropellarle un coche, llevárselo un pedófilo ni dársele una muestra gratuita de cocaína si está clavado delante del Nintendo en casa. Como sabe cualquier padre atareado, los medios electrónicos también ofrecen una modalidad muy tentadora y fácil de cuidar a los niños. ¿Quién de nosotros no ha plantificado a los niños delante de los Teletubbies o de un Game Boy a fin de ganar unos minutos de tranquilidad para responder mensajes electrónicos, preparar la cena o simplemente leer el periódico? Por mi parte, sé que lo he hecho.

Pero, incluso cuando delegamos el cuidado de nuestros niños a la pantalla parpadeante, una pregunta sigue sin respuesta: ¿es buena tanta tecnología? Para algunos gurús de la alta tecnología, la respuesta es un sí rotundo. Como los fabricantes de juguetes que afirman que el niño moderno necesita muchos apoyos y estímulos para jugar, celebran la llegada de una nueva generación, diferente de cualquiera que haya habido antes. Se nos dice que los niños del siglo XXI son «nativos del mundo digital» que en ninguna situación se encuentran más a gusto que relacionándose con pantallas, teclados y joysticks. Son la vanguardia que llevará a la humanidad a un mundo feliz de relaciones virtuales, funciones multitareas y disponibilidad permanente.

Pero no hay que ser un ludista para poner en tela de juicio esta visión o preguntarse si pasamos demasiado tiempo con nuestra tecnología. Cada vez hay más indicios de que la revolución de la tecnología de la información nos está conduciendo a una sobrecarga digital, tanto a los adultos como a los niños. En la era de la agenda electrónica CrackBerry, el correo electrónico, las llamadas telefónicas y los mensajes de texto nos siguen a todas partes, a la mesa, al lavabo, a la cama. Según una encuesta reciente, uno de cada cinco adultos interrumpe ahora el acto sexual para responder a una llamada. Incluso las empresas de alta tecnología empiezan a poner en duda que sea sensato estar todo el día conectado. Un estudio de 2005 efectuado por Hewlett Packard concluyó que el incesante bombardeo de mensajes electrónicos, llamadas y mensajes instantáneos causa un descenso de diez puntos en el cociente intelectual de un trabajador de oficina medio:[4] el doble de la caída que causa fumar marihuana. Un estudio más reciente determinó que una muestra de trabajadores de Microsoft tardaban una media de quince minutos en volver a una tarea difícil,[5] como escribir un código informático o un informe, después de pararse a atender un nuevo mensaje electrónico o mensajería instantánea. La mayoría se desviaron antes a responder otros mensajes o a navegar un poco por el ciberespacio.

Otro temor es que un exceso de tiempo ante la pantalla, sobre todo cuando incluye imágenes veloces, pueda modificar los cerebros jóvenes y situarlos en un permanente estado de sobreestimulación. En un informe muy influyente publicado en *Pediatrics* en 2004, científicos estadounidenses concluyeron que cada hora de televisión que se mira al día entre las edades de uno y tres años aumentan en casi un 10 por ciento las posibilidades de un diagnóstico de déficit de atención y desorden de hiperactividad.[6] Eso significa que un niño de estas edades que mire el Baby Channel tres horas al día tiene casi un 30 por ciento más de posibilidades de sufrir problemas de atención en la escuela. Si algunos estudios han demostrado que los programas de televisión violentos propician un comportamiento agresivo en algunos niños, nuevos sondeos indican que los videojuegos violentos pueden promover agresividad e inmunizar a los jugadores contra las imágenes espeluznantes. Un estudio determinó que jugar durante treinta minutos a videojuegos violentos disminuía la actividad en el lóbulo frontal del niño, la región del cerebro conectada a la concentración y el control de los impulsos.[7]

Añádase a todo ello la epidemia de la miopía.[8] Infrecuente hace medio siglo, la miopía afecta ahora a una cuarta parte de la población mundial, y la proporción sigue aumentando. El sureste asiático ocupa el primer lugar, con hasta un 80 por ciento de adolescentes singapurenses y taiwaneses afectados, pero algunas zonas de Occidente van en la misma dirección. La mitad de todos los suecos de doce años son ahora miopes, y los expertos auguran que la cifra superará el 70 por ciento cuando lleguen a los dieciocho años. Algunos achacan en parte este aumento a que los niños pasan demasiadas horas sentados en interiores mirando pantallas.

¿Cómo debemos tomarnos estas advertencias? De nuevo, la lección que nos ofrece la historia es que antes que nada conviene no ser catastrofistas. Toda nueva tecnología desencadena una oleada de ansiedad. Platón alertó de que la lectura causaría el fin de la civilización porque eliminaría la memoria, los debates y la tradición oral. En los primeros tiempos del cine, los críticos temían que el aluvión de imágenes en movimiento podía dañar la vista de los espectadores y volverlos locos. Se vilipendió a la radio por convertir a los niños en zombis sin vida interior y hasta en «psicópatas».[9] Después llegó el turno de la televisión y los reproductores de vídeo. Tal vez la tecnología de la información y los videojuegos no sean más que el hombre del saco del momento. Tal vez sólo estemos proyectando en nuestros niños nuestros propios miedos sobre los grandes cambios causados por la revolución de la tecnología de la información.

Claro que todavía hay que ver si se cumplirán muchas de las jeremiadas. Las pruebas que vinculan el uso de pantalla a la miopía no son concluyentes. Tampoco es cierto que el *boom* de los videojuegos haya desencadenado una oleada de violencia juvenil, otras investigaciones cuestionan que la televisión cause déficit de atención e hiperactividad.[10] En 2006, dos años después de publicar el estudio que afirmaba dicho vínculo, *Pediatrics* incluyó nuevos informes que no indicaban conexión alguna. Los médicos alcanzaron la misma conclusión que otros ya defendían: el déficit de atención y la hiperactividad son una afección neurológica congénita, no una enfermedad debida a que los padres den el mando a distancia a sus hijos pequeños.

También aumentan las pruebas de que el tipo de tecnología adecuado en las dosis correctas puede llegar a ser beneficioso. Algunos estudios indican que ver pequeñas dosis de televisión infantil bien hecha, especialmente si se tiene al lado a un adulto, puede dar a los niños informaciones sobre el mundo y contribuir al desarrollo del conocimiento de letras y números. También puede estimular los juegos imaginativos. Mi hijo usa la televisión como fuente de material para los cuentos que inventa. Mira el vídeo de *La guerra de las galaxias* un rato y acto seguido corre al piso de arriba para imaginar su propia aventura, con la participación de Darth Vader y Han Solo.

Los científicos están demostrando incluso que los juegos de ordenador pueden producir una mejora cognitiva. Un estudio reciente concluyó que jugar a videojuegos de acción aumentaba la capacidad de discernir pequeños objetos en un espacio apretado y a desplazar rápidamente la atención entre distintas tareas.[11] Una indagación efectuada hace poco en Barcelona sugería que los juegos de ordenador pueden estimular la función mental en enfermos de Alzheimer.[12] Incluso los juegos más lentos y menos estimuladores de adrenalina pueden ayudar. Hoy en día, los que más venden no son los baños de sangre con disparos a discreción y recompensas inmediatas que tanto sulfuran a los columnistas de opinión. Son los juegos de simulación que se tarda muchas horas en completar y obligan a los jugadores a descifrar reglas, sopesar pruebas, resolver problemas, analizar datos, formular hipótesis y hacer juicios rápidos y reflexivos: exactamente el tipo de habilidades que ayudan en el aula y en el puesto de trabajo.

Hace décadas que el cociente intelectual aumenta de modo constante en todo el mundo, un fenómeno llamado efecto Flynn. Mientras que gran cantidad de habilidades verbales y numéricas se han mantenido iguales, se han disparado las que miden la inteligencia visual y espacial, así como la capacidad de completar secuencias de formas. Los científicos no están seguros de la causa, y las teorías abarcan desde una mejor alimentación y el tamaño menor de las familias hasta una creciente familiaridad con los tests de inteligencia y los cambios en los propios tests. Pero otros atribuyen el efecto Flynn, que ya parece haber alcanzado su punto máximo en el mundo industrial, a los estímulos visuales e intelectuales adicionales que transmite la cultura multimedia. En *Everything Bad is Good for You*, Steven Johnson sostiene de forma convincente que nuestro entorno de alta tecnología y múltiples niveles nos está haciendo más inteligentes en algunos sentidos.

Pero aun suponiendo que la tecnología ofrezca beneficios, existe sin duda el peligro de que una exposición desmesurada a la pantalla expulse otros de los elementos propios de una infancia saludable. Un estudio general publicado por el King's College de Londres concluyó que los niños británicos de once y doce años están ahora dos o tres años por detrás de los niños que tenían su misma edad en los años setenta del siglo pasado en lo concerniente a la comprensión de conceptos como el volumen y la densidad, una cualidad que se ha relacionado con la inteligencia general y con la capacidad de manejar nuevas ideas complejas.[13] Los investigadores conjeturaron que en parte podía deberse a la tendencia generalizada entre los jóvenes a pasar menos tiempo jugando al aire libre con arena, barro y agua y más tiempo anclados delante de la televisión y la videoconsola de sobremesa.

¿Y es de extrañar que la generación digital sea la más obesa en la historia de la humanidad? No hace falta ser dietista para entender que estar repantigado mirando reposiciones de OC o jugando a Maelstrom no quema demasiadas calorías. El Instituto de Salud Infantil de Gran Bretaña calcula que, por cada hora adicional de televisión que un niño de cinco años mira el fin de semana, el riesgo de obesidad en la edad adulta aumenta en un 7 por ciento.[18] Los sondeos estadounidenses indican que los niños que miran más de dos horas de televisión al día tienen más del doble de posibilidades de sufrir hipertensión vinculada al aumento de peso. Un estudio reciente de las comunidades menonitas en Canadá arrojó resultados similares. En lugar de permanecer delante de pantallas, los niños menonitas pasan sus días al aire libre, caminando, yendo en bicicleta y llevando a cabo las tareas de la granja.[14] Los investigadores concluyeron que eran más fuertes, delgados y más atléticos que el niño canadiense medio de la misma edad, aunque éste practica deportes organizados y cursan educación física. De un modo similar, el Consejo Central de Educación en el ultratecnológico Japón ha detectado un constante declive en capacidades psicomotrices básicas desde mediados de los años ochenta; los niños japoneses de hoy ya no corren, saltan, se agarran y lanzan tan bien como las generaciones anteriores. Tienen músculos más débiles, reflejos más lentos y menos estamina.

Otros estudios indican que practicar deportes, con lo que ello implica de concentrarse en objetos distantes, y pasar tiempo al aire libre, donde una luz mejor reduce la necesidad de forzar la vista, disminuye la incidencia de miopía entre los niños.

Demasiadas horas ante la pantalla puede arrebatar a los niños la relación práctica y real con personas y objetos, que es esencial para su desarrollo. También consume tiempo que podría dedicarse a la reflexión y el descanso. La privación de sueño puede detener el crecimiento físico y afectar la concentración y la memoria, pero varios estudios efectuados en todo el mundo muestran que en general los niños duermen ahora hasta dos horas menos por noche que la generación anterior.[15] Ello se debe en gran parte a que muchos cuartos de niños parecen en la actualidad la cubierta de vuelo de la nave espacial *Enterprise*, saturados de ruidosos televisores, videoconsolas, teléfonos y ordenadores. Muchos de estos estudios relacionan los aparatos electrónicos en el dormitorio con un descenso en los resultados escolares.

Aunque prometa unirnos a todos en un nirvana de conexión de banda ancha, la tecnología también puede entrometerse entre nosotros y encerrarnos en nuestras particulares burbujas digitales. Hoy es habitual que se tarde menos y resulte más fácil leer lo que están haciendo los compañeros en sus blogs o perfiles en línea que quedar con ellos y hablar en persona. Y hasta cuando ocupamos el mismo espacio físico, los artilugios pueden separarnos. La familia Cole de Phoenix, Arizona, compró hace poco un monovolumen nuevo, provisto de teléfono móvil y adaptadores de iPod para los adultos en la parte delantera y pantallas de televisión empotradas detrás para los dos niños. Su primera salida fue al Gran Cañón, situado a 400 kilómetros. Nadie pronunció una sola palabra durante el viaje de cuatro horas.

—La tecnología evitó que discutiéramos y nos irritáramos los unos a los otros —dice Julie, la madre—. Pero también nos aisló. Éramos como un grupo de extraños que viajaban juntos en un autobús. Fue extraño, y no muy agradable.

Los Cole racionan ahora el uso de tecnología en viajes largos: veinte minutos de desconexión por cada cuarenta de medios electrónicos.

—Así conseguimos lo mejor de ambos mundos —dice Julie—. Nos divertimos, pero también hablamos.

Incluso los incondicionales de la revolución de la tecnología de la información comienzan a advertir que los niños necesitan más que una mera conexión USB con el mundo exterior. Como director de la *Children's Technology Review*, una revista mensual estadounidense que analiza *software* y aparatos nuevos dirigidos al mercado de los jóvenes, Warren Buckleitner es un activo tecnófilo. A lo largo de los años, ha expuesto a sus dos hijas a todos los aparatitos electrónicos más novedosos —«Podría decirse que han crecido en una tienda de caramelos»—, y hoy a ambas niñas les encantan los mensajes instantáneos, hablan por teléfonos móviles y navegan por internet como cualquier adolescente.

Pero el hogar de los Buckleitner en Flemington, Nueva Jersey, no es el almacén de alta tecnología al alcance de todos ellos que cabría esperar. Hay límites estrictos. Los teléfonos móviles y el televisor están apagados durante las comidas en familia. El único ordenador con acceso a internet está situado cerca de la cocina para que los padres puedan controlar el uso que de él hacen sus hijas.

Buckleitner cree que gran parte de la última tecnología puede ser divertida y educativa, pero también teme que el abuso pueda llevar al aislamiento social. En miles de años, la humanidad ha desarrollado un arsenal complejo, matizado e instintivo de comunicación física —lenguaje corporal, expresiones faciales, feromonas— que eclipsa la banda ancha en su capacidad de transmitir significados y crear vínculos emocionales. ¿Qué sucede cuando los intercambios virtuales de fuego graneado desplazan a aquellas conexiones directas?

—En un plano electrónico, los niños pueden conectarse con otras personas en algunos niveles, pero a solas en una habitación no están ejercitando realmente sus músculos sociales —dice Buckleitner—. En la ecología general de la infancia, un niño de hace cien años, otro de hoy y el de dentro de cien años necesita lo mismo, y eso incluye cierta cantidad de minutos de aplicar sus habilidades interpersonales en situaciones de la vida real. De otro modo se desemboca en una cultura de poca lubricación social.

Algunas pruebas ya señalan en esta dirección. En el pasado, los estudios han demostrado repetidamente que, cuando se le ofrecen varios objetos y un rostro humano, los bebés y los niños pequeños tienden a mirar primero el rostro. Es así como aprenden a comunicarse. Sin embargo, en una serie de experimentos realizados en escuelas de primaria británicas en 2006, se concluyó que el instinto puede estar cambiando. La mayoría de niños sigue prefiriendo un rostro humano a una casa de muñecas, una barca de plástico o un tren de juguete. Pero cuando al lado del rostro apareció una pantalla de televisión apagada, la mayoría de niños de entre seis y ocho años se volvió primero hacia la pantalla, del mismo modo que los alcohólicos se fijan antes en una jarra de cerveza o una copa de vino.[16] Los investigadores determinaron que la mayoría de niños de cinco años conserva la tendencia hacia el rostro, lo que indica que el problema no estriba en la naturaleza: el instinto a la interacción social permanece integrado en el cerebro humano. Es la educación lo que se está entrometiendo.

Maestros de todo el mundo manifiestan que la nueva generación de nativos del mundo digital parece tener menos competencia lingüística y capacidad de relacionarse con sus compañeros. En muchos países aumenta el *bullying* o acoso en los patios y por internet. En Gran Bretaña, una encuesta general indicó que entre 1986 y 2006 el número de adolescentes que dicen no tener un amigo especial en el que confiar creció desde menos de uno de cada ocho a casi uno de cada cinco,[17] y eso en un momento en el que cualquier adolescente que se precie enumera docenas, o hasta centenares, de «amigos» en su página MySpace.

Al hacer que lo indecible resulte tan fácil de decir, y al alentar a todos a pulsar la tecla de «Enviar Primero y Preguntar Después», la tecnología de la información puede ser sin duda un problema social. Adolescentes y universitarios usan sus blogs personales para hacer comentarios venenosos sobre profesores y compañeros de habitación, y se sorprenden cuando la víctima lee el ataque y se enfrenta a ellos. Otros caen en la trampa maldita: decir algo en correos electrónicos, mensajes de texto y mensajes instantáneos que no osarían decir cara a cara, y después percibir tensiones en las relaciones del mundo real. Adam Turner, de quince años, presencia cada día esta torpeza en su instituto de Boise, Indiana.

—Las cosas pueden ponerse bastante tensas a veces, cuando te encuentras después con los demás —cuenta—. No dices nada sobre el asunto, pero está ahí, en el aire.

Algunas de las lumbreras más destacadas del *boom* de internet, como Jimmy Wales, fundador de Wikipedia, y Tim O'Reilly, el hombre que acuñó la expresión Web 2.0, han propuesto un código de conducta que incluye no decir nunca nada en línea «que no diríamos en persona».

¿Refuerza además la nueva tecnología el narcisismo que puede ser una consecuencia de la infancia excesivamente controlada? El peligro, sin duda, existe. Redes sociales de internet como Bebo envían el mensaje de que incluso los detalles más banales de nuestras vidas privadas merecen comunicarse a un público global. Aún más, los *feeds* o fuentes RSS que proporcionan boletines procedentes de páginas de noticias y cotilleos que reflejan nuestras propias opiniones, las tiendas en línea que guardan un registro de nuestras compras y nos envían anuncios hechos a medida y el propio Google, hacen lo mismo al controlar nuestras búsquedas. El contenido de la red está ahora tan personalizado que es menos una ventana al mundo que una cámara de resonancia de nuestros propios prejuicios. Ello es especialmente limitador para los niños, a los que les gusta conocer varias opiniones.

Cuando ya llevamos una década de revolución de la tecnología de la información, dos puntos resultan cada vez más claros. Primero, que no todas las tecnologías son creadas iguales: muchos juegos de ordenador, por ejemplo, ofrecen al cerebro una tanda de ejercicios mejor que la que se obtiene mirando la televisión. Segundo, que en cuestión de tiempo ante la pantalla, menos es a menudo más.

Sigue en pie la batalla por construir una relación más equilibrada con la tecnología. Con su habitual dureza excesiva, las autoridades chinas han tomado medidas para impedir la entrada de menores de dieciocho años en los cibercafés. En Corea del Sur, tal vez la nación más conectada del mundo, el Gobierno ha creado más de doscientos centros de ayuda y programas hospitalarios para enfrentarse a la «adicción a internet» entre los jóvenes. En 2007 abrió sus puertas lo que podría ser el primer campamento del mundo para ciberyonkis, la Jump Up Internet Rescue School, donde están prohibidos los ordenadores y los niños se pasan el día corriendo en carreras de obstáculos al aire libre y aprendiendo cerámica y a tocar el tambor. En otras partes, hay quien utiliza la tecnología para alejar a los niños de la pantalla. Pensemos en el auge de *Lazytown*, el programa televisivo infantil islandés que se emite en más de un centenar de países. Sportacus, el héroe vestido de elastán, ha conseguido animar a los niños a llevar vidas más activas. Su saludable apetito persuadió a los responsables de los cines islandeses de vender zanahorias para niños en vez de helados y palomitas, y aumentó las ventas de verduras en el país en un 22 por ciento. La mayoría de niños islandeses se acuesta ahora exactamente a las 20:08 porque es cuando Sportacus se va a la cama. En todas partes, *Lazytown* está impulsando a los niños a abandonar el sofá y salir a bailar, hacer ejercicios físicos, chutar balones o explorar el barrio a pie.

—Vivimos en un mundo de alta tecnología, así que hay que servirse de la tecnología para llegar a los niños —dice Magnus Scheving, el creador del programa y el actor que interpreta a Sportacus—. La televisión puede promover un tipo de vida sano. ¿Recuerda los vídeos de ejercicios de Jane Fonda?

Incluso la industria de la alta tecnología está buscando nuevas maneras de hacer que los niños se muevan. En nuevas consolas como Nintendo Wii los participantes tienen que servirse de sus movimientos corporales para pelear, bailar o jugar a tenis en la pantalla. Otros están usando la tecnología para sacar a los niños de casa, bien lejos de la pantalla. Una nueva generación de juguetes de alta tecnología que vuelan, caminan, conducen y ruedan con un realismo extraordinario triunfa en el mercado. La esperanza es que los niños pasen menos tiempo dirigiendo un coche electrónico de Full Auto 2 y más tiempo persiguiendo un ornitóptero de último modelo por el patio. Gene Khasminsky es el director de diseño en Interactive Toy Concepts, una empresa canadiense que fabrica un helicóptero de radio control llamado Micro Mosquito que cabe en la palma de la mano.

—Creo que en este momento hay en nuestra industria un serio

movimiento para apartar a los niños del sofá donde se enfrascan en los videojuegos —dice.

Aun así, muchos padres creen que la única manera de impedir que sus hijos se queden pegados de por vida al sofá es imponerles una moratoria en tecnología. Pongamos a los Hyde, que viven en un barrio residencial de Sidney, Australia. Sus dos hijos, Jasmine, de doce años, y Lachlan, de diez, pasaban horas cada día conectados a internet, jugando con la consola de sobremesa o mirando la televisión en su cuarto. La familia estaba tan conectada que la madre, Maureen, llamaba a los demás miembros de la familia con mensajes electrónicos para que bajaran a la cocina a cenar. Aunque les preocupaba que sus hijos pasaran demasiado tiempo frente a pantallas y demasiado poco corriendo al aire libre, los Hyde habían abandonado la batalla por hacerles apagar los aparatos. Pero una noche todo cambió. Hacia las nueve, Maureen envió a Lachlan un mensaje en el que le pedía que bajara a ordenar sus objetos escolares antes de irse a la cama, y el chico no respondió. La madre le llamó por la escalera, y no hubo reacción alguna. Cuando por fin subió a su habitación, le encontró desplomado sobre el escritorio, con un juego de FIFA Soccer puesto inútilmente en la consola. Lo primero que pensó fue que había corrido la misma suerte que el señor Lee durante su maratón de Starcraft.

—Quedé consternada, porque sinceramente creí que estaba muerto, que había muerto jugando a aquel maldito juego —recuerda.

Resultó que Lachlan sólo se había dormido, pero aquel episodio fue una llamada de atención para los Hyde. Al día siguiente, la familia se sentó a replantear el papel que se concedía a la tecnología en su hogar. Los padres decidieron racionar el tiempo de artilugios con una serie de nuevas normas severas: se acabaron las charlas telefónicas a la hora de las comidas; se acabó comer delante del televisor salvo en ocasiones especiales; no se utilizaría ninguna pantalla mientras se hicieran los deberes a menos que una tarea requiriera una búsqueda en internet. Los Hyde sacaron además todos los aparatos de las habitaciones de los niños y los colocaron en la zona de juegos del sótano. Los niños protestaron, pero los padres se mantuvieron firmes.

Para llenar el tiempo que les dejaba el apagón de los chismes de alta tecnología, los Hyde pusieron una red de bádminton en el patio trasero y pintaron una pista sobre el césped. Fue un éxito instantáneo. Ahora toda la familia juega casi cada día: papá contra el hijo, mamá contra la hija, dobles mixtos. Los niños se pasan horas devolviéndose el volante, charlando, bromeando, compitiendo.

Maureen cree que ponerse a dieta de alta tecnología ha sido una bocanada de aire fresco. Las conversaciones de la cena son más animadas ahora que los niños no envían furtivamente mensajes de texto por debajo de la mesa. Jasmine y Lachlan acaban los deberes más deprisa y rinden más en la escuela. Y están menos apáticos: sin pitidos ni silbidos electrónicos que les distraigan en su habitación, duermen más. Las mañanas de fin de semana, Lachlan salta de la cama y ya no busca la videoconsola.

A los niños también les gusta el nuevo equilibrio:

—Me sigue encantando el ordenador, pero está bien dejarlo a un lado y hacer algo distinto —dice Jasmine.

Su hermano está de acuerdo:

—Antes prefería la consola a salir afuera. Pero mola hacer las dos cosas.

Otros padres han ido más allá y han convertido sus hogares en zonas libres de tecnología. Alessandro Basso, que vive con sus padres en Filadelfia, se enganchó a la PlayStation a los once años. Pasaba cinco o seis horas al día en su habitación, comía sosteniendo los alimentos en el regazo y desatendía los deberes. Había sido un deportista entusiasta, pero empezó a preferir el fútbol de la Play Station a chutar un balón al aire libre con sus amigos. También comenzó a engordar. Las padres de Basso estaban lo bastante preocupados como para intervenir, pero todos los intentos de imponerse a su hábito de la PlayStation topaban con un desafío furioso. Cuando le impusieron límites de tiempo, Alessandro les hizo caso omiso. Cuando trasladaron la PlayStation a la sala de estar, él se escabullía a jugar allí en plena noche. Por último, creyeron llegado el momento de tomar medidas drásticas. Una mañana, mientras Alessandro estaba en la escuela, vendieron la consola de PlayStation por eBay.

A Alessandro le dio un berrinche y estuvo de un humor de perros durante semanas, pero al final lo superó. Empezó a salir otra vez a jugar a fútbol con sus amigos, perdió peso y sacó mejores notas. Hoy se refiere a la PlayStation como alguien que estuviera dejando de beber hablaría del alcohol:

—Al principio odiaba a mis padres por quitársela de encima, y la echaba mucho de menos, pero tengo que reconocer que mi vida es mejor sin ella —dice. Permanece un instante en silencio, se pasa los dedos por el pelo moreno y rizado y baja la vista al suelo—. Sigo jugando a juegos de ordenador en las casas de mis amigos, pero no me gustaría tenerlos en casa. Si tuviéramos la PlayStation aquí probablemente volvería a jugar sin parar.

Alessandro es un caso extremo. Hay gente más proclive que otra a las adicciones. Para la mayoría de niños, una prohibición total de tecnología resultaría excesiva. La mejor política es poner límites que les ofrezcan una mezcla de baja y alta tecnología. Pero ¿dónde se encuentra ese equilibrio? ¿Cuántas horas de tiempo ante la pantalla son adecuadas para los niños? Por desgracia, no hay una respuesta clara. Algunos expertos, entre ellos la Academia Norteamericana de Pediatría, recomiendan que los niños de menos de dos años no vean nada de televisión. Pero cualquiera que haya cuidado niños alguna vez, sobre todo en un país de mal clima o con hermanos alrededor, sabe que esto es casi imposible. Por eso otros adoptan una postura menos taxativa. La Sociedad Canadiense de Pediatría recomienda no más de treinta minutos al día para niños de menos de dos años.

Después la imagen se desdibuja, mientras que los niños mayores tienen que poder usar con libertad los ordenadores para los deberes de la escuela, el aprendizaje y el trabajo creativo, hay que ponerles límites a la diversión de pantalla, como la televisión y los videojuegos. La mejor guía es el sentido común. Si un adolescente se pasa más tiempo relacionándose en línea que en el mundo real, algo anda mal. Bucleitner insta a los padres a seguir su intuición:

—En parte es algo instintivo —dice—. Del mismo modo que sabes cuándo tu hijo ha comido demasiados caramelos, sabes cuándo pasa demasiado tiempo frente a una pantalla.

Puede parecer pura palabrería, pero se encuentra en el centro de lo que hoy debemos hacer en todas las esferas de la educación infantil: aprender a confiar en el instinto y después adoptar una postura.

Conocemos a nuestros hijos mejor que nadie, así que el primer paso para encontrar el equilibrio adecuado en lo tecnológico es observarlos. Después de desenchufarse de los aparatos, ¿están irritables y agresivos, cansados y retraídos? Si es así, probablemente sea adecuado limitar el tiempo de pantalla. Empiece por retirar los artilugios de alta tecnología del dormitorio, o por dejarlos en casa durante las vacaciones, que son un buen momento para romper con los hábitos antiguos y ampliar horizontes. Plantéese la institución de días sin pantallas encendidas. También ayuda el implantar un límite de tiempo para el entretenimiento de pantalla que parezca adecuado a la familia: para muchos lo son dos horas diarias. Tal vez no siempre se dé en el blanco, pero como mínimo se habrá trazado una línea en la arena.

El mejor modo de sofocar las inevitables protestas y el síndrome de abstinencia es ofrecer alternativas a la tecnología: deportes, juegos, un cuento a la hora de dormir, cocinar, más libertad para jugar en el exterior, más visitas a amigos, más diálogo y actividades en común de toda la familia.

Algunas de estas alternativas requieren tiempo, esfuerzo e imaginación de los padres, pero ¿no es a eso a lo que nos comprometemos cuando tenemos hijos?

Desde luego, los padres necesitan hacer un frente común, ponerse de acuerdo, por ejemplo, en cuánto tiempo ante la pantalla se les permite a los hijos cuando van a casa de amigos. También debemos replantearnos nuestra relación con la tecnología. Si nos repantigamos horas seguidas frente el televisor, o no cesamos de comprobar el estado del correo electrónico y estamos de cháchara por el teléfono móvil, ¿qué tipo de mensaje estamos comunicando a los niños?

También debemos revisar nuestra adicción a las multitareas. Hoy día los niños tienen incluso más estímulos por minuto gracias a la alta tecnología. Un estudio llevado a cabo por la Kaiser Family Foundation reveló que los estadounidenses de entre ocho y dieciocho años usan medios electrónicos durante 6,5 horas al día pero consiguen meter con calzador 8,5 horas de exposición mediática a fuerza de hacer malabarismos para simultanear varias cosas:[19] pensemos en los mensajes instantáneos y la descarga de música al tiempo que se consulta el correo electrónico, se ve *Gran Hermano* y se juega a los Sims. Todos sabemos por experiencia que estos malabarismos con la alta tecnología pueden disparar la adrenalina, pero la sensación de productividad que ofrecen no resulta ser más que una ilusión. Los científicos están utilizando en laboratorios de todo el mundo la última tecnología en escáner cerebral para descubrir cómo pensamos cuando realizamos diferentes tareas a la vez, y la cosa no pinta bien para los jóvenes aficionados a las multitareas.

Lo cierto es que el cerebro humano, y eso incluye los cerebros de niños que han crecido en la Era de la Información, no está muy preparado para las multitareas. Claro que ciertas acciones muy practicadas, como ir en bicicleta o pelar patatas, pueden efectuarse con el piloto automático mientras se piensa en otras cosas. Pero los investigadores han demostrado que cuando se decide introducir una alteración en la actividad —por ejemplo, girar la bicicleta hacia la izquierda, o añadir otra patata a la receta— se requiere toda la atención del cerebro; si bien, una vez se ha decidido cuál va a ser el siguiente paso, la acción —girar el manillar o pelar la patata adicional— puede ejecutarse al mismo tiempo que se planea otra acción. Así que hay cierta coincidencia.

Pero al fin y al cabo, mucho de lo que se considera multitareas no lo es en absoluto: son trabajos consecutivos. Cuando su hijo tiene cinco ventanas abiertas en la pantalla de su ordenador y está tecleando en el teléfono móvil mientras mira la televisión, lo que está haciendo en realidad es ejecutar una tarea durante unos segundos, parar, pasar a otra un ratito, volver a parar, pasar a una tercera tarea, parar, etcétera. Y tal como cabría esperar, tanto activar y desactivar resulta un uso muy poco efectivo del tiempo y de la capacidad del cerebro. Cuando la gente salta continuamente de una tarea a otra, comete más errores y tarda mucho más —a veces el doble de tiempo o más— que si hubiera efectuado cada tarea de principio a fin antes de pasar a la siguiente. Eso puede explicar por qué su hija adolescente tarda dos horas en terminar ese trabajo de historia, no una o menos.

David E. Meyer, director del Laboratorio de Cerebro, Cognición y Acción en la Universidad de Michigan, cree que nada, ni siquiera una constante dieta de DVD de aprendizaje temprano ni campamentos de verano informáticos, ofrece la posibilidad de convertir las multitareas en algo más que una pérdida de tiempo.

—Lo esencial es que no se puede pensar en la declaración de la renta y leer un ensayo simultáneamente, del mismo modo que no se puede reflexionar sobre dos cosas al mismo tiempo —dice—. Si un adolescente está intentando mantener una conversación en un chat al mismo tiempo que resuelve un problema de álgebra, sufrirá un descenso de efectividad con respecto al rendimiento que obtendría si pensara sólo en el álgebra hasta que hubiera acabado. Tal vez la gente crea lo contrario, pero se trata sólo de un mito. Con esas tareas tan complicadas, nunca se podrán superar las limitaciones del cerebro para procesar información durante las multitareas. No es posible, por lo mismo que la mayoría de los seres humanos nunca podrá correr una milla en un minuto.

En lo concerniente a límites neurológicos a las multitareas, los niños pueden tener incluso más dificultades que la mayoría. Sirviéndose de imágenes de resonancia magnética funcional (fMRI, por sus siglas en inglés), los científicos han identificado una región del córtex prefrontal anterior que almacena información sobre tareas en marcha. Esto nos permite cesar de hacer algo y después reemprenderlo donde lo dejamos al cabo de segundos, minutos o incluso horas. Es la parte del cerebro que nos ayuda en las «multitareas», permitiéndonos saltar de una tarea a otra. Pero esta región del cerebro tarda en madurar, lo que significa que los niños pequeños están todavía menos preparados que los adultos para simultanear tareas. En otras palabras, todas las grandes declaraciones de que una nueva generación de nativos del mundo digital capaces de ejecutar tareas simultáneamente representa un gran salto adelante en la evolución no son más que eso: grandes declaraciones.

El hábito de simultanear tareas resulta ineficaz hasta un extremo que va más allá de un mal uso del tiempo. Varios datos indican que el cerebro humano necesita momentos de tranquilidad y descanso para procesar y consolidar ideas, recuerdos y experiencias. También necesita encontrarse en un estado relajado para pasar al modo de pensamiento más rico y creativo.[20] ¿Cómo puede darse nada de ello cuando cada segundo está lleno de cháchara electrónica? Zapear, navegar por la red y lanzarse mensajes instantáneos constantemente también perjudica el arte más lento de centrarse en un tema, atender a un argumento el tiempo suficiente para aclarar sus matices y complejidades. Los profesores universitarios se quejan cada vez más de que los estudiantes del siglo XXI se muestran reacios a leer libros enteros y prefieren fragmentos y artículos mucho más cortos. También parecen perder la paciencia con las ambigüedades, y exigen respuestas inmediatas de blanco o negro. Se trata de un grave problema cuando se analizan temas como el terrorismo o la inmigración, que contienen muchas gamas de gris. ¿Puede la democracia funcionar adecuadamente si los jóvenes votantes quieren todos los asuntos envueltos en frases taxativas semejantes a mensajes de texto? Los niños de hoy tienen una gran capacidad de encontrar y manipular información y analizar datos visuales, pero incluso a los apóstoles de la revolución de la tecnología de la información les preocupa que un exceso de zapeo electrónico les dificulte concentrarse y reflexionar a fondo. En un congreso reciente sobre el futuro de la tecnología, Dipchand Nishar, director de productos sin cable de Google, dio una llamada de atención:[21]

—Hubo la Generación X y la Generación Y —dijo—. Ahora tenemos la Generación ADD.

¿Cómo arrancar a un niño de las multitareas? Simon Blake, ingeniero de *software* en California, puso un límite en el número de programas que Chrissy, su hija de doce años, podía tener conectados en el ordenador familiar mientras hacía los deberes. Puede utilizar internet para hacer averiguaciones pero no para intercambiar mensajes con los amigos en MySpace. Sólo se le permite consultar el correo electrónico cada treinta minutos, y el teléfono móvil está apagado en todo momento. El resultado final es que Chrissy tarda casi la mitad de tiempo que antes en hacer los deberes, y sus profesores la han felicitado porque presenta mejores trabajos.

—Es evidente que ahora está más concentrada, incluso cuando no hay tecnología —dice Blake.

Al principio Chrissy estaba molesta con las nuevas reglas, pero ha terminado por aceptarlas:

—Al principio, me molestaba tener que esperar para ver los e-mails y los mensajes instantáneos, pero te acostumbras —dice—. Sé muy bien que ahora estoy menos distraída.

Claro que en la actualidad el aula es un frente clave en la batalla para definir el espacio de la tecnología en las vidas de los niños. El modelo de educación tradicional de arriba abajo, en el que el profesor está delante de la pizarra y alecciona a los alumnos, parece trasnochado y desfasado en un mundo en línea e interconectado. En los círculos educativos predomina el consenso de que las escuelas tienen que adaptarse a la nueva tecnología. Salta a la vista que los niños de hoy necesitan más que meros datos; necesitan aprender a resolver problemas en grupo, a distinguir la información buena de la mala, a conectar y compartir ideas con sus iguales de otros países, a pensar de un modo que combine disciplinas diversas. La tecnología de la información puede ayudar en todo esto. Los alumnos de una escuela de Vancouver pueden utilizar el correo electrónico o una cámara web para intercambiar ideas sobre el calentamiento global con niños de la Indonesia azotada por el tsunami. Un debate en el aula sobre la esclavitud se amplía cuando los estudiantes se descargan noticias sobre el tráfico de personas actual con una conexión a internet sin cable en la misma clase. Incluso los videojuegos de alta tecnología pueden utilizarse para enseñar los rudimentos de la baja tecnología. En Chew Magna, una pequeña escuela primaria de Bristol, Inglaterra, Tim Rylands enseña inglés a niños de diez y once años con el juego informático Exile. No es que los niños participen en el juego: Rylands utiliza un panel blanco para llevarles por sus paisajes místicos, a través de puertas ornadas, al interior de habitaciones bañadas en luz dorada; los gráficos son deslumbrantes, casi de otro mundo, y los niños permanecen sentados y fascinados. Rylands les pide después que escriban lo que han visto y cómo se han sentido. Los niños apartan la atención del panel blanco, cogen los bolígrafos y se ponen a escribir. En Chew Magna, que es una escuela pública, consiguen unas de las mejores notas en inglés de toda Gran Bretaña, y Rylands ha obtenido premios por el uso de la nueva tecnología en la enseñanza del lenguaje tradicional.

—No hago más que usar la tecnología para hacer lo básico de un modo fuera de lo corriente —dice Rylands—. Trato de crear la magia y el gozo y no sólo la información escueta.

Pero incluso Rylands reconoce que la tecnología no es una panacea. Los estudios sobre el impacto de la tecnología de la información en el rendimiento escolar demuestran que a veces es positivo y a veces no. Los críticos dicen que se debe a que aún no usamos la tecnología de la manera correcta, pero también está claro que los medios digitales tienen sus límites como instrumento de aprendizaje, y que en muchas situaciones jamás podrá superarse la instrucción práctica de la vida real. Ello se aplica especialmente a los niños pequeños. Un estudio se propuso enseñar a dos grupos de niños de entre doce y quince años a usar una marioneta. El primer grupo vio una demostración en vídeo y el segundo cómo una persona de carne y hueso ejecutaba idénticas instrucciones. El segundo grupo aprendió a manejar el títere con una sola lección, mientras que los que habían estado frente a la pantalla necesitaron ver el vídeo seis veces para aprenderlo.

En un mundo cada vez más conectado, las escuelas ya están adoptando medidas para ayudar a los niños a encontrar un equilibrio con la tecnología. En muchas ya se han prohibido los teléfonos móviles en las aulas. Las universidades han bloqueado el acceso sin cable a internet en las aulas para contribuir a que los alumnos atiendan en vez de pasar la hora entera actualizando la página Bebo.

Otra forma en que las escuelas pueden combatir la sobrecarga tecnológica es basar parte del programa en la Madre Naturaleza. Ya hemos visto que los niños en edad preescolar se lo pasan en grande en los parvularios al aire libre; lo mismo se aplica a niños mayores. Aventurarse al exterior permite respirar un poco a niños que normalmente pasan mucho tiempo en espacios cerrados, y puede propiciar un aprendizaje enriquecedor y práctico. Un estudio de 2002 realizado entre 150 escuelas de enseñanza primaria con niños de entre doce y catorce años en dieciséis estados norteamericanos concluyó que el uso de la naturaleza para impartir parte del programa mejoraba los resultados en ciencias, lenguas, estudios sociales y matemáticas. También mejoraba notablemente el rendimiento general de los estudiantes. Cuando una escuela introducía un programa al aire libre, los expedientes disciplinarios descendían en un 90 por ciento.

El contacto con la naturaleza, aunque sólo consista en pasar una hora por semana en una parcela de huerta al lado de la escuela, también proporciona a los niños una comprensión de cómo actúa la Tierra y del papel que tiene la humanidad en su protección. Les enseña que las pechugas de pollo no salen de bandejas de poliestireno envueltas en plástico y que las patatas fritas se hacen a partir de patatas que crecen en el suelo. Si hemos de salvar el planeta, las generaciones futuras deben reservar un espacio para la naturaleza en sus vidas urbanas de alta tecnología.

Enclavada en las apartadas montañas del norte de Taiwán, la Escuela del Bosque es un oasis de baja tecnología en una sociedad sometida a las pantallas electrónicas. Tal como indica el nombre, los alumnos, de entre seis y doce años, pasan mucho tiempo al aire libre, trepando a los árboles, paseando por los pantanos y estudiando la naturaleza de cerca, de modo semejante a los niños de la Escuela Lakeside de Zúrich. Muchos trabajos y deberes se hacen en el bosque. Aunque los maestros usan en ocasiones vídeos en las clases y la escuela proyecta una película por semana, están prohibidos los videojuegos y los ordenadores.

Concierto una entrevista con algunas personas que llevan a sus hijos a la Escuela del Bosque en un despacho del centro de Taipei. Cuando llego, los niños corretean, se esconden detrás de escritorios, ríen de un personaje que han inventado. No se ve ni una sola Nintendo. Ching-lan Lin, la directora de la Escuela del Bosque, me dice que sus alumnos tienen fama de saber trabajar en equipo y de querer aprender, conocen sus puntos fuertes y débiles y tienen una honda conciencia medioambiental. También se desenvuelven sin problemas con la tecnología porque la mayoría tienen ordenador y televisión en casa. Ya hay una larga lista de espera para entrar en la Escuela del Bosque.

Uno de los niños que ha venido esta noche, Hong, tiene nueve años. Bendecido con unos ojos intensos y una risa contagiosa, parece pertenecer a una especie distinta a la de los niños que se ven conectados a los Game Boys en la ciudad. Me cuenta que en la Escuela del Bosque disfruta mucho:

—Podemos ir afuera y jugar cuando queramos —dice. ¿Considera una injusticia la prohibición de tecnología? En absoluto. Usa el ordenador y mira la televisión en casa—. En la escuela nos divertimos y aprendemos mucho sin ordenadores —dice antes de saludarme con la cabeza y volver con sus compañeros. En el rostro de su madre apunta una sonrisa.

—Hong tiene toda la vida para estar sentado delante de una pantalla —dice—. ¿Por qué tendría que hacerlo también durante toda su infancia?

6

ESCUELA: TIEMPO DE PRUEBAS

> «La educación es lo que queda cuando se ha olvidado todo lo aprendido en la escuela.»
>
> ALBERT EINSTEIN

No hace mucho, Marilee Jones examinaba el correo en su oficina del Massachusetts Institute of Technology. Pocas semanas antes, la universidad había enviado la remesa anual de cartas de aceptación y rechazo, y como responsable de las admisiones, Jones ya preveía la habitual reacción negativa de los aspirantes decepcionados. Algunos llamaban por teléfono y se ponían a llorar, otros enviaban cartas escritas con tinta venenosa. Aquel día, sin embargo, una carta se destacó por su gravedad. El padre de un aspirante había redactado tres breves frases bajo el membrete de su empresa: «Ha rechazado a mi hijo. Está destrozado. Nos veremos en el juicio».

Al cabo de tres décadas en el puesto, Jones se había vuelto insensible a las críticas, así que una amenaza de denuncia no le impidió dormir aquella noche. A la mañana siguiente, la perspectiva de una acción legal pareció aún más vacua al llegar una carta escrita por el hijo del Padre Furioso. Sólo contenía dos frases: «Gracias por no admitirme en el MIT. Es el mejor día de mi vida».

Jones me lo contó mientras desayunábamos en Palo Alto, California. Había ido a pronunciar una conferencia sobre cómo la obsesión por el éxito escolar está arrebatando el alma a las escuelas y a los niños que estudian en ellas. Jones mostraba al Padre Furioso como moraleja de lo que ocurre cuando las notas y el ingreso en la universidad «adecuada» se convierten en un fin en sí mismos.

—Se ha llegado al punto de que ya no se trata de los niños y lo que les conviene, sino de lo que quieren los padres; se trata de que mamá pueda decir a las amigas que su hija ha obtenido la mejor puntuación en las pruebas de acceso a la universidad, y papá alardee de que su chico ha entrado en el MIT o en Harvard —me contó—. ¿Qué ha ocurrido con la educación por sí misma? ¿Cuándo ha quedado desplazada la pasión de nuestros niños por aprender, por la búsqueda de un tema que de verdad les entusiasme, debido a la aparición de la competencia por lograr el currículo perfecto?

Similar queja puede oírse en hogares, escuelas, universidades y grupos de expertos de todo el mundo. En el siglo XXI, las apuestas escolares parecen más altas que nunca. Las escuelas empujan a los niños a aprender a leer, escribir y calcular cada vez más temprano, y apartan el arte, la música y hasta el recreo para tener más espacio para la memorización. Educar a un niño cuesta más dinero que nunca. Desde Manchester a Montreal y Melbourne, los padres piden créditos enormes para comprar casas cerca de las escuelas públicas más codiciadas. Las clases particulares constituyen una floreciente industria global. Las familias chinas se gastan ahora una tercera parte de sus ingresos en educación.[1]

Considerar las notas como una cuestión de vida o muerte es una antigua tradición en el este de Asia, donde las culturas locales han concedido una gran importancia al esfuerzo y la competitividad. Hace más de mil años, los chinos empezaron a imponer a sus hijos una extenuante carrera de obstáculos en forma de exámenes, en la que los mejores puestos correspondían a los que concluían la carrera con las mejores notas. Y el modelo chino, con su acento puesto en la memorización, se extendió por el Asia oriental, con lo que se condenó a muchos niños de la región a largas horas de clase y escuela preparatoria, y a una vida de lo que se ha dado en llamar «infierno de exámenes». En Corea, el día del examen de acceso a la universidad es un acontecimiento nacional, en el que los noticiarios de televisión se emiten en directo desde las puertas de las escuelas y patrullas de policía especiales escoltan a los estudiantes hasta los recintos donde se realizan las pruebas. Las madres coreanas empiezan a rezar para pedir la nota máxima cien días antes de los exámenes, lo que no es nada comparado con el sobrehumano hartazgo de estudiar de sus hijos. Los alumnos coreanos se animan con un mantra escalofriante: «Duerme cuatro horas y aprobarás, duerme cinco horas y suspenderás».

En Occidente no se ha exagerado tanto. El éxito en los estudios no se convirtió en objeto de preocupación paterna hasta el siglo XX. Todavía en los años sesenta y setenta del siglo pasado, muchas escuelas occidentales se mantenían fieles al ideal de Rousseau de libertad y respeto por la infancia, y ponían el énfasis en la creatividad, la espontaneidad y la rebelión frente a la disciplina, la memorización y los exámenes. Pero después hubo una reacción violenta. En los ochenta, gobiernos de todo el mundo de habla inglesa empezaron a incrementar el volumen de trabajo, de exámenes y de horas en el aula.

Este retorno a lo básico se debió en parte al miedo a que los esforzados niños del Asia oriental estuvieran aventajándoles en los resultados escolares internacionales. El creciente nerviosismo paterno, asociado con preocupaciones sobre la competitividad económica, también influyó, igual que la tendencia moderna a medir y comparar. En 2000, la Organización para la Cooperación y el Desarrollo Económicos (OCDE) comenzó a publicar los resultados del Programa para la Valoración Internacional de Alumnos (PISA), que somete a un cuarto de millón de muchachos de quince años de todo el mundo industrializado a las mismas pruebas de lectura, matemáticas y ciencia. A pesar del gran escepticismo del sector educativo, los resultados del PISA se han convertido en un talismán, aparecen en los titulares y crean el pánico sobre el nivel escaso en los países que ocupan lugares bajos. En Dinamarca, por ejemplo, los mediocres resultados del PISA han infundido el temor de que las escuelas danesas se estén fijando demasiado en la felicidad de los alumnos. En países como Gran Bretaña, mientras tanto, la moda de valorar públicamente a las escuelas ha impulsado un carrera por entrar en los «cabezas de serie».

Lo malo es que en la obsesión por elevar los niveles escolares se han pasado por alto algunas preguntas fundamentales: ¿tienen de veras un efecto positivo tantos esfuerzos, exámenes y comparaciones? ¿Hacen que los niños sean más felices, sanos e inteligentes? ¿Generan mejores trabajadores y ciudadanos? ¿Unas notas mejores significan que los niveles escolares están mejorando? En todo el mundo, los padres y educadores llegan a la conclusión de que la respuesta a todo lo anterior es negativa.

No nos dejemos engañar. Lo cierto es que la educación formal tiene partidarios y detractores desde hace tiempo. Shakespeare escribió acerca del niño que «se arrastra como una serpiente, de mala gana, hacia la escuela». También tiene una larga historia el rechazo, por absurda e incluso dañina, a la idea de estar sentados en un aula. Mark Twain dijo satíricamente que «jamás he permitido que la escuela interfiriera en mi educación». Hace generaciones que los críticos atacan las escuelas por no enseñar adecuadamente a los niños, por anteponer la ideología al aprendizaje, por rebajar el nivel. ¿Ha habido algún momento en el que los maestros no se quejaran sobre sus condiciones de trabajo?

Pero hoy algo va decididamente mal. A pesar del aumento del gasto en educación, las escuelas de todo el mundo no preparan a suficientes niños con conocimientos, con capacidad expresiva, creativos, disciplinados, éticos y ávidos de aprender. Lejos de sumarse a una larga serie de Casandras agoreras, críticas como Marilee Jones han dado en el blanco.

Examinemos los hechos. Las trampas parecen aumentar en las instituciones docentes, sobre todo en los alumnos más destacados, que experimentan con más intensidad la presión competitiva.[2] Casi tres cuartas partes de los estudiantes universitarios canadienses admitieron recientemente haber cometido en la etapa del instituto graves irregularidades en sus trabajos escritos. En Monta Vista, un exigente instituto californiano, el número de estudiantes que confesaron en una encuesta secreta haber hecho trampas en pruebas, tests y exámenes finales se multiplicó por dos entre 1996 y 2006. A lo largo y ancho el mundo, las argucias académicas cubren todo el espectro, desde padres que ayudan demasiado en los deberes hasta alumnos que copian trabajos de internet o reciben mensajes de texto durante los exámenes. Y las trampas continúan después de la escuela. En 2007, unos funcionarios revelaron que el 5 por ciento de estudiantes que habían presentado una solicitud de ingreso a Oxford y Cambridge habían embellecido los impresos con material tomado de la red. Para explicar por qué querían estudiar química, 234 aspirantes citaron literalmente el mismo ejemplo, «quemarme un agujero en el pijama a los ocho años», como experiencia formativa.[3] Una vez dentro de la Torre de Márfil, los estudiantes siguen buscando atajos hacia la cumbre. Grandes cantidades de sitios web ofrecen ahora deberes hechos por estudiantes de sobresaliente, con precios que van desde unos pocos cientos de dólares hasta un trabajo de 10.000 dólares para una tesis doctoral completa. Encima de todos estos plagios, el creciente uso de drogas como ProVigil y Adderall como «ayudas para el estudio» ridiculiza el juego limpio en la clase. La Federación Mundial de Ajedrez ha sometido a los jugadores a análisis para detectar Ritalin. ¿Está próximo el momento en el que los niños tengan que proporcionar muestras de orina cuando vayan a la sala de exámenes?

Claire Cafaro, orientadora en el instituto de Ridgewood, una rica ciudad de Nueva Jersey, ha visto cómo el frenesí competitivo arrojaba la ética por la ventana.

—Antes, si se sorprendía a un niño haciendo trampas, llamábamos a los padres, que se mostraban agradecidos y querían saber cómo podían enfrentarse al problema —explica—. Ahora pueden preguntar si tenemos pruebas de ADN de las trampas, o cuáles son exactamente nuestros mecanismos de seguridad, o nos dicen que hablemos con su abogado.

Cuando el aula se convierte en un campo de batalla donde sólo cuenta el vencedor, la amistad puede resentirse. En un informe de UNICEF de 2007 sobre el estado de la infancia en el mundo industrial, se preguntó a niños de once, trece y quince años si se sentían «solos» y si sus compañeros eran «amables y útiles».[4] ¿Es una coincidencia que países que dan mucha prioridad a la competitividad en los estudios y los exámenes, como Gran Bretaña, Japón y Estados Unidos, obtuvieran algunos de los resultados más bajos?

Una cultura escolar basada en los éxitos a cualquier precio afecta a los niños de muchas maneras. La competencia puede ser un estímulo útil para el estudio, pero empieza a fracasar cuando el listón se eleva tanto que sólo valen las notas máximas. La lacerante sensación de no ser nunca lo bastante bueno queda expresada en una queja reciente de un buen estudiante de Monte Vista:

—Recuerdo el tiempo [...] cuando no tenía que dormir cuatro horas para demostrar a mis padres que me estaba esforzando de verdad en mis estudios. Recuerdo el tiempo en el que no tenía que sacar sobresalientes ni acceder a un programa de matrículas para que se sintieran orgullosos de mí.

Mientras, los alumnos que no pueden o no quieren hacer lo necesario para ser un estudiante de primera pueden desanimarse por completo:

—A veces siento que no estoy a la altura —dice otro adolescente californiano—. Estoy despierto hasta las 3 de la madrugada haciendo deberes que nunca reciben la nota máxima, practico un deporte en el que nunca conseguiré una posición, y me parece que estoy perdiendo el contacto con mis amigos. ¿Es que todo va a ir a peor de ahora en adelante? Es lo que más miedo me da.

Esta desesperación se percibe del modo más intenso en el este de Asia, que ha vivido una explosión en el número de niños que abandonan la escuela o se suicidan. En Hong Kong, donde la presión es muy fuerte, casi uno de cada tres adolescentes ha pensado en el suicidio. En toda Asia, niños alienados empiezan a acosar a compañeros y a cometer delitos. Enfrentados a informes de que hasta el 5 por ciento de sus niños pertenece en la actualidad a bandas violentas, el Gobierno de Corea del Sur, país que antaño se preciaba de la educación y disciplina que mostraban sus jóvenes, creó en 2005 un destacamento de policía especial para enfrentarse al problema.[5]

Al mismo tiempo, el argumento de que una mayor cantidad de exámenes y trabajos es el mejor modo de preparar a las mentes jóvenes para la vida en el siglo XXI comienza a estar desgastado. ¿Recuerdan el informe del King's College que señalaba un retraso en el desarrollo cognitivo de los niños británicos porque éstos no pasaban suficiente tiempo jugando al aire libre? Pues otros expertos creen que tal vez haya que achacarlo también en parte a nuestra obsesión por empollar y sacar notas altas en los exámenes.

—Al insistir sólo en lo básico (leer y escribir) y examinar como locos, se reduce el nivel de estimulación cognitiva —dice Philip Adey, profesor de educación en King's College—. Los niños tienen la información, pero no saben pensar muy bien.

El enfoque centrado en los exámenes puede trastocar las prioridades en la clase, desde luego, y propiciar que los profesores enseñen con vistas al examen en vez de promover el verdadero aprendizaje, la imaginación y la resolución de problemas. Hace un siglo y medio, Inglaterra puso en práctica el experimento de pagar a los maestros según el acierto con que sus alumnos respondían a preguntas formuladas por inspectores externos. Como consecuencia, las escuelas dieron prioridad a la memorización y animaron a los peores estudiantes a saltarse las clases los días de inspección. Hoy, cuando tanto prestigio y dinero dependen de los resultados en los exámenes, los educadores de todo el mundo se ven obligados a hacer lo mismo o peor. Un profesor de cuarto curso en Spokane, Washington, facilitó hace poco por adelantado a sus alumnos las respuestas a la parte de matemáticas de un examen del Estado y permitió que algunos de ellos se copiaran durante el examen.* Los investigadores informaron que, en la sección donde los estudiantes tenían que mostrar su trabajo, uno había escrito: «Me lo dijo mi pofesor [sic]». En Inglaterra, el director de una escuela de enseñanza primaria fue sorprendido ayudando a sus alumnos a hacer tram-

* En lo sucesivo, el autor se referirá a los cursos escolares según el sistema de Estados Unidos, que no es equivalente al de España y otros países. Por eso conviene aclarar que el sistema norteamericano se divide en escuelas primarias, secundarias y preparatorias/de bachillerato. Las escuelas primarias están compuestas de alumnos de jardín de infancia y del primer al sexto año. Normalmente se entra en el jardín de infancia a los cinco años y se empieza el primer año de primaria a los seis. La escuela secundaria está compuesta por alumnos de sexto a octavo cursos, y la preparatoria/bachillerato incluye del noveno al doceavo curso, que es el último obligatorio. *(N. del T.)*

pas en las pruebas de ciencia y matemáticas para el ingreso en la universidad. Japón se estremeció recientemente al saber que centenares de sus escuelas permitían a los alumnos saltarse cursos enteros a fin de que tuvieran más tiempo para estudiar con vistas a las reconocidamente competitivas pruebas nacionales de acceso a la universidad. [6]

Y además hay que tener en cuenta el inconveniente fundamental de los exámenes: lo único que miden mejor que nada es la capacidad del niño de responder preguntas de examen. ¿Es de verdad esto lo que necesitamos en la Nueva Economía? En el futuro, las mayores recompensas se las llevarán no las personas serviles capaces de ofrecer una respuesta precocinada, sino los creativos, los innovadores de mente ágil que puedan combinar varias disciplinas, ahondar en un problema porque les interesa y gozar con el reto de aprender a lo largo de toda la vida. Ésta es la gente que creará el nuevo Google, inventará un combustible alternativo y concebirá un plan para eliminar la pobreza en África. El problema es que la presión y el control agobiantes pueden restar creatividad a los niños: en lugar de arriesgarse y forzar los límites, se cubren las espaldas, optan por la respuesta que les vale la mejor calificación y la palmadita en el hombro en casa. A una pareja que conozco, su hijo de diecisiete años les ha pedido que no le hablen de nada de literatura, historia ni arte que no conste en el plan de estudios de su escuela privada londinense.

—Le preocupa que le perjudique en la preparación de los exámenes —dice el padre—. En parte admiro su determinación, pero al mismo tiempo resulta bastante deprimente que la educación haya llegado a ser tan estrecha de miras.

Empollar mecánicamente también deja menos tiempo para desarrollar el cociente emocional (CE), la capacidad de manejarse en las relaciones. En el lugar de trabajo moderno, donde la creación de vínculos y la innovación en equipos grandes son cruciales, el CE es como mínimo tan importante como el cociente de inteligencia.

Ya hemos visto que renunciar a los exámenes y a la competitividad en favor de la colaboración y el aprendizaje centrado en el niño da resultados en el jardín de infancia. Lo mismo cabe decir de años posteriores. Un estudio general publicado en 2006 examinó una amplia muestra de niños que habían participado en un sorteo para ingresar en una escuela Montessori de Milwaukee, y comparó los ganadores, que habían obtenido una plaza, con los perdedores, que ingresaron en una escuela normal.[7] El hecho de que en todos los casos se hubiera decidido participar en el sorteo significaba que partían de situaciones culturales similares.

A los doce años, los dos grupos del estudio seguían más o menos igualados en matemáticas y lectura, y también había igualdad en ortografía, puntuación y gramática. Pero en escritura, los niños de Montessori estaban muy aventajados, ya que sus textos eran mucho más creativos y sus oraciones más complejas. Los niños de Montessori también afrontaban mejor los conflictos sociales y se sentían más respetados y apoyados por su escuelas.

—Cuando se enseña pensando en el examen, sólo se obtienen niños capaces de aprobar exámenes —dice un profesor de escuela Montessori en Toronto—. Cuando nos olvidamos del examen y enseñamos al niño, se consigue una persona completa.

Un exceso de evaluaciones en la escuela también puede acabar con la alegría de aprender. En multitud de estudios se ha demostrado que cuanto más se insta a la gente a perseguir resultados y recompensas —un sobresaliente en el boletín de notas, por ejemplo—, menos interés siente hacia la tarea en sí.[8] En exámenes internacionales, los estudiantes del Asia oriental obtienen unas de las mejores notas en matemáticas y ciencias, pero de las peores en el disfrute de estas materias. ¿Puede esto explicar que relativamente pocos de ellos investigan después de licenciarse, y que haya tan pocos científicos y matemáticos conocidos en Asia oriental? ¿O que un país como Japón haya dado tan pocos premios Nobel en cualquier campo? A raíz de una marcada tendencia hacia los exámenes de lengua, los niños de diez años ingleses lograron el tercer puesto en las puntuaciones de lectura internacionales, pero estaban a la cola en cuanto a afición a la lectura fuera de la escuela. Parecemos haber olvidado la lección platónica: la clave de la educación es «conseguir que quieran saber lo que tienen que saber».

Para entender cómo están cambiando las actitudes respecto a la educación y averiguar qué favorece un sistema escolar de éxito, me fui a dar una vuelta por el mundo. Primera escala, Finlandia. Este país de cinco millones de habitantes del extremo septentrional de Europa parece haber alcanzado el nirvana de la educación. En los exámenes del Programa para la Evaluación Internacional de Alumnos (PISA), los alumnos finlandeses siempre quedan primeros o segundos en cualquier categoría: matemáticas, lengua y ciencia. Finlandia posee uno de los mejores índices de licenciaturas universitarias del mundo y también goza de una economía dinámica repleta de creativas compañías de alta tecnología como Nokia. En el informe de UNICEF de 2007, los niños finlandeses aparecían como los terceros más felices entre los países desarrollados.

Todo ello ha convertido a Finlandia en una verdadera meca para los observadores educativos. Cada año, más de 1.500 delegados extranjeros de unos cincuenta países acuden a desentrañar los secretos del «milagro finlandés». Y se pueden sacar varias conclusiones. Una, que existe una clara alternativa al planteamiento de hacerles empezar temprano y exigirles mucho. Bien al contrario que los niños de otros países, los finlandeses no entran en la escuela oficial hasta el año en que cumplen siete. Pasan la primera infancia en casa o en parvularios donde domina el juego. Cuando finalmente llegan a la escuela, gozan de jornadas breves, vacaciones largas y música, arte y deportes en abundancia.

Finlandia mantiene la competitividad en un nivel mínimo. Supervisa el rendimiento de todas las escuelas pero no hace públicos los resultados. A menos que lo pidan los padres, no se pone notas a los estudiantes hasta que tienen trece años; no reciben notas, sino informes escritos de sus profesores y practican con frecuencia la autoevaluación, al estilo de las escuelas Reggio, desde una edad temprana.[3] Finlandia carece de cursos para estudiantes avanzados y de programas de división del alumnado en grupos según sus aptitudes: mantiene a todos los niños juntos hasta que llegan al instituto, al margen de sus capacidades. Por añadidura, los deberes son escasos comparados con los niveles internacionales. Finlandia es de los pocos lugares que se han librado del Kumon. No hay clases particulares, porque incluso los padres finlandeses más ambiciosos esperan que el sistema escolar se ocupe de todo.

—Ponerles un profesor particular a mis hijos sería como comprar una casa nueva y después tener que pagar un tejado nuevo cada año —dice un acomodado padre de Helsinki—. Además, para los niños es mejor olvidarse de los estudios al salir de la escuela, disponer de tiempo para descansar o jugar, simplemente para ser niños.

Otra lección de Finlandia es que todo el mundo se beneficia cuando se tiene un alto concepto del oficio de maestro. Aquí cuesta mucho acceder a la carrera de Magisterio, y los que lo consiguen se pasan cinco años estudiando antes de licenciarse. La mayoría de padres finlandeses confía en que los maestros de su país colaboraran con sus hijos. Finlandia ha evitado además la tentación de imponer un plan de estudios rígido en todo el país: las escuelas tienen mucho margen para determinar qué estudiarán sus alumnos dentro de unas pautas nacionales muy amplias. Una de las conclusiones que ha extraído PISA es que normalmente las mejores escuelas, públicas o privadas, poseen una elevada autoridad sobre su programa y presupuesto.

Tal vez lo más sorprendente sea que los exámenes no constituyen ninguna prioridad en Finlandia. Aparte de los exámenes finales al término del instituto, los niños finlandeses no se enfrentan a exámenes estándar. Los profesores les ponen pruebas en sus respectivas áreas, y las escuelas comprueban la evolución de los alumnos, pero la idea de empollar para las pruebas de acceso a la universidad es tan ajena a Finlandia como una ola de calor en invierno. Ello plantea una deliciosa ironía: el país que pone menos énfasis en la competencia y los exámenes, que muestra un menor interés por las escuelas preparatorias y las clases particulares, es siempre el primero del mundo en los competitivos exámenes de PISA.

Según Domisch Rainer, experto en educación alemán que ha vivido casi treinta años en Finlandia, esta paradoja se debe a que el sistema finlandés antepone las necesidades de los niños a los ambiciosos deseos de padres y burócratas.

—Aquí no se considera a los niños cubos que haya que llenar con diez o quince clases por semana y después medir con un montón de exámenes —dice—. No se puede obligar a un niño a crecer más deprisa sólo para que encaje en tu sistema o en tu calendario o tu ego; hay que averiguar de qué modo aprenden más los niños. Muchos países se han olvidado de esto.

Para ver esta filosofía en acción, viajo a Vantaa, la cuarta ciudad de Finlandia, situada al norte de Helsinki. Mi destino es Viertola, una escuela para niños de siete a trece años situada en un barrio donde conviven profesionales liberales y trabajadores de un aeropuerto cercano, así como algunos inmigrantes de la Europa del Este y África.

El director, Pekka Kaasinen, me recibe vestido con una camisa roja de mangas cortas y sandalias sobre calcetines negros. Esbelto y simpático, con unas llaves colgándole del cuello, me recuerda a un profesor de gimnasia que tuve. Entramos en el edificio de ladrillos, pasamos al lado de hileras de zapatos dispuestos en orden. Para crear una atmósfera relajada, los niños finlandeses se descalzan en la escuela, igual que hacen en casa.

Kaasinen está horrorizado por la competitividad en los estudios que atenaza a tantos países. Cree que la primera misión de una escuela es infundir la pasión de aprender y no de sacar las mejores notas en los exámenes.

—La competencia es buena para algunos, pero no para otros, así que es mejor no caer en un exceso —razona—. Nuestros maestros ya saben qué pueden y qué no pueden hacer los niños, de manera que no es que los exámenes aporten mucha información.

Kaasinen cree que separar a los niños según su capacidad desmoraliza a los menos capaces y a los que tardan en espabilarse. En Viertola, los maestros ofrecen una ayuda adicional a los rezagados y asignan trabajo adicional a los estudiantes de pura cepa de una misma clase. Así mantienen el interés de todos los alumnos, lo que a su vez impide que los padres y los maestros recurran a la farmacia. De los 470 muchachos que estudian en Viertola, sólo dos toman Ritalin.

—Logramos buenos resultados generales porque atendemos a todos los estudiantes —dice Kassinen—. La clave es que chicos de todas las capacidades estén juntos en la misma clase: al fin y al cabo, así es la sociedad.

Los informes de la OCDE lo confirman: en los países que evitan la división de alumnos según sus aptitudes, hay mejores estudiantes.

Después de nuestra charla, presencio una clase de inglés para niños de trece años. Tiene lugar en un aula muy tradicional: pupitres distribuidos en hileras, una pizarra delante, una ventana que da al patio. En una pared cuelga una serie de poemas que los niños escribieron la semana pasada para practicar vocabulario en inglés. Uno dice: «Un caballo, hambriento pesado, oye gritos de ayuda, pesado, feliz, un animal». El ambiente consiste en una agradable mezcla de disciplina y relax: si bien la maestra tiene claramente el control, no hace callar a los alumnos. No se ven libros de texto porque hoy los niños leerán en voz alta y pondrán en común sus trabajos sobre «mi lugar preferido». La conversación se desarrolla en una mezcla de finés e inglés. Una niña describe la «maleza enredada» cerca de la casa de campo veraniega de su familia. Un niño habla del lugar que imagina donde «todo es tranquilo y abierto» y donde «vienen mis mejores ideas».

Después entrevisto a algunos de los pupilos en un aula vacía. Patrick, de trece años, ojos inquisitivos y pelo castaño y lacio, ha visto hace poco un documental sobre niños de todo el mundo. Le ha impresionado la presión a la que se enfrentan los niños de otros países.

—Me hizo pensar que en Finlandia somos afortunados porque no tenemos que preocuparnos en todo momento de los exámenes y las notas —dice—. En lugar de competir con los demás, podemos competir con nosotros mismos, que es la mejor manera de aprender cosas.

—Si la escuela se parece demasiado a una carrera —conviene Jari, un compañero de clase—, te cansas y disfrutas menos. Sé que aprendo mejor las cosas cuando me lo estoy pasando bien.

La educación finlandesa también tiene sus críticos. Hay quien dice que exige demasiado a los alumnos más flojos y demasiado poco a los mejores, que podría fomentar más la creatividad y la capacidad de resolución de problemas, que los maestros fineses tienen una tendencia excesiva al método de instrucción tradicional de pizarra y lección. Es extraño, si tenemos en cuenta su afición a la tecnología, pero los finlandeses tampoco se han apresurado a informatizar sus aulas.

Más extraño resulta aún que las muy exitosas escuelas finlandesas empiecen a sufrir la misma presión de los padres que deforma la educación en otros países. Los maestros de más edad de Viertola perciben el cambio. Los padres actuales, dicen, son más prepotentes, cuestionan las calificaciones, reclaman un trato especial para sus hijos, exigen más evaluaciones, más deberes, clases de lengua extraescolares. Algunos reclaman al Estado que siga el ejemplo británico y valore públicamente las escuelas. Al personal de Viertola le preocupa el futuro.

—El sistema educativo finlandés no carece de defectos, pero es muy fuerte —comenta un maestro—. Debemos tener fe en lo que funciona y no tratar de mejorarlo a fuerza de copiar los errores de otros países.

De momento, Finlandia se mantiene a la cabeza. Algunos de los principios rectores de su sistema educativo —menos exámenes, menos presión competitiva, menos esfuerzo agotador— progresan en todo el mundo. El exigente programa de Bachillerato Internacional, que se aplica a más de medio millón de estudiantes en 124 países, ha reducido el volumen de trabajo en los últimos años. Gales ha abolido los exámenes estándar para niños de siete años y los ha hecho opcionales para los de once a catorce. En 2009, los adolescentes ingleses tendrán una tercera parte menos de exámenes en los dos últimos años de escuela. En Estados Unidos, no obstante la fe de la burocracia en los exámenes estándar, las escuelas privadas y las universidades hacen menos hincapié en los resultados de los exámenes al seleccionar a los alumnos.

Incluso países que antes eran sinónimo de «infierno de exámenes» creen menos en los exámenes como única medida del valor de un niño. Padres de Corea del Sur y China envían a sus hijos a estudiar a países occidentales, donde la presión escolar es menos intensa. También hay proyectos de cambio en estos países. En la selección de alumnos, las escuelas de secundaria de Singapur conceden más importancia ahora a las aptitudes individuales que a las notas de exámenes estándar.[9] Los funcionarios de la opulenta ciudad-Estado se refieren al paso de una meritocracia de exámenes a una meritocracia de talento:

—Si nos ceñimos sólo a los exámenes nacionales como medio [para valorar a los niños] [...] son transparentes y simples, pero tenderán a reducir nuestra concepción del talento y tenderán a reducir nuestra concepción del éxito —dice Tharman Shanmugaratman, ministro de Educación del país—. Se pierde algo de claridad [...] cuando pasamos de un sistema basado en la eficiencia a uno basado en la elección. Y creo que esa pequeña pérdida de claridad es buena: desdibuja la identidad, desdibuja la concepción, nadie consiste en una etiqueta, nadie consiste en la pertenencia a un grupo. La persona posee una serie de talentos que hay que cultivar.

Adiós, Niño Dirigido. Hola, niños.

Japón ha avanzado aún más en la senda de la reforma, y su experiencia pone de manifiesto los beneficios y dificultades de adoptar una actitud más serena respecto a la educación. Hace años que el país trata de rebajar la carga de trabajo de los estudiantes, pero el gran salto adelante se produjo con la revolución *yutori kyoiku* ('educación sin presión') de 2002, que redujo en casi una tercera parte las horas lectivas, abolió las clases sabatinas y redujo el programa que de cada curso. También introdujo una asignatura de estudios generales concebida para enseñar a los niños a combinar conocimientos de varias disciplinas. El objetivo estaba claro: dar a los niños japoneses tiempo y espacio para crecer de modo equilibrado y con ganas de aprender.[10]

Sin embargo, en la práctica, el *yutori* no ha encontrado un camino de rosas. Muchos padres nipones se tomaron mal la eliminación de las clases del sábado, pues carecían del tiempo y de la disposición de cuidar a sus hijos un día más a la semana. Los críticos advirtieron sobre un descenso en el nivel de los estudiantes, temor que pareció confirmarse cuando Japón descendió en el escalafón internacional de lectura y ciencia. Muchos padres reaccionaron matriculando a sus hijos en escuelas privadas. Otros aumentaron las horas que sus niños pasaban en el *juku*, o escuela preparatoria, local. En parte debido a la presión de padres preocupados, muchas escuelas públicas han ampliado unilateralmente las horas de enseñanza. En Corea del Sur hubo un retroceso parecido a raíz de la decisión, en 2003, de abolir las clases sabatinas.

Pero el *yutori* también tiene un aspecto positivo. Estudios efectuados por el Ministerio de Educación japonés indican que reducir el aprendizaje basado en libros de texto y la competencia en la clase ha favorecido el deseo de aprender más allá de la simple preparación de los exámenes. Muchos padres japoneses dicen que el régimen de *yutori* ha ayudado a sus hijos a pensar de modo más crítico y a ahondar en el material de estudio. Algunos jóvenes nipones tienen más tiempo libre para descansar o estar con sus amigos y familias. También hay indicios de que el *yutori* mejora el rendimiento escolar. En pruebas de aptitud recientes, los niños japoneses de entre quinto y noveno curso obtuvieron mejores resultados en veintitrés asignaturas (salvo en ciencias sociales y matemáticas de séptimo).

Es difícil predecir adónde se dirige Japón. En 2007, el entonces primer ministro Shinzo Abe propuso aumentar las horas de clase en un 10 por ciento con el argumento de que los niños japoneses tenían que esforzarse más. Pero acto seguido reconoció la necesidad de limitar el agotamiento y el ardor competitivo en las escuelas. Esta manera de cubrirse las espaldas pone en evidencia la tensión que sienten los padres y políticos de todo el mundo: saber instintivamente que los niños tienen límites pero pensar que no hay más remedio que apretarles cada vez más.

Está por ver si Japón encontrará el equilibrio adecuado, pero mientras tanto el espíritu de *yutori* sopla por todo el Asia oriental, donde otros países buscan maneras de aliviar la presión en las aulas. Corea del Sur ha relajado su sistema educativo para promover la creatividad, favorecer un espectro más amplio de aprendizaje y reducir la importancia de las notas de exámenes en el acceso a la universidad. Por toda Asia oriental surgen academias privadas que ofrecen educación sin presión.

Incluso algunas de las escuelas más resultadistas de la región están tomando nota del planteamiento *yutori*. Pongamos por caso la Academia de Liderazgo Minjok, un campamento de preparación para los surcoreanos que aspiran a ser los amos del universo. Vestidos con el atuendo *hanbok* tradicional, los alumnos tienen que hablar sólo en inglés desde las 7 de la mañana hasta las 6:30 de la tarde, aprender a tocar instrumentos tradicionales y dominar el taekwondo o el tiro con arco. Pero incluso en este bastión confuciano, el director, Lee Don-Hee, ex ministro coreano de Educación, ha introducido un poco de luz con los exámenes sin vigilancia y un consejo de estudiantes. También ha ampliado mucho el criterio de admisión. ¿Por qué?

—Porque quería encontrar jóvenes con talento, no genios creados por sus padres —responde. Lee utiliza el tipo de retórica *yutori* que hasta no hace mucho era herética en Corea—. La escuela se esfuerza para que los estudiantes disfruten aprendiendo [...] y no que estudien presionados.

Los alumnos de Minjok han acogido bien el cambio. Dong-sun Park, un desgarbado muchacho de diecisiete años que espera ser algún día el Richard Branson coreano, cree que la presión académica es una espada de doble filo:

—Algo de presión está bien, pero si siempre estás aprendiendo muy presionado, eso no es aprender de verdad —argumenta—. Sólo das lo máximo de ti cuando tienes la sensación de estar esforzándote por ti y no por tus profesores o tus padres.

Este sentimiento animó el congreso de Palo Alto donde conocí a Marilee Jones. Lo organiza un grupo cuyo nombre no requiere explicación: Estudiantes sin Estrés (en inglés, Stressed Out Students, siglas SOS). Varias escuelas de esta parte de California han colaborado con SOS para aliviar la carga de los estudiantes, con reformas que abarcan desde la reducción de deberes y exámenes al cambio en el calendario de pruebas para no tener que estudiar en vacaciones. Después del congreso, me dirijo a una escuela que ha dado un paso más decidido.

Saratoga es el tipo de ciudad que confiere a California su fama de jauja. Casas grandes, muchas con piscina en el patio trasero, bordean las calles arboladas. El Instituto de Saratoga es un edificio de un solo piso distribuido en torno a un patio con mesas de pícnic metálicas azules situadas a la sombra de imponentes secuoyas californianas. El aparcamiento exterior está saturado de Mercedes, Audis y todoterrenos relucientes. Pero no es un colegio privado para niños ricos y vagos. El Instituto de Saratoga tiene una larga trayectoria de presión escolar: ha conseguido algunos de los mejores resultados en las pruebas de acceso a la universidad en Estados Unidos, y casi todos sus alumnos cursan estudios superiores, muchos en las universidades más prestigiosas. El ex alumno más famoso de la escuela, Steven Spielberg, cineasta genial pero estudiante más bien mediocre, calificó los años que pasó en el centro como «un infierno en la tierra».

Eso fue en los años sesenta del siglo pasado, pero en los noventa la presión empezaba a hacer mella no sólo en los inconformistas soñadores. Los alumnos contraían enfermedades por estrés o se medicaban sólo para aguantar la jornada escolar. Las notas de los exámenes se mantenían altas, pero algo más profundo, más difícil de medir, se estaba perdiendo en la carrera por ser un estudiante de primera.

—Llámelo una falta de chispa o de creatividad o de alegría —dice un profesor—. Se veía en la cara de los niños.

Para rebajar la presión, Saratoga adoptó el polémico horario compacto en el curso 2005-2006, que implicó dividir la jornada en clases ya no de cincuenta minutos, sino de 95. Con menos clases por día, también se introdujo un descanso matutino. El objetivo era bajar un poco el ritmo, conceder tiempo para que los niños recuperaran el aliento y profundizaran en los contenidos de las asignaturas.

Aunque a lo largo y ancho de Estados Unidos varias escuelas han adoptado el horario compacto, éste tiene muchos críticos. Algunos dicen que deja un tiempo insuficiente para tratar las materias o que lleva a la discontinuidad porque los profesores ya no ven a los grupos cada día. Varios estudios han demostrado que el horario compacto no mejora los resultados escolares. Pero algunas escuelas se benefician de él, y Saratoga está entre ellas.

La mayoría de profesores del instituto se muestra favorable al nuevo régimen. Jenny García, que imparte física y química, cree que tanto los profesores como los estudiantes están más relajados y por tanto son más productivos.

—Los profesores tenemos más tiempo para valorar los trabajos, y los chicos tienen más tiempo para relajarse durante el día, para ocuparse de lo que les interese —dice—. Me he dado cuenta de que tengo que dedicarme mucho menos a ponerlos en marcha porque estamos menos rato «empezando clases» y más aprendiendo que con el horario tradicional.

En el ámbito de las humanidades, los profesores detectan una actitud mejor y más creativa hacia los estudios:

—Como el ritmo es menos marcado, la calidad de los debates en clase ha mejorado muchísimo —dice Jason Friend, profesor de inglés—. En vez de quedarnos en la superficie, profundizamos en las cosas, y es evidente que los niños lo disfrutan más.

Con más tiempo por clase, Kim Andzalone, profesora de historia de Estados Unidos y de cine, ve más posible bajar de la tarima y permitir que los niños tomen el control:

—Los debates son más ricos y amplios porque ahora los niños tienen tiempo de digerir el material, hacer preguntas y asimilar las ideas, en lugar de permanecer pasivos —dice. Andzalone escenificó hace poco un debate simulado sobre la esclavitud. El grupo favorable a la esclavitud sostuvo de modo convincente que los «esclavos del sueldo» del siglo XIX estaban peor que los verdaderos esclavos de las plantaciones de algodón del Sur Profundo—. Es asombroso lo que se les ocurre. Sólo necesitan el tiempo necesario para pensar más allá de las casillas.

Las encuestas concluyen que la mayoría de estudiantes del Instituto de Saratoga están contentos con el nuevo plan. Las notas siguen siendo altas, pero el estrés se ha reducido. Una cuarta parte de los estudiantes afirma que duerme más por la noche. El sondeo informal de opinión que hice por mi cuenta lo corrobora. Durante el descanso de la comida, Jenny, una estudiante de doceavo curso, me cuenta que el ritmo de su jornada ha cambiado para mejor:

—Ahora no me siento tanto como un hámster corriendo en la rueda de otros. Saco más provecho de la escuela.

—Este año voy mejor —conviene su amiga Susan— porque todo es más relajado.

—Es como el fútbol o el baloncesto —dice Richard, un filósofo-deportista, que se sirve de una analogía deportiva para explicar el acierto del horario compacto—. Para dar lo máximo de ti mismo, necesitas presión, sea del reloj o de las expectativas de otras personas, pero si siempre estás presionado, si siempre estás corriendo contra reloj, quedas paralizado, empiezas a cometer errores, no sacas lo máximo de tu potencial como jugador.

No cabe duda de que Saratoga sigue siendo una escuela muy competitiva. El horario compacto tal vez haya relajado un tanto la dinámica diaria, pero los alumnos aún están muy presionados para llevar a casa las mejores notas y entrar en una universidad prestigiosa. Por mucho que se modifique el horario, eso no cambiará. John, estudiante de onceavo curso, lo expresa así:

—Muchos de nosotros seguimos con la expectativa de ser los mejores, ante nuestros padres, o en la sociedad, o incluso para nosotros mismos. Para muchos chicos, aquí sólo estamos para entrar en una de las mejores universidades.

Es algo que atormenta a los niños y a los padres ambiciosos de todas partes, porque no está claro cómo lograrlo. En muchos países, el proceso de selección de las universidades está empañado por una aleatoriedad asombrosa. Uno puede dedicar diecisiete años a completar el currículo perfecto y no entrar en la universidad de sus sueños. Princeton rechazó a cuatro de cada cinco aspirantes con las mejores notas de su clase que solicitaron el ingreso en 2006. Un año después, un estudiante de doceavo neoyorquino me envió por correo electrónico este despacho desde el frente en la batalla por lograr una plaza en la universidad «adecuada»: «Creo que ahora mismo hay DEMASIADO bombo universitario. Los muchachos pierden la cabeza por participar en todos los clubes y todas las actividades, y los resultados de este año demuestran que no hay ninguna fórmula mágica. Los estudiantes con mejores notas son rechazados, y los chicos más vagos entran en todas las universidades a las que presentan solicitudes. Es una lotería. Creo que la gente tendría que relajarse y hacer sólo lo que de veras le apetezca. Así desarrollaría habilidades reales y útiles que podría llevar a la universidad, fuera una de las prestigiosas o no». Profesores de instituto y orientadores vocacionales de todo Estados Unidos informan que cada vez más estudiantes empiezan a prescindir de los grandes nombres para buscar las universidades más adecuadas para ellos, no las que hagan sentir más orgullosos a sus padres.

Lo cual no es fácil, sin embargo, porque una de las panaceas centrales para los padres modernos es que el premio final a tanto desvelo es entrar en una universidad de elite. Con nada se pavonea más un padre como con la posibilidad de anunciar que su hijo va a ingresar en Oxford o Yale en septiembre. Y los niños lo captan muy temprano. Una auxiliar de jardín de infancia de Seattle preguntó recientemente a los niños a su cargo que definieran la felicidad. Uno se apresuró a levantar la mano:

—Entrar en Harvard —respondió. Tenía cuatro años.

Pero por mucho que las universidades confieran pedigrí y derechos de jactancia, ¿merecen siempre el esfuerzo y el dinero necesarios para solicitar el ingreso y estudiar en ellas? Tal vez no. En las universidades de prestigio, los profesores dedican a menudo más tiempo a la investigación que a la enseñanza. Y las clases pueden ser desmesuradas. Muchas universidades más pequeñas y menos prestigiosas ofrecen una educación de primera. En la edición de 2005 de *Cómo afecta la Universidad a los estudiantes*, dos profesores de educación superior, Patrick Terenzini, de Penn State, y Ernest Pascarella, de la Universidad de Iowa, hallaron pocas pruebas de que estudiar en una universidad de elite «tuviera ninguna repercusión clara en áreas como el aprendizaje, el desarrollo cognitivo e intelectual, la mayoría de los cambios psicológicos, el desarrollo del razonamiento moral o los cambios de actitudes y valores». En otras palabras, cuando el muchacho llega a la edad de cursar estudios superiores, la universidad que elija tendrá una influencia escasa en cómo sea después de la licenciatura.

¿Y la adquisición de poder? Sin duda, un título de una universidad de primer orden debe asegurar un sueldo fantástico y un trabajo prestigioso. Pues bien, eso tal vez sea cierto en culturas más rígidas como la surcoreana, pero cada vez parece serlo menos en todos los demás lugares. Codearse con los mandamases del futuro en Cambridge o Cornell es beneficioso, pero en la economía moderna, donde la gente cambia de trabajo en menos que canta un gallo y no cesan de crearse nuevos campos, el rendimiento cuenta más que las redes de compinches. Al fin y al cabo, sólo siete presidentes de las primeras cincuenta empresas de la selección de quinientas de Fortune se licenciaron en alguna de las universidades estadounidenses más prestigiosas.[11] De nuevo, lo que parece decisivo el tipo de persona que se sea al llegar al campus, y no el campus en sí. Un conocido estudio de Stacy Dale, investigadora de la Fundación Andrew Mellon, y Alan Krueger, economista de Princeton, concluyó que el principal indicador de un sueldo elevado en el futuro era que el estudiante solicitara el ingreso en una universidad prestigiosa, no que llegara a ingresar en ella.

—Esencialmente, lo que averiguamos fue que el hecho de solicitar el ingreso en ese tipo de sitio de elite significa que se es ambicioso, y que se saldrá adelante en la vida sea cual sea la universidad donde se estudie —dice Dale.

Reflexionemos en ello un instante: si se es ambicioso, se saldrá adelante en la vida «sea cual sea la universidad donde se estudie». Eso significa que la principal función de nuestro sistema educativo, y nuestro principal objetivo como padres, no debería consistir en llevar a los niños hasta una universidad de campanillas. Debería consistir en educar a niños imaginativos, disciplinados y dinámicos con ganas de aprender y de vivir.

La obsesión por una educación de campanillas también puede ser errónea en los años previos a la universidad. Un estudio efectuado en Melbourne en 2006 puede tranquilizar a los padres angustiados por la posibilidad de que no entrar en una escuela privada de elite condene a sus hijos a una vida de contratos basura. Unos investigadores australianos concluyeron que los alumnos de escuelas públicas abiertas a todos los niños sin distinción rendían más en el primer año universitario que los de las escuelas privadas o selectivas. Estudios realizados en Gran Bretaña y otros países indican que los chicos salidos del sistema público también logran mejores titulaciones. Hay varias teorías al respecto. Una, que como las escuelas públicas tienden menos al invernáculo y al control excesivo, su alumnos adquieren la disciplina personal y la motivación esenciales en la universidad y después en el trabajo.

A fin de sustraerse al planteamiento educativo de alta presión y de obsesión por los exámenes, muchos padres dejan de llevar a sus hijos a la escuela. Sólo hay que pensar en la tendencia mundial a la educación en el hogar. Las estadísticas son incompletas, pero millones de niños occidentales están ahora escolarizados —o no escolarizados, como dirían algunos— en el hogar familiar. El número de niños ingleses educados en casa se ha triplicado desde 1999. Los padres eligen la educación en el hogar por varios motivos, desde las creencias religiosas hasta la seguridad, pero son muchos los que la adoptan para huir de la tiranía de los exámenes, los horarios y los objetivos.

Esto fue lo que impulsó a John y Margaret Burke. Su hijo Sean sacaba notas correctas en una escuela pública de Manchester, Inglaterra, pero a ellos les molestaba la obsesión por los exámenes. Por eso, en 2001, Margaret dejó su trabajo de directora de supermercado y empezó a darle clases en casa. Al igual que la mayoría de educadores en el hogar, los Burke permitían que su hijo tomara muy a menudo la iniciativa. Cuando un tren que pasaba silbando al lado del parque del barrio llamó la atención al muchacho, Margaret y Sean dedicaron unos días a estudiar la historia de los motores, lo que a su vez encendió un interés por la Revolución Industrial que motivó una visita familiar a una galería de arte de la ciudad para contemplar obras de Turner. Sean recuerda con afecto los tiempos de «escuela»:

—Recuerdo la ilusión de hacer preguntas sin parar y buscar las respuestas —dice—. Descubrí que tener libertad para seguir la propia curiosidad es algo saludable.

No fue coser y cantar. Al principio, los Burke fueron víctimas de una de las paradojas de la educación en el hogar: un paso audaz dado en nombre de la libertad puede acabar exponiendo al niño a un control paterno mucho más intenso.

—Aunque saqué a Sean de la escuela para escapar de la cultura de la evaluación, me sorprendía a mí misma evaluándole constantemente sin decirlo, porque siempre estábamos juntos y de repente había contraído toda la responsabilidad de su educación —dice Margaret. Algunos padres que educan a sus hijos en el hogar no llegan a superarlo jamás, pero muchos lo logran, como los Burke—. Finalmente me tranquilicé y encontramos el equilibrio adecuado.

Varios estudios han demostrado que la educación en el hogar crea personas con iniciativa deseosas de aprender y que se desenvuelven bien en sociedad; justo el tipo de persona que sale adelante en clases reducidas de la universidad y después en la Nueva Economía. Sean estudia en la actualidad empresariales en una destacada universidad británica y acaba de conseguir un trabajo de verano en una compañía de biotecnología.

—Estudiar en casa significa que no te van a examinar en todo momento, así que no tienes que preocuparte por si te equivocas o pareces tonto —dice—. Eso te permite ganar confianza para arriesgarte y probar cosas nuevas.

La educación en el hogar ofrece lecciones útiles a todos los padres. Como ya hemos visto, lo que en verdad necesitan los niños de nosotros es tiempo y ánimos. Eso no significa dirigir el hogar como un campo de instrucción, intentando sacar de cada momento todo su potencial de enseñanza. Significa que hay que hablar mucho y tener curiosidad por el mundo. A menudo lo simple es mejor. Una salida familiar para ver mariposas en el museo de ciencia de la ciudad, por ejemplo, o hablar con vecinos mayores sobre cómo era la vida cuando eran jóvenes. Repetidos estudios demuestran que el mero hecho de hablar con los niños aumenta su confianza, su vocabulario y capacidad expresiva. Es más probable que un niño se aficione a leer si mamá o papá le cuentan habitualmente un cuento antes de dormirse que si se lo baja de iTeddy.

Pero la mayoría de padres siempre preferirá encontrar una buena escuela antes que optar por la enseñanza en el hogar. Esto plantea una gran pregunta: ¿qué es una buena escuela? Muchos la reconocemos al verla. En una buena escuela, los alumnos leen por afición, no sólo porque se lo manden; siguen debatiendo sobre las ideas planteadas en clase después de sonar la campana; llegan a casa ansiosos de contar a sus padres lo que han aprendido durante el día; obligan a los profesores a esforzarse en vez de anotar todas sus palabras como si fueran el evangelio. En una buena escuela, los niños entran en clase con presteza, no se arrastran de mala gana como una serpiente.

La conclusión que se alcanza en todo el mundo es que estas cualidades no pueden medirse con exámenes, ni pueden lograrse a fuerza de incrementar las tareas escolares y la competencia en la clase. Esto no quiere decir que todo tipo de presión y de exámenes sea negativo. Se ha demostrado que a los niños de entornos desfavorecidos les beneficia que la escuela les dé el tipo de estructura y de ímpetu académico que a menudo falta en el ámbito familiar. Incluso los niños de hogares prósperos y muy organizados necesitan orden, disciplina y dirección. Los exámenes pueden centrar las mentes de un modo saludable, sobre todo en años posteriores. Hasta la memorización tiene su papel: ¿cómo si no pueden dominarse la tabla de multiplicar y las formas verbales de lenguas extranjeras? Las mejores escuelas encuentran un medio acertado, y concilian el dominio de los rudimentos con la libertad de los niños.

No resulta fácil lograr este equilibrio, pero cada vez lo intentan más escuelas. La última parada de mi gira de educación es el St. John's School and Community College, financiado por el estado. Situado en la pequeña ciudad inglesa de Marlborough, tiene a su cargo 1.500 alumnos de entre once y dieciocho años y de extracciones sociales distintas. En 2001, Patrick Hazlewood, director de la escuela, concluyó que la obsesión por los exámenes y los objetivos estaba oprimiendo tanto a alumnos como a profesores, y dio el paso radical de abolir por completo el plan de estudios nacional. En su lugar, los niños estudian ahora módulos centrados en un solo tema y los extienden por todas las asignaturas tradicionales al mismo tiempo. Durante el módulo de Visitar Lugares, pongamos por caso, los niños pueden estudiar la velocidad en matemáticas, el impacto ambiental de los aviones en ciencias y los libros de viajes de Paul Theroux o Bill Bryson en inglés. A cada paso, el objetivo es crear lo que la escuela denomina las cinco «competencias»: manejar información, gestionar el cambio, relacionarse con los demás, la ciudadanía global y aprender a aprender. Los exámenes son muy escasos.

El aspecto fundamental de la transformación de St. John's es que, de modo muy parecido a los jardines de infancia de Reggio, los estudiantes llevan la iniciativa. Los maestros se encargan de que la clase trate ciertos conceptos esenciales, pero por lo demás los alumnos deciden cómo abordarlos, y escriben su propio programa sobre la marcha. Todo ello es una revolución que puede señalar el camino a otras escuelas del siglo XXI.

La enseñanza tradicional se basa en la idea de un pupilo al que se puede enseñar, estimular y evaluar de modo conveniente para el profesor y los burócratas del Departamento de Educación. St. John's le ha dado la vuelta a este paradigma.

—Para nosotros, lo primero son las necesidades de los estudiantes, su aprendizaje —dice Hazlewood—. En última instancia, aspiramos a transformar al estudiante, de una persona que se presenta a exámenes, en una persona que aprenderá durante toda la vida.

El cambio fue complicado para algunos maestros, pero la mayoría lo ha agradecido como maná caído del cielo.

—Cuando ves que los niños redescubren la alegría de aprender, es una sensación increíble —dice Kathy Polland, que lleva treinta y siete años enseñando tecnología, quince de ellos en St. John's—. Es por esta sensación por lo que decidí dedicarme a la enseñanza.

El nuevo régimen parece funcionar. Aunque St. John's ya no sigue el plan de estudios nacional, sus alumnos superan con gran éxito los exámenes estándar. Las notas han mejorado entre un 10 y un 15 por ciento en general. El equipo de debate de la escuela llegó hace poco hasta la ronda de los seis primeros en los campeonatos británicos, tras dejar por el camino al Marlborough College, la célebre escuela privada situada en la otra ladera de la colina. Los inspectores califican a St. John's de «excepcional» y a sus alumnos de personas dotadas de confianza y de afición a aprender que se desenvuelven bien tanto a solas como en equipo. Se han eliminado en gran medida los acosos (*bullying*) y el mal comportamiento, y es muy baja la incidencia de déficit de atención y el síndrome de hiperactividad. Hay familias que se trasladan a Marlborough desde toda Gran Bretaña para que sus hijos puedan asistir a St. John's, y unas 450 escuelas de todo el país están siguiendo su ejemplo. En 2007, Inglaterra anunció planes de racionalizar su plan de estudios nacional a fin de que los profesores gozaran de más libertad para adaptar más la enseñanza a sus estudiantes.

Voy a visitar St. John's una mañana gris y con llovizna de final de primavera. El edificio de la escuela es una lúgubre caja de ladrillo y hormigón de posguerra, pero el ambiente en el interior es radiante. Se percibe un rumor ausente en tantas otras escuelas de todo el mundo. Los alumnos no se arrastran de mala gana a las clases, sino que se apiñan frente a las aulas, deseosos de empezar. Algún día reprenden a los profesores por llegar con retraso. Mientras espero para entrar, oigo a tres estudiantes que charlan sobre la última clase.

—No creo que podamos detener nunca el calentamiento global mientras tengamos una economía capitalista —declara uno.

—No estoy de acuerdo —replica su amigo—. El poder del consumo puede cambiar las cosas... fíjate en cómo se venden los productos de Comercio Justo.

—Tal vez tendríamos que proponer a la clase un debate sobre esto para mañana —dice el tercero al tiempo que asiente con la cabeza.

Presencio una clase de inglés para niños de once y doce años. Con filas de pupitres encarados hacia el frente y trabajos colgados en las paredes, el aula parece muy convencional, pero la clase no lo es en absoluto. Los niños acaban de iniciar un módulo titulado «Bosque» y preparan un viaje a las arboledas cercanas. Cuatro niños dirigen la actividad desde el frente de la sala; el resto se divide en equipos, cada uno de ellos encargado de preparar un aspecto de la organización: trazar la ruta hacia el bosque, enumerar lo que aprenderá la clase o redactar la carta que explique la expedición a los padres. El profesor permanece a un lado; de tanto en tanto hace propuestas y sugerencias, pero básicamente deja que los niños se ocupen de todo.

El equipo que debe escribir la carta a los padres está componiendo un segundo esbozo. Tom parece un director de diario en ciernes:

—Esto no funciona. Tiene que ser más convincente, más adecuado para los padres.

—¿Qué quiere decir?

—Bueno, podríamos empezar utilizando palabras más elegantes que parezcan más adultas, como «objetivo educativo» y no sólo «finalidad».

—Creo que tenemos que darles más detalles de lo que vamos a hacer en el bosque —interviene Emma.

La lista ya incluye la identificación de pájaros y plantas, la medición de altura de árboles y la representación de una escena de *El sueño de una noche de verano*.

En un pupitre situado dos filas más atrás, los niños que planifican la ruta se congregan en torno a un mapa. Usan los dedos y una regla para determinar la distancia, y después calculan el tiempo que tardarán en recorrerla a pie.

Josh se da cuenta de que la ruta cruza la carretera A4, de circulación densa, y decide ir a avisar al equipo que redacta la carta para los padres.

—Tenemos que advertir a los padres sobre la A4 —les dice—. Tal vez nos podría acompañar un padre.

Tom mordisquea el lápiz un momento.

—¿Crees que debemos mencionarlo hacia el principio de la carta o al final? —pregunta.

—Creo que iría mejor al final que al principio, porque eso les asustaría.

Los demás están de acuerdo y se ponen a negociar el modo de comunicarlo.

Después de la clase, charlo con un grupo elegido al azar de alumnos de doce años. Todos me cuentan con tanto entusiasmo lo divertido que es ir a la escuela que en parte sospecho que les puedan haber preparado. Pero bastan unos pocos minutos a su lado para disipar los recelos. Los que han pasado a St. John's desde otras escuelas están especialmente encantados de haber dejado atrás los exámenes incesantes y la feroz competencia que propiciaban.

—Nos pasábamos meses preparándonos para los exámenes —dice Ella—. Era mucha presión, era horrible y aburrido.

Joey concede que cierta presión y un poco de competencia amistosa pueden sacar lo mejor de un alumno:

—Estamos completando las Guías de Supervivencia en el Bosque como parte de nuestros deberes para el módulo del Bosque, y yo estoy trabajando de firme en la mía porque quiero que sea la mejor —dice.

—Y yo estoy trabajando de firme en la mía porque también quiero que sea la mejor —replica Ella con una sonrisa.

Aun así, la competencia no es un fin en sí mismo en St. John's, en buena medida porque el trabajo se hace en equipo.

—En nuestra escuela había tanta competencia que te preparabas por tu cuenta y cada uno tenía que espabilarse prescindiendo de los demás —explica Joey—. Es mucho mejor aquí, porque cuando no estás pensando siempre en las notas y en superar a los demás, puedes cooperar con los otros y concentrarte en aprender y estudiar lo que te interesa.

No hace mucho, los de siete años estudiaron la Grecia antigua. Cuando surgieron las comparaciones con los romanos, el profesor invitó a un alumno de doceavo curso a darles una clase de latín. A Joey le entusiasmó:

—Me gustó tanto que tengo muchas ganas de estudiar latín dentro de unos años. Me encantará aprender a hablarlo y leer historias sobre los romanos. —Él y unos amigos planean crear un club de latín el año siguiente.

Así pues, ¿qué hemos aprendido en nuestra gira educativa? La primera lección es que no existe ninguna receta de escuela ideal válida para todo el mundo: no se puede trasplantar el sistema educativo finlandés a Italia o Canadá o Corea, porque es una expresión de la cultura finesa. Las escuelas siempre varían entre distintos países, incluso entre distintas comunidades. Pero hay algunos principios básicos que parecen cumplirse en todas partes: un exceso de exámenes, trabajo y competencia terminan por ser contraproducentes;[7] los niños aprenden mejor cuando disponen de tiempo y libertad para profundizar en temas que les interesan de modos que requieran el uso de la imaginación; los trabajos que incluyen varias materias al mismo tiempo pueden reportar un aprendizaje más rico; el juego y el placer son una parte integral de la educación; los profesores deben estar preparados, y después han de poder llevar a cabo su tarea sin tener que explicar y cuantificar todos sus movimientos; las escuelas necesitan más poder para diseñar sus planes de estudios y sus horarios propios.

En educación, como en todo lo concerniente a la infancia, tenemos que dar un paso atrás y aprender a dejar que las cosas sucedan sin forzarlas.

Hoy por hoy, muchos padres no pueden permitirse, ni siquiera encontrar, una escuela que cumpla estos requisitos; por eso los políticos deben empezar a trasladar la educación pública al siglo XXI. Para reunir el valor y la inspiración, no estaría mal que pasaran un día con los niños de St. John's. Tal vez la noticia más alentadora que nos llega de esta escuela pública inglesa sea que el entusiasmo de los alumnos se prolonga más allá de la clase. Todos me hablan con simpatía de los deberes: me cuentan que pueden elegir las tareas que realmente estimulen la imaginación y que se les conceden días o incluso semanas para completarlos. En lugar de ejercicios de matemáticas, por ejemplo, pueden pedirles que midan todas las habitaciones de sus casas y las reduzcan a una escala determinada. O quizás lean sobre las mujeres de Enrique VIII y expongan sus descubrimientos en un tabloide de la era Tudor.

—Es muy divertido porque no nos ponen demasiados deberes, y los que nos ponen te hacen reflexionar sobre lo que estás aprendiendo de un modo nuevo —dice Ed—. Te permite ser creativo.

—Aquí los deberes se parecen más a una afición —conviene Ella.

Apenas doy crédito a lo que oigo. Son niños de doce años que dicen maravillas de los deberes. No hay duda de que en St. John's están haciendo algo bien.

7

DEBERES: LA ESPADA DE DAMOCLES

«Me gustan los profesores que te hacen llevar a casa algo para pensar además de los deberes.»

LILY ROMLIN, *cómica*

Parece una fantasía de escolar. Un profesor de matemáticas pone deberes para las vacaciones de verano, la clase refunfuña, pero un alumno decide pasar a la acción. No contraataca rajando los neumáticos del coche del profesor ni rodeando con papel higiénico su casa. No: contrata a un abogado y le denuncia.

Pero no se trata de una fantasía. En 2005, Peer Larson entabló una demanda contra su profesor de matemáticas del Instituto Whitnall de Greenfield, Wisconsin, por echar a perder sus vacaciones veraniegas con tres trabajos de cálculo.

—No está bien hacer trabajar a la gente cuando está de vacaciones —explicó el muchacho, entonces de diecisiete años—. Tendría que ser el tiempo para hacer lo que me apeteciera sin que la escuela me persiguiera cuando ni siquiera es el período escolar.

—Estos estudiantes son todavía niños —le apoyó Bruce, su padre, como lo seguiría haciendo en todo momento—, pero están sometidos a una presión cada vez más fuerte para que satisfagan en varios campos unos retos que no paran de subir. Cuando llega el verano, necesitan un descanso.

Los Larson se convirtieron en héroes de culto: los periodistas reclamaban entrevistas y los niños de Greenfield llevaban camisetas estampadas con fotografías de ambos. La dirección de la escuela estaba menos contenta. Denunció el pleito por ser una pérdida de tiempo y dinero, e insistió en que los profesores tenían derecho a poner deberes siempre que así lo desearan. El juez terminó por darle la razón, y el caso fue rechazado.

Los Larson se excedieron al poner un pleito, pero su cruzada puso el dedo en la llaga tanto en Estados Unidos como en otros países. ¿Por qué? Porque la mayoría de niños, por no mencionar a muchos padres, saben lo que es sentirse agobiado por los deberes. No todo el mundo estudia en escuelas como St. John's.

—Tienes la sensación de trabajar de firme en la escuela, después te vas a casa y también tienes que trabajar... es como si nunca fuera a acabar —dice Elliot Marsh, un chico de once años de Palo Alto, California—. Hasta tengo pesadillas en las que no acabo los deberes.

Mi hijo tiene tres años menos, y sin embargo las tareas escolares penden sobre nuestra familia como la espada de Damocles. Suprimimos excursiones familiares breves para que pueda concluirlas a tiempo. En ocasiones termina por hacerlas a toda prisa mientras desayuna o a altas horas de la noche. A veces hay lágrimas. Y la cosa no hará más que empeorar. Los padres con niños mayores pueden acabar supervisando tres o cuatro horas de deberes por la noche, o incluso haciéndolos. Hace poco, la revista *Time* expresaba en portada el ánimo de desesperación extenuada que reina en muchos hogares de todo el mundo. El título: «Los deberes se comieron a mi familia: Los niños están aturdidos, y los padres, estresados».

Este resentimiento no es nuevo. Los deberes han sido la manzana de la discordia desde que nació la escuela pública, hace más de un siglo. Los primeros críticos advirtieron que fomentaban la desobediencia al mantener a los niños lejos de la iglesia y de los padres, o que arrebatan tiempo de juego y trastocaban la vida familiar. En los años noventa el siglo XIX, un héroe de guerra norteamericano y padre de dos chicos denunció que los deberes eran «causa de agotamiento y agitación nerviosos, muy perjudiciales para el cuerpo y la mente». Unos años después, el *Ladies' Home Journal*, los tildaba de «crimen nacional ante los padres norteamericanos». La reacción fue más violenta si cabe al otro lado del Atlántico. En 1911 se extendió por centenares de escuelas británicas una huelga de alumnos,[1] y los niños marcharon en 62 ciudades para reclamar menos horas lectivas y el fin de los deberes.

Cuando los docentes empezaron a poner en tela de juicio el valor educativo de llevarse deberes a casa, la burocracia se entrometió. A principio de siglo XX, dos terceras partes de los distritos de escuelas urbanas públicas habían puesto freno o prohibido por completo los deberes. Éstos se volvieron a poner de moda después de la segunda guerra mundial en medio de temores de que los niños prodigio soviéticos estuvieran cobrando ventaja, después decayeron en Occidente en los sesenta y los setenta antes de recuperarse a mediados de los ochenta, en parte debido a los temores de que los laboriosos asiáticos les estuvieran ganando por la mano. Hoy, las estadísticas ofrecen una imagen irregular. Algunos sondeos indican que el volumen de deberes medio de los niños estadounidenses ha aumentado en un 50 por ciento desde comienzos de los ochenta, y otros señalan un leve descenso. Sea como sea, los promedios estadísticos ocultan grandes diferencias entre escuelas. Lo que parece claro es que en zonas ricas, donde la cultura de la competencia es más pronunciada, los deberes han aumentado mucho. Otro cambio radical es que ahora se les pone deberes incluso a los estudiantes más jóvenes. Gran Bretaña prescribe una hora semanal para los niños de cinco años desde mediados de los noventa.

¿A qué atribuir este aumento repentino? Un motivo es que los políticos ven los deberes como un medio para aumentar los niveles escolares, o como mínimo para preparar los resultados de los exámenes. Muchos profesores consideran las tareas de la escuela una prueba de que están haciendo bien su trabajo. La ansiedad de los padres también es un factor. Con un ojo puesto en los resultados de los exámenes y la admisión en la universidad y otro en mantener a los chicos alejados de problemas y de daños fuera de la escuela, algunos padres piden a los maestros que aumenten las tareas. Los deberes se han convertido en un símbolo de estatus y una válvula de seguridad en muchos hogares prósperos. Valoramos las obligaciones nocturnas como prueba de que las escuelas de nuestros hijos van en serio. Y aunque el aula queda fuera de su alcance, los deberes dan al padre del siglo XXI la oportunidad de tener el control, supervisar las tareas de principio a fin e incluso tenerlas como algo propio. Aquel trabajo de arte de tercer curso parece obra de un diseñador gráfico porque lo es (mamá tiene una empresa propia). En algunos barrios acomodados de América del Norte, los deberes llegan a la escuela después que los niños.

Greta Metzger a menudo ordena, o perfecciona, los deberes que su hijo de diez años lleva a casa desde su escuela muniquesa.

—Sé que es capaz de hacerlos, así que a veces sólo le corrijo la ortografía y acabo las últimas sumas —dice—. He llegado a imitar muy bien su letra.

Pero incluso cuando nos afanamos con los ejercicios de matemáticas de nuestros hijos, o sacrificamos el domingo para ayudarles a acabar ese informe de lectura de cinco páginas, una pregunta acuciante nos corroe por dentro: ¿vale de verdad la pena todo esto?

La respuesta directa es, de nuevo, que nadie lo sabe a ciencia cierta. Los estudios sobre el efecto de los deberes en el rendimiento escolar han arrojado resultados contradictorios. Un sondeo entre seis mil estudiantes norteamericanos determinó que los que habían empezado a los once años con treinta minutos adicionales de deberes de matemáticas todas las noches iban muy por delante de los demás al cumplir los quince o dieciséis años.[2] Por otro lado, cuando dos profesores de la escuela pública de Penn compararon las notas de matemáticas y ciencias de niños de cuarto, octavo y doceavo en cincuenta países, hallaron el efecto contrario. Su conclusión: «Casi parece que cuanto más deberes asignan los maestros de un país, peor van los estudiantes».

En lo tocante a niños pequeños, los partidarios de los deberes no disponen de mucho donde agarrarse. Varios estudios internacionales indican que tienen poco o ningún efecto en el rendimiento escolar de alumnos menores de once años.[3]

—Los niños más pequeños tienden a absorber la información con mucha facilidad a los seis o siete años, mientras que los mayores necesitan esforzarse para aprender, así que los deberes sólo son verdaderamente útiles más adelante —dice Peter Tymms, director del Centro de Programas, Evaluación y Dirección de la Universidad de Durham.

Algunos quisieran suprimir por completo los deberes. Sostienen que agobiar a los niños con tareas que convierten el hogar en una zona de guerra puede indisponerles contra la escuela. También esgrimen estudios que demuestran que practicar deportes, jardinería o incluso realizar trabajos domésticos puede ayudar más a los niños que hacer codos todas las tardes hasta la noche. ¿Recuerdan la acusación de que permanecer muchas horas frente a pantallas electrónicas está contribuyendo a disparar la miopía en todo el mundo? Pues hay quien achaca parte del problema a pasar demasiado tiempo en espacios cerrados inclinados sobre libros de texto y no el suficiente corriendo al aire libre y a la luz del sol. Un estudio efectuado en muchachos de entre catorce y dieciocho años en Israel determinó que los que estudiaban en escuelas donde se insistía mucho en la lectura de textos religiosos tenían índices de miopía del 80 por ciento, en comparación con el 30 por ciento de las escuelas estatales.[4]

Incluso los partidarios más fervorosos de los deberes escolares aceptan ahora que están sujetos a la ley de los beneficios menguantes. Muchos recomiendan un máximo diario de diez minutos por curso ascendido. Eso significa no más de cuarenta minutos por noche para un niño de cuarto (de entre ocho y nueve años) y dos horas para un estudiante de secundaria: un tiempo muy inferior al que tienen que dedicar hoy muchos alumnos de escuelas ambiciosas.

Los expertos están también replanteándose qué tipo de deberes es más efectivo. La mayoría recomienda aparcar las tareas más pesadas —los ejercicios de matemáticas y de ortografía— en favor de trabajos que estimulen a los niños a pensar en profundidad y a forzar la imaginación. Por ejemplo, la creación de un examen de matemáticas para poner a prueba a sus condiscípulos o el diseño de un cartel sobre un animal de compañía o uno de sus juguetes predilectos.

¿Tienen las advertencias de los expertos algún efecto en el mundo real? Pueden ustedes estar seguros. A raíz de las crecientes protestas de niños y padres afectados, y con la tranquilidad que da el cada vez mayor conjunto de pruebas reunidas en libros como *The Homework Myth: Why Our Kids Get Too Much of a Bad Thing* [El mito de los deberes: Por qué a nuestros niños se les impone tanto algo malo], escuelas de todo el mundo comienzan a reducir y reinventar los deberes. Varios distritos escolares estadounidenses vuelven a dar pautas para limitar las tareas para casa. A fin de que los estudiantes tengan más tiempo libre para compartir con padres y amigos, algunas escuelas del sur de Australia han prohibido totalmente los deberes. La Junta Central de Educación Secundaria de la India ha hecho lo mismo en el primer y segundo cursos. Algunas escuelas de enseñanza primaria británicas han reemplazado las sumas y los cuadernos de ortografía por actividades familiares como visitas a museos o la preparación de pan en el horno. En toda Asia, unas cuantas escuelas de elite reducen la cantidad de deberes o los prohíben del todo. En el Colegio Número 2 del distrito Yayuncun de Pekín, el personal rechazó la presión de los padres para cargar a los niños con tareas después de la escuela.[5]

—A veces tenemos que explicar a los padres qué es lo adecuado para sus hijos —dice Feng Shulan, el director—. Yo les cuento que también es importante que pasen tiempo con sus hijos, sin más. Les digo que para los niños es importante que sean felices.

Con vistas a averiguar qué implica todo esto, emprendo una investigación en varias escuelas situadas en el frente de la guerra de los deberes. La primera es la Escuela Internacional China (EIC) de Hong Kong, donde estudian 1.406 alumnos de entre cuatro y dieciocho años. Antes, los profesores abrumaban a los alumnos con deberes. Para los esforzados chinos y los padres expatriados que pagaban la matrícula, una cartera atiborrada de libros era una imagen tranquilizadora. Pero hace cinco años se hizo evidente que muchos niños vivían agobiados, que se afanaban con las tareas hasta pasada la medianoche y al día siguiente llegaban a clase fatigados y sin capacidad de concentración. Así que la escuela modificó su política de tareas para casa e impuso unos límites estrictos a la cantidad de horas permitidas por asignatura. El cambio iba dirigido a los alumnos de más edad, pero su espíritu también ha llegado a los primeros cursos. Para muchos niños, los deberes para casa se han reducido en un 30 por ciento.

La escuela desaconseja además las clases privadas, a no ser que el niño tenga verdaderos problemas para seguir el ritmo de sus compañeros. En las reuniones entre padres y maestros, los profesores subrayan la necesidad de que los niños tengan tiempo libre.

—Queríamos contrarrestar la creencia generalizada de que trabajando más tiempo y más intensamente en las asignaturas siempre se obtienen mejores resultados —dice Daniel Walker, el subdirector de la EIC—. En lo concerniente a los deberes, hay límites en lo que es adecuado para los niños, porque necesitan un equilibrio en sus vidas.

No todos los padres están de acuerdo. Algunos siguen reclamando más deberes o transportar directamente a los niños de la puerta de la escuela al centro de clases privadas más cercano. Hace poco, los niños de once años hicieron lo que nadie habría imaginado: no sólo se quejaron de que la carga de tareas había vuelto a aumentar, sino que se negaron a aceptarla.

—Tenían razón, se nos había ido de las manos, así que la redujimos —dice Walker—. No queremos niños sobrecargados que tengan que quedarse despiertos hasta la madrugada para acabar los deberes.

El régimen de menos-es-más ha dado resultado. La EIC está ahora entre las primeras escuelas internacionales de Hong Kong en cuanto a resultados de los exámenes y pruebas de acceso a la universidad. Los niños parecen más relajados, más dispuestos a reservar un espacio en sus programas para actividades que no impliquen acodarse sobre un pupitre. Un tablero de anuncios situado cerca de la oficina principal expone un amplio abanico de actividades extracurriculares: taekwondo, tenis, navegación a vela, gimnasia, fútbol sala, cocina, tenis de mesa, atletismo en pista, una sociedad literaria, etc.

—Me encanta que mientras estoy jugando a squash mis amigos de otras escuelas todavía estén haciendo los deberes —me dice David Wei, de quince años, con una sonrisa encantadora—. Sobre todo porque yo también saco buenas notas.

En el descanso de la mañana, el patio de la EIC es un hormiguero de actividad: niños y niñas persiguen balones de fútbol, saltan a la comba o juegan al corre que te pillo. Las voces y las risas nos llegan hasta las oficinas de dirección de la escuela. Walker baja la vista hacia la escena y sonríe.

—Ahora hay más vitalidad aquí, desde luego más de la que puede encontrar en las escuelas de alta presión donde ponen montones de deberes —dice. Cree que sus alumnos también tienen una actitud más abierta y están más dispuestos a sustraerse a las expectativas paternas y elegir su propio camino académico y profesional.

El freno a las tareas ha llegado a convertir a la EIC en algo así como un modelo a imitar. Varias escuelas de la China continental estudian el ejemplo. Muchos padres de Hong Kong, tanto occidentales como chinos, eligen ahora la EIC por su decisión de conceder a los niños tiempo y espacio para respirar fuera de clase. La lista de espera para el ingreso a la escuela es más larga que nunca.

—En todos los niveles, los resultados hablan por sí mismos —dice Walker.

Otras escuelas han encontrado diferentes medios para atenuar el problema de los deberes. Cargilfield es una prestigiosa academia privada para niños entre tres y trece años, situada los bosques frente a Edimburgo, Escocia. En 2004, la escuela apareció en los titulares por haber prohibido los deberes. La idea era liberar a los niños (así como a los padres) de la carga de lidiar con tareas que a menudo contribuían poco al aprendizaje, y darles más tiempo para descansar y divertirse.

Cargilfield no es un paraíso para holgazanes: la jornada escolar puede extenderse hasta las 6 de la tarde, y los profesores están disponibles para ofrecer una ayuda adicional cuando se acercan los exámenes. La prohibición de los deberes estaba encaminada a alentar a los niños a asumir personalmente el control de su estudio fuera de las horas de clase. Pero lo esencial es que el volumen de trabajo ha disminuido, y los beneficios son similares a los de la EIC de Hong Kong. Las notas de los exámenes de matemáticas y ciencias han mejorado hasta un 20 por ciento desde que se han abolido los deberes. Y los niños tienen más tiempo para relajarse. Ha aumentado mucho la inscripción en clubes extraescolares, como los de ajedrez, fútbol y remo.

—Se trata de que los muchachos disfruten cuando tienen la edad de hacerlo y de no convertir su jornada en una tarea continua —dice

John Elder, director de Cargilfield—. Estamos aquí para pasarlo bien, y nunca tendremos la oportunidad de revivir nuestra juventud.

Tanto la EIC como Cargifield son escuelas privadas de postín. ¿Se obtienen los mismos beneficios con la disminución de los deberes en el sector público? Para averiguarlo, me paso por Vernon Barford, el centro donde cursé los dos primeros años de enseñanza secundaria, en Edmonton, Canadá. Cuando estudié aquí a principios de los ochenta, no se hablaba nunca de deberes. Teníamos tareas para hacer en casa, pero pasábamos gran parte del tiempo no lectivo practicando deportes o haciendo travesuras. Pero en 2006 Vernon Barford había llegado al colapso en cuestión de deberes. Cada mañana un desfile de niños, entre ellos estudiantes con sobresalientes, pasaba por el despacho del director de camino hacia un castigo por no haber acabado el último diorama o la última cartulina. Y cada día llamaban muchos padres para quejarse del volumen de trabajo de los niños.

—Habíamos llegado a creer que una gran cantidad de deberes crea buenos hábitos de estudio para el futuro —dice Judy Hoeksema, una veterana profesora de matemáticas de Vernon Barford—. Pero acabamos por darnos cuenta de que no tenían demasiado efecto.

En el verano de 2006, los profesores se reunieron para buscar una solución. Para romper el hábito de poner deberes porque sí, elaboraron una lista de preguntas que había que formularse antes de asignar tareas: ¿Potenciará esto el aprendizaje y avivará la imaginación? ¿Es un volumen razonable? ¿Cuántos deberes han puesto los demás profesores hoy? Los profesores también se comprometieron a permitir que los niños eligieran las tareas, e incluso se invitó a los niños a plantear preguntas para que la clase las respondiera.

La consecuencia directa fue que la carga media de deberes disminuyó en un 50 por ciento, y ahora muchos estudiantes de noveno les dedican 45 minutos al día, mientras que los de séptimo y octavo, no más de 30. Los padres tienen la opción de pedir más pero ninguno lo ha hecho, aunque algunos refunfuñan porque no les parecen suficientes. Los profesores celebran el nuevo régimen, porque disponen de más tiempo para preparar las clases y pueden pensar en tareas creativas para hacer en casa. Las notas medias han mejorado en un 4 por ciento, un gran salto si tenemos en cuenta que la escuela ya estaba obteniendo muy buenos resultados.

—No esperaba que las calificaciones pudieran subir más, pero así fue —dice Stephen Lynch, el director.

Pero el cambio es mucho más profundo que una mejora de las notas. En la escuela se respira otro ambiente. Las relaciones entre los alumnos, los profesores y los padres son menos tensas. Y por añadidura, los niños parecen más implicados.

—No me peleo tanto con mi madre por los deberes —dice Mike Hudson, alumno de octavo, que se alegra de la disminución de las tareas. Dedica el nuevo tiempo libre a la práctica del monopatín con sus amigos—. Ahora hay más equilibrio entre la escuela y el resto de mi vida. Y los fines de semana duermo más.

Otros alumnos celebran que se haya pasado de las tareas rutinarias a trabajos que hacen circular los fluidos creativos.

Morgan Belsek, de catorce años, nos cuenta con agrado que va a dibujar un cómic sobre la Revolución Rusa para la clase de ciencias sociales de noveno:

—Para condensarla de este modo hay que conocer muy bien los hechos —dice—. Cuando vuelves sobre lo que has aprendido de una manera más profunda, lo grabas en tu mente para que después puedas pensar: «Sí, ya me acuerdo que usé esta información en mi trabajo, y ahora puedo usarla de otra manera para responder esta pregunta».

¿Qué lecciones podemos extraer de esta experiencia? La primera, que no todos los deberes son negativos, sobre todo pasados los cursos de primaria. Tal como dice Stephen Lynch, el director de Vernon Barford:

—A veces la auténtica comprensión se produce cuando estás trabajando en casa a solas con tus pensamientos.

Pero también hay límites. Las tareas tienen un efecto positivo cuando se asignan en cantidades razonables, de modo que se evite arrancar horas al descanso, el juego y la relación con los demás. También ha de tener un propósito claro al margen de tener a los niños ocupados y tranquilizar a profesores y padres. En casa, los padres tienen que aprender a tomarse las cosas con más paciencia, lo que significa ofrecer orientación cuando se les pida, no imponer respuestas ni corregir todos los errores.

Más allá de los motivos académicos para mantener a raya los deberes está la cuestión más profunda de qué finalidad tiene la infancia. Si queremos que sea un tiempo de juego, libertad y maravilla, acumular tareas no es el modo de conseguirlo. ¿Cuáles son los recuerdos más felices que conserva de su infancia? Seguro que no tienen nada que ver con avanzar penosamente por páginas de fracciones y ejercicios de ortografía. Los míos son largas tardes jugando a hockey callejero con amigos en el camino de entrada de nuestra casa, y dejar las puertas del garaje cubiertas de un permanente Jackson Pollock de marcas de pelotas de frontón. O jugar a la guerra en el patio trasero con una especie de ballestas hechas con pedazos de madera y perchas dobladas. O jugar a Maze Craze, un juego de batalla que inventamos con piezas de Lego y canicas. Muchos de los niños con los que compartía aquellas tardes siguen siendo hoy amigos míos. Ninguno de nosotros recuerda que nos pusieran deberes ni una sola vez.

Claro que cuando se llena el tiempo libre de los niños con tareas escolares, los deberes son sólo una parte de la cuestión. La otra son las clases particulares, que desde los años noventa del siglo pasado han crecido hasta convertirse en una floreciente industria global. En mi niñez canadiense, durante los setenta y principios de los ochenta, muy pocos niños tenían profesores particulares. Los que los tenían solían ir mal en la escuela y lo guardaban en secreto. Hoy, una cuarta parte de los niños canadienses recibe algún tipo de clase particular, y las encuestas señalan niveles parecidos en muchos países occidentales. En Manhattan, los mejores profesores para las pruebas de acceso a la universidad cobran hasta mil dólares la hora, y eso sólo si se llega a obtenerlo. Los orientadores privados ofrecen preparar a los niños para el ingreso a universidades estadounidenses desde los once años. Una de estas empresas cobra 21.000 dólares por asegurar un lugar en Harvard o Yale. En el Asia oriental, las clases particulares están aún más extendidas si cabe. Los padres surcoreanos gastan en educación o clases particulares el equivalente a la mitad del presupuesto estatal. Los profesores particulares más cotizados de Hong Kong son nombres muy conocidos y aparecen en vallas publicitarias y anuncios de autobuses. Uno apareció hace poco en una cuña televisiva ataviado con el heroico vestido tradicional chino. Creado por un padre japonés en los años cincuenta, el Kumon se ha convertido en una compañía multinacional que atiende a cuatro millones de niños en todo el mundo. Incluso se pueden contratar clases particulares mediante cámara web por internet. Y del mismo modo que otras industrias han subcontratado servicios externos en economías débiles, muchos de estos cibertutores trabajan desde terminales informáticas en la India.

A diferencia de los deberes, el auge de las clases particulares ha surgido sobre todo de los padres. Algunos quieren compensar las carencias del sistema escolar, otros lo único que quieren es que sus hijos se destaquen de la mayoría. Y cuando haya la suficiente gente que contrate a profesores particulares, la presión social por seguir el ejemplo puede ser insostenible.

Janice Aurini, experta canadiense en empresas educativas, arguye que las clases particulares se han añadido al perfil, siempre en aumento, que cabe esperar del padre moderno:

—Forma parte del repertorio de lo que ahora hace un buen padre: les apuntas a piano, tenis y fútbol, y les pones un profesor particular —me cuenta—. Por supuesto, la idea que subyace en todo esto es que no se puede dejar que los niños se las arreglen solos.

Sin duda, tener un poco de ayuda profesional a mano puede ser una bendición para los estudiantes con dificultades escolares. Pero ¿significa eso que resulta útil para todos? Al igual que con los deberes, la respuesta es compleja. Cada vez más estudios indican que las clases particulares también están sujetas a la ley de los beneficios menguantes. Un sondeo efectuado en 2005 en Singapur concluyó que muchos niños de familias prósperas están sobrecargados, y que «en contra de la creencia generalizada en el país [...] tener profesor particular puede ser contraproducente». Un estudio similar en Corea del

Sur determinó que estudiar el programa escolar por anticipado con profesores particulares no mejoraba las notas en absoluto; los autores de la encuesta señalaron que las ganas de aprender es un indicador más fidedigno del éxito escolar que el hecho de tener profesor particular. Y el sentido común nos indica que uno de los modos de acabar con estas ganas consiste en hacer que el niño pase gran parte del tiempo libre en una escuela preparatoria.[6]

Cuando me dirigía a un encuentro con padres y niños de la Escuela Bosque de Taiwán, subí en el ascensor con un grupo de niños de nueve años que iban a una sesión vespertina de una escuela preparatoria particular de Taipei. Todos ellos miraban al suelo en silencio, sofocaban bostezos, tenían la espalda encorvada bajo el peso de las carteras atiborradas de libros. Una niña estaba apoyada en la pared del ascensor con los ojos cerrados. Al abrirse la puerta, se despertó con un sobresalto. Los niños, cabeza gacha y arrastrando los pies, cual prisioneros de camino a la horca, entraron en la escuela preparatoria. ¿Quién decía eso de «arrastrarse como una serpiente de mala gana»?

Claro que otros estudios indican —y muchos padres lo saben por experiencia— que los profesores particulares pueden ayudar a los niños a mejorar en algunos exámenes. No es de extrañar, puesto que a estos profesores se les suele juzgar por los puntos que añaden al resultado del examen del niño. Pero, como ya hemos visto, si las notas de los exámenes son la única medida para el éxito se pueden desplazar otros tipos de aprendizaje más valiosos. El sistema Kumon, por ejemplo, se basa en gran medida en memorizar hojas de ejercicios. En Taiwán, los intentos de las autoridades por promover una más amplia comprensión en matemáticas han topado con los profesores particulares que enseñaban a los niños a usar trucos y atajos para llegar a las respuestas correctas.[8]

Lo cual nos retorna a una cuestión previa: ¿cuál es el objetivo de la educación? Si es obtener las mejores notas posibles en los exámenes, no cabe duda de que las clases particulares resultan necesarias. Pero si consiste en animar a los niños para que tengan iniciativa y vidas variadas y distintas y deseen aprender, en ayudarles a encender su propio fuego en los estudios, tal vez no lo sean. Las clases particulares pueden dejar a los niños sin el reto —y la alegría— de dominar por su cuenta un conocimiento nuevo. También pueden enmascarar puntos débiles del sistema escolar y crear desigualdades de oportunidades entre los alumnos.

Sin embargo, acabar con el gigante de las clases particulares no será fácil. Las iniciativas oficiales por frenar esta práctica en países como Taiwán y Corea del Sur se han visto frustradas por la resistencia paterna. No es realista esperar que los padres prescindan de las clases particulares cuando tantas escuelas imparten una educación deficiente y se concede tanta importancia a los resultados de los exámenes.

Pero tal vez la liberación esté en camino. A medida que perdamos fe en los exámenes, las clases particulares pueden parecernos menos esenciales. Como la EIC de Hong Kong, cada vez son más las escuelas que desaconsejan estas clases salvo en casos de urgencia. Un amigo mío asistió el otro día a una reunión con profesores de escuelas privadas de secundaria en Londres, y todas instaron a los padres a mantener al mínimo las clases particulares o que las evitaran por completo. «Enseñar a sus hijos es tarea nuestra —dijeron—. Dejen respirar a sus niños al fin de la jornada».

El mensaje empieza a calar en algunos hogares. Gloria Neasden contrató a un profesor particular para que ayudara a su hija Abigail con el álgebra en los primeros cursos de secundaria en San Francisco. Pero cuando la chica se puso al día, las clases particulares acabaron.

Neasden, que es maestra, cree que la atención particular puede convertirse en una muleta para los niños. La considera un último recurso, y un indicio de que la escuela, no el alumno, está desatendiendo su deber.

—Hay algo que no funciona en el sistema educativo, y probablemente en la sociedad en general, si los niños tienen que pasar todo este tiempo no lectivo quemándose las cejas —dice—. En un día hay un número determinado de horas, y los niños necesitan un buen rato de inactividad escolar.

El problema, por supuesto, es que en nuestra cultura atareada y altamente programada, el tiempo de inactividad no está bien visto. Si los niños no están quemándose las cejas, la tentación es apuntarles a una actividad extraescolar, o dos, o tres...

8

ACTIVIDADES EXTRAESCOLARES:
¡PREPARADOS, LISTOS, TRANQUILOS!

«¡Vaya! ¡Vaya! ¡Voy a llegar tarde!»

CONEJO BLANCO de *Alicia en el país de las maravillas*

Ridgewood es el tipo de población en el que se piensa al hablar del sueño americano. Enclavada en los bosques de Nueva Jersey, esta ciudad tranquila y verde de 25.000 habitantes respira opulencia y bienestar. La gente se esfuerza mucho en su puesto de trabajo en Manhattan, pero goza del fruto de su ocupación. Casas grandes y elegantes en amplias parcelas punteadas de columpios y trampolines. Sedanes de lujo y vehículos deportivos resplandecientes se deslizan por calles anchas bordeadas de robles, cornejos y arces. Una pegatina proclama en un parachoques: «¡Ridgewood se mueve!»

Pero si nos acercamos un poco veremos que esta imagen feliz empieza a desenfocarse. En las puertas de la escuela, en torno a las mesas de la cafetería y en el aparcamiento del supermercado, se oye a la gente de Ridgewood formular la misma queja: tal vez vivamos en un Edén del siglo XXI, pero estamos demasiado ocupados para disfrutarlo.

Muchas familias están programadas hasta la saciedad. Atrapados entre el trabajo y el hogar, los padres tratan de encontrar tiempo para los amigos, la aventura o incluso para una noche de sueño aceptable. Sus hijos están en la misma situación, y llenan las horas que no están ya ocupadas por los deberes con actividades extraescolares organizadas. Algunos niños de diez años de Ridgewood están tan ocupados que llevan agendas electrónicas para no olvidar sus compromisos. Aquí es habitual cenar o hacer los deberes en el coche mientras se va al club de natación o de equitación. Una madre de la ciudad envía cada noche por correo electrónico un programa familiar actualizado a su esposo y a sus dos hijos. Otra tiene el horario pegado en el interior de la puerta de entrada del monovolumen. Con la obligación de encajar tantos programas, con tantas actividades en marcha, incluso juntar a unos cuantos niños pequeños para que jueguen un poco puede ser una pesadilla logística. Una de mis tiras cómicas preferidas del *New Yorker* se dibujó pensando en lugares como Ridgewood. Muestra a dos niñas pequeñas que esperan el autocar de la escuela, ambas con agenda. Una le dice a la otra: «Vale, retraso una hora ballet, muevo gimnasia y anulo piano. [...] Tú pasas las clases de violín al jueves y te saltas el entreno de fútbol. [...] Así tenemos de 3:15 p.m. a 3:45 p.m. del miércoles para jugar».

Pero, a diferencia de otras ciudades, Ridgewood se ha rebelado contra los programas sobresaturados. Lo que empezó con las quejas de unas pocas madres a la hora del café en torno a la mesa de la cocina se ha convertido en un minimovimiento. En 2002, Ridgewood encabezó un acontecimiento anual llamado «¡Preparados, Listos, Tranquilos!» La idea es que un día al año esta ciudad triunfadora se tome un respiro: los profesores no ponen deberes, se anulan las actividades extraescolares y los padres se obligan a volver temprano a casa desde el trabajo. El objetivo es librarse de la tiranía del horario; dejar que los niños descansen, jueguen o simplemente se entreguen a ensueños; y conceder a las familias un tiempo para estar juntas que no consista en ir en coche al siguiente entreno de voleibol o ensayo de la banda.

Centenares de hogares prescinden de las agendas para participar en «¡Preparados, Listos, Tranquilos!», y han seguido el ejemplo ciudades de toda América del Norte, no todas ellas tan acomodadas como Ridgewood. Para ayudar a familias con problemas, la dirección de la escuela de Sidney, Nueva York, un pueblo obrero situado a 220 kilómetros de Ridgewood, ya no programa ninguna actividad extraescolar ni reunión para después de las 4:30 de la tarde. En 2007, Amos, pequeña ciudad minera situada en los bosques del noroeste de Quebec, celebró su primer día sin actividades según el modelo de Ridgewood. Marcia Marra, madre de tres niños que colaboró en la creación de «¡Preparados, Listos, Tranquilos!» junto con una agencia de salud mental de la población, espera que las tornas estén cambiando:

—La gente empieza a darse cuenta de que cuando sus vidas y las de sus hijos están programadas al minuto, todos sufren —dice—. Las actividades estructuradas pueden ser una gran cosa para los niños, pero habíamos perdido el control.

No se trata de una angustia nueva. Las advertencias sobre el exceso de actividades de los niños, que corren de una actividad complementaria a la siguiente, surgieron a principios del siglo xx. Dorothy Canfield Fisher, popular novelista y líder de las familias, alertó en 1914 de que los padres norteamericanos estaban arrebatando a la infancia su «bendita espontaneidad» al imponer «una presión asfixiante a los niños para que aprovechen hasta las rendijas y fragmentos de su tiempo para adquirir habilidades que a nosotros nos parecen provechosas». En 1931, Ruth Frankel, joven especialista canadiense en diagnóstico precoz del cáncer, observó que «el niño moderno, con sus días encajados en un programa rígidamente diseñado, va dócilmente de una clase prescrita a otra, se apunta a arte y música y francés y danza [...] hasta que apenas le queda un minuto libre». Temía que esos niños sobreprogramados se llegaran a cansar tanto que se volvieran «desesperados al cine en un intento de sustraerse al hastío».[2]

Esta preocupación ha llegado al paroxismo en la última generación. Libros titulados *The Hurried Child* [El niño apresurado] y *The Overscheduled Child* [El niño con demasiadas actividades] se han hecho un lugar en la sección de padres modernos de las bibliotecas. Incluso la sección de niños ha abordado el asunto. En *The Berenstain Bears and Too Much Pressure* [Los osos Berenstain y demasiada presión], la célebre familia de osos sufre un colapso por estrés porque Hermana y Hermano Oso están inscritos en demasiadas actividades adicionales. Sin duda, parte de esta angustia proviene del pánico general ante el problema de la infancia. Pero también parece que muchos niños, sobre todo de familias de clase media, tienen el horario más lleno que nunca. Un estudio muy citado del Instituto de Investigación Social de la Universidad de Michigan concluyó que, entre finales de los años setenta y 1997, los niños norteamericanos habían perdido doce horas semanales de tiempo libre. En gran parte se habían llenado de deportes y otros pasatiempos organizados por adultos. Hoy, el aspirante medio a ingresar en el Massachusetts Institute of Technology enumera en su currículo doce actividades extraescolares. Aunque muchos estudios comparativos indican que los niños estadounidenses son los que tienen la agenda más apretada del mundo, otros países han avanzado en la misma dirección.

¿Por qué hay en la actualidad tantos niños sobreocupados? Un motivo es la irrupción de la madre trabajadora. Cuando las madres se quedaban en casa, era más fácil dejar que los niños jugaran en ella. Pero cuando las mujeres accedieron de forma masiva al mercado laboral y desapareció la familia extensa, alguien tuvo que corregir la desatención que se producía en el frente infantil. Las actividades extraescolares reunían todos los requisitos, puesto que prometían no sólo supervisión, sino conocimientos suplementarios. Pero imponer a los niños un programa apretado no es siempre una buena respuesta a las carencias en el cuidado de los niños. Muchas madres que se quedan en casa también inscriben a sus hijos en un sinfín de actividades. En parte es defensa propia: si todos los demás niños del barrio tienen el programa saturado, ¿quién se va a permitir jugar con tu niño sin ocupaciones? En nuestra sociedad atomizada e individualista, las actividades organizadas son también una buena manera —a veces la única manera— de encontrarse con otros padres. Tampoco ayuda que muchas actividades estén diseñadas como una pendiente resbaladiza: apuntas a tu hija de cuatro años a una sesión semanal de danza y, sin saber cómo, tiene una clase todas las noches y viaja por todo el país para participar en competiciones. Y en vez de cuestionarlo, nos convencemos de que lo que necesitan y quieren los niños es un montón de ocupaciones programadas, aunque ellos nos digan lo contrario. El otro día observaba cómo una madre arrastraba a su hija de tres años desde un jardín de infancia cercano a nuestra casa. La niña sollozaba y gritaba:

—No quiero ir a ballet. Quiero ir a casa a jugar.

Las andaderas extraescolares también parecen una buena manera de tener a los niños alejados de problemas. Al fin y al cabo, en un entreno de voleibol o en clase de baile no se puede fumar hierba ni perder la virginidad. El miedo a lo que podrían hacer los jóvenes si se les dejara campar por sus respetos se remonta a muy atrás. El *Oficio de padres cristianos*, un manual puritano publicado en 1616, advertía que los niños con demasiado tiempo libre corrían el riesgo de volverse «personas ociosas [...] viles y abyectas, mentirosas, ladronas, bestias malvadas, gandulas e inútiles». En la era victoriana, los partidarios del trabajo infantil sostenían que las jornadas prolongadas en las fábricas impedían que los niños hicieran diabluras. En el siglo XXI, contrario a los riesgos y centrado en los niños, cuando es más fuerte que nunca el deseo de proteger a los pequeños de todo, incluyendo el pecado moderno de perder el tiempo, una agenda apretada parece de lo más acertado.

Ni que decir tiene que el auge de lo extraescolar no sólo se debe a los adultos inquietos. Gran parte de la exigencia de programas sobresaturados es de los propios niños. Los pequeños quieren ser activos, quieren estar con sus amigos, ser como todos los demás, y en nuestra cultura que quiere aprovechar hasta el último segundo eso significa estar ocupado. Al cumplir once años, Matt Kowalski, hijo único de una familia de Chicago, empezó a enfadarse porque sus padres se negaban a inscribirle en más de una actividad. Como todos sus amigos iban y venían de un club a otro, se sentía marginado. Por eso engatusó a sus padres para que le metieran en la rueda extraescolar. Ahora, a sus catorce años, dedica más de veinte horas a la semana a practicar tres deportes de equipo y a actuar en un grupo de teatro.

—Me gusta todo lo que hago, pero a veces tengo la sensación de estar tan ocupado que apenas tengo tiempo de dormir —cuenta—. Ni siquiera puedo reprochárselo a mis padres, porque si tengo demasiado que hacer es por mi culpa.

Nadie dice que las actividades adicionales sean perjudiciales. Al contrario, son una parte integral de una infancia intensa y feliz. Muchos niños, sobre todo en las familias de ingresos bajos, se beneficiarían de actividades más estructuradas. Los programas llenos son adecuados para bastantes muchachos, sobre todo adolescentes. Pero así como otros símbolos de la infancia moderna, desde los deberes hasta el uso de la tecnología, están sujetos a la ley de los beneficios menguantes, existe el peligro de que los jóvenes sufran un exceso de ocupaciones. En lo concerniente a las actividades extraescolares, muchos niños padecen un empacho de algo que, en principio, era bueno.

¿De veras? Algunos docentes sostienen que el niño estresado y con demasiadas actividades es un mito de los medios de comunicación. Un estudio efectuado en 2006 por la estadounidense Sociedad para la Investigación en Desarrollo Infantil sobre la repercusión de las clases fuera de la escuela estalló como una granada entre los círculos de educación infantil. Los investigadores examinaron datos de 2.123 niños norteamericanos de entre cinco y dieciocho años y llegaron a la conclusión de que los programas demasiado apretados son raros. Más polémica si cabe fue su conclusión de que los niños más ocupados obtienen buenos resultados en la escuela, tienen buena relación con sus padres y son menos propensos a flirtear con el alcohol, el tabaco o las drogas. Los medios lo presentaron de un modo taxativo. Un titular del *Boston Globe* declaraba: «Cuantas más actividades, mejor».[3]

Pero si se mira bien, el informe no dice nada semejante. El jefe de investigadores, Joseph Mahoney, profesor ayudante de Psicología en Yale, se muestra bastante más circunspecto:

—No significa que haya que animar a los niños a participar en más actividades todavía —me explicó—. No se afirma que el tiempo para la familia y el tiempo de reposo carezcan de importancia.

Y hay motivos para no tomarse al pie de la letra estas conclusiones. Como acérrimo partidario de los programas extracurriculares, Mahoney ha advertido que hablar demasiado del exceso de ocupaciones de los niños podría facilitar a los políticos el pretexto que necesitan para disminuir los recursos para financiar estos programas. Los críticos señalan que su estudio se basaba en datos reunidos por personas que trabajaban en otros proyectos de investigación, que Mahoney pasó por alto las horas dedicadas a desplazarse de una actividad a otra y que minimizó datos que indicaban que una gran abundancia de actividades menoscaba el tiempo de familia y aumenta la incidencia del alcohol entre los menores. Mahoney y su equipo nunca preguntaron a los niños si sus programas les producían cansancio o estrés.

Al mismo tiempo, se acumulan otras pruebas de que muchos niños están demasiado ocupados. En un informe estadounidense publicado por KidsHealth.org pocas semanas antes que el informe de Mahoney, el 41 por ciento de los encuestados, de entre nueve y trece años, afirmó sentir estrés durante gran parte del tiempo o en todo momento porque tenía demasiado que hacer. Casi un 80 por ciento deseaba tener más tiempo libre. Un informe de 2006 de la Academia Norteamericana de Pediatría advertía que los niños con prisas y con una agenda demasiado apretada corren el riesgo de contraer enfermedades relacionadas con el estrés.

Tal vez lo más grave de todo sea que el informe Mahoney hace caso omiso de la experiencia de padres, niños, profesores y médicos de todo el mundo. En muchos hogares, los horarios de los niños han convertido la vida familiar en una carrera interminable contra el reloj. Cuando varias ciudades estadounidenses introdujeron cámaras para fotografiar a los conductores que se saltaban los semáforos en rojo, resultó que el mayor grupo de infractores no estaba formado por chicos con coches deportivos trucados, sino por madres dedicadas a llevar a los niños de una actividad a otra.

Mientras llevaba a cabo indagaciones con vistas a su libro *Unequal Childhoods: Class, Race, and Family Life* [Infancias desiguales: clase, raza y vida familiar], Annette Lareau descubrió que los niños excesivamente ocupados de familias ricas estaban más cansados y aburridos y tendían menos a iniciar juegos por su cuenta que los menos ocupados de familias pobres. Wayne Yankus, que ejerce la pediatría en Ridgewood desde principios de los ochenta, calcula que el 65 por ciento de sus pacientes sufre en la actualidad un exceso de actividades. Dice que entre los síntomas de este exceso figuran el dolor de cabeza, los desórdenes del sueño, los problemas gástricos causados por el estrés o por cenar demasiado tarde y la fatiga constante.

—Hace quince años era raro ver a un niño de diez años cansado —dice Yankus—. Ahora resulta habitual.

Recientemente ha contratado a un terapeuta para que pase un día a la semana en su consulta a fin de hablar con las familias sobre la necesidad de simplificar las agendas.

Otro inconveniente de los programas excesivos es que los niños, como los adultos, se quedan sin tiempo para reflexionar. Hay cuestiones más urgentes, como «¿dónde están mis espinilleras?, ¡vamos a llegar tarde al fútbol!». Cuando todo está programado, no se aprende nunca a analizar las ideas propias ni a entretenerse solo. Lori Sampson lo ve en su familia de Ridgewood. Mantuvo ocupada a su hija Megan desde muy pequeña, la llevaba de una actividad organizada a un encuentro programado con otros niños para una nueva ocupación. Pero al nacer su hijo Michael tres años después, Lori estaba demasiado cansada para hacer lo mismo, así que el niño creció con mucho más tiempo libre. Hoy, los hermanos, de catorce y once años, son como el día y la noche.

—Megan viene a nuestro dormitorio por la noche y me pide que le lea un libro, mientras que Michael se va a su habitación y lo lee solo —cuenta Sampson—. Megan siempre espera que le demos ideas y orientación sobre el modo de aprovechar el tiempo, y él se lo monta sin que nadie le diga nada.

Cuando el tiempo libre es limitado, los logros en las actividades estructuradas —trofeos deportivos, medallas de baile, becas de música— pueden convertirse en el camino más directo hacia la aceptación social. Un adolescente de Ridgewood dice sentirse como un «currículo con piernas»:

—Siempre tengo la sensación que tengo que dedicarme intensamente a todo lo que hago para que la gente me respete.

Eso significa que muchos niños terminan por apuntarse a actividades extraescolares sólo para ganarse la aprobación de sus padres. O para sacar brillo al currículo:

—Muchos amigos míos están en cosas como deportes o clubes o trabajo voluntario no porque les interesen realmente, sino porque saben que quedarán bien en la solicitud de admisión a la universidad —dice otro adolescente de Ridgewood.

La vorágine extracurricular también puede atrapar a la familia en un círculo vicioso. Los padres están molestos con los niños porque les ocupan mucho tiempo y les cuestan mucho dinero —los británicos se gastan 12.000 millones de libras anuales en las aficiones de sus niños, quienes abandonan la mitad de ellas al cabo de cinco semanas o menos—, y los niños están molestos por lo molestos que ven a sus padres.[4] La sobrecarga de actividades también roba el tiempo que cabría dedicar a las cosas no programadas y sencillas que unen a las familias: la conversación relajada, los juegos cariñosos, las comidas compartidas o simplemente estar juntos dejando pasar el tiempo en un silencio cordial. Laureau también concluyó que los hermanos se pelean más a menudo en las familias con horarios muy apretados. Yankus percibe esta desconexión en muchos hogares de Ridgewood:

—Cuando empieza a nevar y se anulan las actividades, la gente está horrorizada porque de repente tiene que permanecer en casa y relacionarse entre sí. No saben cómo tratarse sin un programa.

Ridgewood no cierra por completo el día de ¡Preparados, Listos, Tranquilos! Algunos habitantes lo consideran estúpido o condescendiente. No se cancelan los encuentros deportivos acordados con zonas vecinas, y la prohibición de deberes no siempre se aplica con toda la fuerza posible, sobre todo en el instituto. Pero es innegable que el gran día se respira otro ambiente en la ciudad, con menos madres dedicadas a trasladar niños de actividad en actividad saltándose semáforos en rojo, el tráfico es menos agobiante. La gente tiende más a pararse y charlar que a intercambiar un leve saludo con la cabeza, señalar el reloj y correr a la siguiente cita. Para muchas familias, «¡Preparados, Listos, Tranquilos!» ha sido una revelación. Más de una tercera parte de los que participaron en 2006 redujo los programas después.

Fijémonos en los Given. Los tres niños estaban inscritos en tantas actividades que apenas tenían tiempo para comer, dormir o hablar. Aunque se sentía agobiada y a menudo se sorprendía corriendo por el supermercado para ganar unos segundos, Jenny, la madre, creía en el fondo que su deber era conseguir que la familia mantuviera un máximo de ocupaciones programadas.

—Quieres que los niños prueben todas las actividades nuevas que aparecen, y temes estarles fallando si no están ocupados a cada segundo —dice—. Quieres lo mejor para ellos, pero en el fondo, aunque no lo reconozcas, tienes la fantasía de que acabarán siendo los mejores en algo, que al inscribirles en una actividad puedes descubrir un genio latente. —Le comunico mi esperanza de que mi hijo sea el próximo Picasso, y ríe—. ¿Ve?, la cosa comienza así, con un pensamiento como ése. Y sin saber cómo, estás inscribiendo a los niños en todas las actividades.

En el hogar de los Given, esto se plasmaba en un aluvión vertiginoso de clases de arte, clases de español, fútbol, lacrosse, softbol, voleibol, baloncesto, béisbol, tenis, *boy scouts* y clubes de lectura. Cada fin de semana, los padres se repartían la tarea de llevar a los niños a las diversas actividades. En casa escaseaban el tiempo y la paciencia. «¡Preparados, Listos, Tranquilos!» fue como una llamada de atención.

La primera noche, los Given prepararon juntos comida mexicana y galletitas con chocolate. Después sacaron el Cadoo, un juego de mesa que nadie había abierto desde Navidad. La velada transcurrió con fluidez entre carcajadas y abrazos.

—Fue una revelación asombrosa para todos —dice Jenny—. ¡Qué descanso no tener que correr a la siguiente actividad de la lista!

Después de la noche de «¡Preparados, Listos, Tranquilos!», los Given redujeron el volumen de actividades y sólo mantuvieron las que apasionaban a los niños. Hoy Kathryn, de dieciséis años, asiste a clases de arte, de español y a un club de lectura. Chris, de catorce, juega en equipos de baloncesto y béisbol, mientras que Rosie, de doce, se concentra en el fútbol, el tenis y el lacrosse. Toda la familia está más relajada, y a los tres niños les va mejor en la escuela desde la disminución de programas. «Juguemos al Cadoo» se ha convertido en la expresión en clave de los Given para decir «estemos un rato juntos sin hacer nada».

—Ahora estamos todos mucho más tranquilos y unidos —dice Jenny—. Cenamos juntos la mayoría de las noches y hablamos más.

Otras familias de Ridgewood cuentan experiencias similares de huida del Infierno de las Superagendas. Una madre reunió por fin el valor para borrar a su hija de trece años, obsesionada con la danza, de un centro donde miraban con malos ojos a quien se saltara una clase, aunque fuera debido a un acontecimiento familiar. Reacción de la hija: «¿Por qué no me borraste antes?» La familia Carson decidió poner un límite de dos o tres actividades extraescolares por niño, no de cinco o seis. Kim, de once años, ahora juega a tenis y voleibol y actúa en un grupo de teatro.

—Es suficiente —dice—. Mi vida es mucho mejor ahora que tengo algo de tiempo para relajarme. Sobre todo es agradable no pasarse el fin de semana en el coche yendo de un lugar a otro.

«¡Preparados, Listos, Tranquilos!» motivó que la familia Tindall cambiara su modo de plantear las vacaciones veraniegas. Como el padre y la madre trabajan, resultan esenciales las actividades organizadas para los dos niños, de nueve y once años. Pero después de varios veranos agotadores de sobrecarga extraescolar, los Tindall adoptaron otra estrategia. Inscribieron a los niños en campamentos que no programan hasta el último movimiento del día y dejaron las noches y los fines de semana abiertos para descansar, ver a amigos y estar con la familia.

A Jeff, de once años, le encanta:

—El verano pasado fue increíble —dice—. Hice un montón de cosas guays y no me aburrí nada, aunque tampoco estaba demasiado ocupado.

El espíritu de «¡Preparados, Listos, Tranquilos!» se ha extendido a otras iniciativas de Ridgewood. Cada miércoles, si el tiempo lo permite, se dejan sueltos en el patio de la escuela de primaria a unos ochenta niños de entre cuatro y siete años. Es el Día de Juegos Libres, y los padres tienen que permanecer sin intervenir. Los niños pueden hacer lo que les venga en gana, y brincan, juegan al escondite y la rayuela, inventan cuentos, lanzan pelotas, cantan y se pelean. El ruido es excitante, el equivalente infantil a sistemas de grabación y reproducción discográficos. Para muchos padres se trata de una experiencia asombrosa.

—Nunca me pasó por la cabeza hacer esto, dejarlos jugar así —dice una madre—. Siempre tienes la sensación de que hay que organizar algo para ellos, pero no es así.

Desde luego, hay algo absurdo —incluso un poco trágico— en tener que programar el tiempo libre, pero teniendo en cuenta en qué mundo vivimos probablemente sea el primer paso para muchas familias. Y no hay duda de que el movimiento «¡Preparados, Listos, Tranquilos!» refleje un cambio de pensamiento más amplio. En Asia, Kim Dae-Jung, ex presidente de Corea del Sur y premio Nobel de la Paz, ha hablado de la necesidad de «liberar a los jóvenes de las actividades extraescolares». Algunas universidades de elite transmiten un mensaje similar. La reforma del impreso de solicitud en el Massachusetts Institute of Technology —menos énfasis en el número de actividades extracurriculares, más en lo que apasiona a los candidatos— ya está dando sus frutos. Marilee Jones calcula que en la clase de primero de 2007-2008 había setenta estudiantes que antes habrían sido rechazados.

—Cada año entran mil alumnos, así que no es una cifra enorme, pero es el principio —me dijo—. Da a entender que el MIT quiere seres humanos, no expedientes.

Harvard también insta a los recién llegados a dejar sus hábitos de programación excesiva en la puerta. En la página web de la universidad, una carta abierta de Harry Lewis, ex decano de la facultad, advierte que sacarán más provecho de su estancia en la universidad, y de la vida misma, si no abarcan tanto y se concentran en lo que realmente les entusiasma: «Es más probable que podáis mantener el intenso esfuerzo necesario para realizar un trabajo de la máxima calidad en un área si os concedéis un poco de tiempo libre, algún esparcimiento, un poco de tiempo para estar solos, y no metéis en vuestra jornada una cantidad de actividades tan grande que os impida pensar por qué estáis haciendo lo que estáis haciendo». Lewis también apunta a la idea de que todo lo que hagan los jóvenes deba tener un resultado cuantificable o contribuir a formar el currículo perfecto. «Podéis tener una vida más equilibrada si participáis en algunas actividades sólo por diversión, en vez de perseguir un papel de liderazgo que sea una credencial distintiva para un empleo después de licenciaros. Las relaciones humanas que establezcáis en el tiempo no organizado con vuestros compañeros de clase y amigos pueden tener mayor influencia en vuestra vida futura que el contenido de algunas de las asignaturas que vais a cursar». El título de la carta parece un desafío directo a la cultura de la hiperprogramación: *Aminorar la marcha: Cómo obtener más de Harvard haciendo menos.*

Familias de todo el mundo atienden a la llamada. Para los Kessler, de Berlín, Alemania, el punto de inflexión se produjo cuando sus dos hijos —Max, de siete años, y Maya, de nueve— empezaron a pelearse sin parar. La madre, Hanna, decidió que su atestada agenda extraescolar —violín, piano, fútbol, tenis, esgrima, voleibol, taekwondo, bádminton y clases particulares de inglés— estaba abriendo una brecha entre ambos.

—Cuando yo era pequeña, tenía mucho tiempo libre para pasar con mis hermanos, y nos llevábamos bien, como todavía es el caso —dice—. Cuando miré nuestra programación familiar me di cuenta de que Max y Maya casi no tenían tiempo para estar juntos como hermano y hermana, porque uno u otra estaba siempre corriendo a alguna actividad.

Decidió reducir el volumen a tres actividades extraescolares por niño. Los hermanos no echan de menos los clubes a los que asistían, y la armonía fraterna parece haberse instituido en el hogar de los Kessler.

—Ahora nos llevamos mejor —dice Maya—. Nos divertimos mucho juntos.

Max pone los ojos en blanco, Maya le fulmina con la mirada, y por un momento parece que van a reemprenderse las hostilidades. Pero después los dos niños se echan a reír. Hanna despliega una sonrisa radiante.

—No quiero volver a estar siempre ocupada —dice.

Angustiados por sus recuerdos de sobrecarga extraescolar, otros padres se resisten al impulso de llevar a sus hijos demasiado pronto a actividades organizadas. David Woo, analista financiero singapurense, todavía está asustado por las clases de piano y violín que le impusieron sus padres. Tenía talento y aprobó los exámenes en ambos instrumentos hasta un nivel muy alto, pero para él la música siempre fue una lata que le impedía jugar con sus amigos o con sus juguetes. El apretado programa de clases, ensayos y conciertos pendía sobre la familia como un nubarrón.

Cuando se fue de casa, Woo no tocó un piano ni un violín durante más de veinte años.

—La música es muy bella, pero yo no sentía alegría por tocarla porque todo estaba demasiado organizado —dice—. Quería evitar que les sucediera lo mismo a mis hijos.

Woo tiene ahora una hija llamada Nancy. Cuando era muy pequeña, Woo le puso mucha música clásica en el equipo de alta fidelidad de casa y la llevó a eventos musicales, pero no la quiso inscribir en ningún curso hasta que la niña mostrara interés. Cuando lo hizo, Woo colocó un piano en la sala de estar y encontró un profesor que ponía el acento en gozar de la música más que en practicar muchas horas para aprobar exámenes lo antes posible. Tres años después, a Nancy, que ahora tiene diez años, le encanta pasar el tiempo libre jugueteando con el teclado, y a la hora del desayuno interpreta para sus padres breves fragmentos de Beethoven. El placer que el piano le produce a la niña ha llevado a Woo a volver a tocar las teclas.

—A Nancy le gusta mucho tocar y practicar, y creo que es porque empezó en el momento adecuado para ella y porque no se le impone en exceso —razona Woo—. También es agradable que nuestra vida como familia no tenga que girar alrededor de su aprendizaje de piano.

¿Y si el hecho de empezar tarde hace de Nancy un prodigio frustrado? A Woo no le preocupa. Sabe que el verdadero genio siempre acaba brillando. Leonard Bernstein, por poner un ejemplo, empezó a tocar el piano a los diez años.

—Si resulta que Nancy es una intérprete dotada, perfecto. Si no, al menos llegará a la edad adulta con una auténtica pasión por tocar y gozar de la música.

Muchas familias que rebajan la carga extraescolar pasan más tiempo comiendo juntas. En una cultura apresurada e hiperprogramada, en la que es corriente cenar a toda prisa, delante del televisor o del ordenador, en la calle o en el coche, la comida familiar a menudo se queda en el camino. Un estudio reciente determinó que los miembros de una quinta parte de las familias británicas nunca comen juntos. Lo irónico es que muchos de los beneficios que prometen las actividades extracurriculares, incluyendo los deberes, pueden obtenerse con el simple acto de compartir la mesa con la familia. Otros estudios efectuados en muchos países demuestran que es más probable que los niños que comen regularmente con la familia tengan un buen rendimiento en la escuela, gocen de una buena salud mental y coman alimentos nutritivos, y es menos probable que mantengan relaciones sexuales antes de la edad adecuada y que tomen drogas y alcohol. Un estudio de Harvard concluyó que las comidas familiares favorecen el desarrollo del lenguaje más aún que la lectura de cuentos en familia.[5] Otra encuesta determinó que el único denominador común entre los vencedores de las competiciones nacionales estadounidenses para conseguir becas de estudios, al margen de la raza o la clase social, eran las cenas en familia habituales.[6] Claro que aquí nos referimos a comidas en las que tanto padres como hijos hacen preguntas, debaten extensamente sobre ideas y cuentan anécdotas en lugar de mirar la televisión y gruñir «pásame la sal».

¿Por qué da tantos frutos una comida familiar adecuada? En lo tocante a la dieta, la respuesta es evidente. Un niño de nueve años probablemente se acabará antes la verdura, o incluso llegará a comerla, delante de sus padres que cenando solo frente al ordenador de su cuarto. Sentarse en torno a la mesa, participando en una conversación, también muestra a los niños que se les quiere y aprecia por lo que son y no por lo que hacen. Aprenden a hablar, escuchar, razonar y comprometerse: todo ello ingredientes esenciales de un coeficiente intelectual alto. Nadie dice que las comidas familiares sean un camino de rosas, desde luego: a veces son un infierno. Reunir a niños cansados, adolescentes hurños y padres estresados en torno a una mesa puede ser la fórmula perfecta para una guerra abierta. Pero enfrentarse a los conflictos también forma parte de la vida.

A pesar de sus inconvenientes, la comida familiar vuelve a gozar de aceptación. Estrenado en 2004, *Fixing Dinner* [Mientras preparamos la cena], programa televisivo que enseña a cocinar y comer juntos por la noche, tiene millones de espectadores en Canadá, Estados Unidos y Australia. Un informe de 2005 del grupo de investigación de consumidores Mintel indicó un aumento del número de familias británicas que cenaban juntas. Muchos estadounidenses lo hacen a raíz de iniciativas con nombres como Poner la Familia en Primer Lugar y Noche Familiar Nacional. Para la familia Bochenski, de Minneapolis, el compromiso de cenar juntos como mínimo cuatro noches por semana fue acompañado de una reducción de las ocupaciones extraescolares. Cada uno de los tres hijos adolescentes dejó una actividad, y ahora duermen más y rinden más en la escuela. Los Bochenski también se llevan mejor como familia.

—Es en la cena cuando reconectamos, sólo con hablar y estar juntos —dice Angela, de quince años—. Es un alivio no estar todo el rato haciendo cosas.

Algunos acusan a las familias como la de los Bochenski de adoptar las cenas comunitarias y los programas más ligeros por motivos erróneos, de crear tiempo de descanso y para la familia no por sí mismo sino porque las investigaciones indican que eso podría mejorar los resultados de los exámenes. Tal vez haya algo de cierto en la acusación. Sin duda algunas familias sólo tratan de aminorar el ritmo porque así lo hacen los demás, pero incluso eso es mejor que una sobredosis extracurricular. Y es frecuente que familias que empiezan eliminando obligaciones por los motivos erróneos terminen eliminándolas por los correctos.

—Fuera cual fuera la motivación original, uno cae muy pronto en la cuenta de que el beneficio más precioso de reducir las obligaciones extraescolares es disfrutar de más tiempo como familia y como individuos —dice Simon Bochenski, el padre de Angela—.

También es muy importante que el padre y la madre tengan tiempo para estar juntos.

La sobrecarga extracurricular puede tener sin duda un efecto muy negativo en los padres. Cuando toda la vida familiar gira en torno a los niños, cuando los padres no tienen tiempo para sí mismos, puede romperse la relación en la que se basa la familia, lo que es negativo para todos. Las quejas de que los niños se entrometen en la vida adulta son tan viejas como el mundo. Cualquiera que haya soportado una comida con padres que sólo tienen ojos y oídos para sus hijos simpatizará con el malhumorado informe de James Boswell sobre una cena del siglo XVIII arruinada por un par de bebés: «Jugaron y balbucearon y no permitieron que se oyera a nadie que no fueran ellos. [...] Langton y su esposa, con una insensibilidad majestuosa, besaban a sus hijos y no prestaban atención a nada salvo a lo que decían».[7] Tales escenas son hoy corrientes. Todos nosotros hemos estado sentados a mesas con bebés y niños de uno o dos años y nos hemos esforzado por intercambiar algo más que unas pocas palabras con los demás padres. Sin embargo, gracias a la rueda extraescolar, los niños secuestran ahora el tiempo adulto hasta mucho después de la primera infancia. En todas partes los padres se quejan de tener que sacrificar el tiempo destinado a la pareja y el que se emplea en ver a sus amigos en el altar de los programas saturados de sus hijos.

Pregúntenselo a Benjamin y Sally Rogers, que dirigen una empresa de *catering* en Brooklyn, Nueva York. En sus primeros años de padres, contrataban a canguros y salían con regularidad, pero dejaron de hacerlo cuando las agendas de los dos niños crecieron demasiado. Una vez por semana se convirtió en una cada dos semanas y después en una al mes. Michael, que ahora tiene doce años, y Jackie, de catorce, estaban apuntados a cuatro o cinco actividades extraescolares cada uno.

—Un día miré mi agenda electrónica y me di cuenta de que Ben y yo no habíamos ido a ninguna parte como pareja desde hacía más de un año —dice Sally—. Aparte de las reuniones entre padres y profesores por las noches, claro, pero eso no cuenta.

Eso hizo mella. Los Rogers empezaron poco a poco a distanciarse y a discutir.

—Vivíamos nuestras vidas a través de los niños, que se estaban convirtiendo en lo único que teníamos en común —dice Benjamin—. Estábamos dejando sin vida a nuestro matrimonio.

Cuando unos amigos en circunstancias similares iniciaron los trámites del divorcio, los Rogers decidieron hacer algo al respecto.

El primer día de las vacaciones escolares de verano, toda la familia se sentó alrededor de la mesa de la cocina y convino en que se habían centrado demasiado en los niños y había llegado el momento de dejar un poco de espacio para los padres. Michael dejó el hockey —«de todos modos tampoco me gustaba tanto, reconoce»— y Jackie se pasó a otro equipo de voleibol que se desplaza menos. Eso liberó bastante tiempo para que los Rogers adultos gozaran al menos de una velada semanal para salir solos. La pareja se lleva mucho mejor ahora.

—Estábamos esforzándonos tanto para darles la mejor infancia posible que estábamos acabando con nuestro matrimonio —explica Sally—. Abandonar algunas actividades no es tan grave si se tiene en cuenta que la alternativa era el divorcio.

Los niños también se alegran del cambio:

—Mamá y papá están de mucho mejor humor, y se ve que son más felices juntos —valora Jackie—. Que la familia esté menos ocupada es perfecto.

Michael está de acuerdo, pero su visión de las alegrías de reducir la carga extraescolar es un poco más egoísta:

—¿Sabe qué es lo mejor de estar menos ocupado? —pregunta mientras sostiene un iPod y se dirige a su habitación—. Que puedes dormir más.

Por supuesto que la reducción no es más que una parte del restablecimiento de la cordura en las horas no lectivas de los niños. Otra consiste en replantearse cómo se dirigen las actividades. En esta época hipercompetitiva, las expectativas desmesuradas lo han convertido todo, desde el piano hasta la cerámica, en una lucha por la supremacía. Una madre me confió recientemente que por la noche se queda tendida en la cama tramando maneras de que su hijo consiga la mayoría de distinciones en su grupo de boy scouts.

Y después están los deportes: la actividad extraescolar más popular de todas, y la que enciende los fuegos competitivos como ninguna.

9

DEPORTES: PÁSALA

«Lo que importa de verdad es el niño y el balón, el balón y el niño.»

CHICO BUARQUE, cantautor

Christophe Fauviau deseaba con todas sus fuerzas que sus hijos triunfaran en el tenis. El ex piloto de helicóptero compró el mejor equipo para su hijo y su hija, contrató a entrenadores particulares y asistía a todos los partidos que disputaban. Cuando ambos ascendieron en el *ranking* de los mejores tenistas jóvenes de Francia, les siguió por el circuito europeo. Al cabo de un tiempo, su dedicación se convirtió en algo más siniestro. Sin que lo supieran sus hijos, Fauviau empezó a echar en las botellas de agua de los rivales Temesta, un ansiolítico que causa somnolencia. Lo hizo durante tres años, en los que como mínimo veinte rivales sufrieron fatiga y problemas de visión. El chanchullo acabó saliendo a la luz después de que una víctima tuviera un accidente de coche mortal cuando volvía a casa tras un partido contra el hijo de Fauviau. En 2006, el siniestro papá de los tenistas fue condenado a ocho años de prisión.

El caso apareció en titulares de todo el mundo, y desencadenó muchas preguntas de fondo en los editoriales. La caída de Fauviau se presentó como un cuento con moraleja, una advertencia para los padres de todas partes sobre los peligros de obsesionarse con los deportes de los hijos.

—Este caso pone un espejo delante del padre moderno que convierte todos los aspectos de la existencia de su hijo en una cuestión de vida o muerte —sentenció un comentarista francés—. Todos corremos el peligro de hacer lo mismo que Fauviau. Tal vez resulte un tanto excesivo, pero es cierto que los adultos se implican más que nunca en los deportes de los hijos, tanto en el plano logístico como en el emotivo. Los deportes organizados para jóvenes surgieron en las escuelas en el siglo XIX y se extendieron después de la segunda guerra mundial. En muchos países, participar en un equipo aficionado local, a menudo entrenado por un padre, se convirtió en un rito de paso para la generación del *baby boom*. Sin embargo, los niños continuaron practicando deportes de modo informal, en buena parte porque tenían mucho tiempo libre. En un campo o en una calle vacíos, pactaban las reglas, elegían los equipos y arbitraban el partido: sin prendas distintivas, sin banquillo para jugadores de reserva, sin libretas para dibujar tácticas, sin adultos que le dijeran a todo el mundo qué había que hacer. Durante gran parte de mi infancia practiqué hockey, fútbol, fútbol americano, baloncesto y tenis sin mayores a la vista. Todo cambió cuando una nueva generación de adultos llevó el mismo ciclo de expectativas sobre el crecimiento al campo del deporte juvenil. Cuando en las escuelas el énfasis pasó de los deportes a los estudios, los equipos de jóvenes se hicieron privados y cayeron en manos de gente como Fauviau.

Y fijémonos en el efecto. En muchos países, los niños practican ahora los deportes como profesionales en miniatura, con ligas organizadas, estadísticas personales, preparadores especializados y mentalidad de ganar a toda costa. Niños que apenas se han quitado los pañales son instruidos en centros deportivos, donde desde los cuatro años viajan por todo el país para enfrentarse a otros niños de cuatro años. Muchos equipos compiten ahora durante todo el año, en temporadas más largas que las de las ligas profesionales. Para poner en forma a sus equipos de niños, los padres buscan entrenadores caros y contratan preparadores personales. Según un sondeo, los padres estadounidenses desembolsan ahora más de 4.000 millones de dólares anuales en preparación deportiva para sus hijos.[1]

No es completamente negativo. Los deportes organizados pueden irles de perlas a los niños, pues los mantienen alejados de las consolas y otras tentaciones, les proporcionan ejercicio y les inculcan valiosas lecciones sobre el trabajo en equipo, la disciplina y los altibajos de las victorias y las derrotas. La preparación privada puede afinar las habilidades de lanzamiento, bloqueo y giro, entre otras. El problema es que muchos entrenadores y padres se pasan de la raya. En el Congreso Internacional de Deporte Juvenil, que se celebra anualmente, ya se debate con regularidad cómo hay que dominar a los padres que han perdido el control.

En todo el mundo hay madres y padres que tratan de intimidar a entrenadores para que alteren la alineación de los equipos, las tácticas y los entrenamientos para adaptarlos a sus hijos. Incluso en los programas deportivos universitarios se reciben llamadas de padres indignados que quieren saber por qué en el equipo de fútbol su hijo juega en el extremo y no en el centro del campo, o por qué su hija todavía no es capitana del equipo de voleibol.

—Cada vez que la secretaria me dice que hay un padre al teléfono, el corazón me da un vuelco —dice un entrenador de una universidad estadounidense—. Ya sé que van a incordiarme porque no me he dado cuenta de que su hijo es el próximo Michael Jordan.

Muchos padres constituyen una amenaza al borde del terreno de juego. Las escuelas se quejan de jornadas deportivas echadas a perder por madres y padres que gritan a sus hijos que corran más en el juego del huevo y la cuchara y en carreras de sacos. En todo el mundo se ve a padres que reprenden a sus hijos por no haber atrapado un balón, no haber bateado o haber errado un pase. Los insultos que oía a veces cuando era árbitro de fútbol en los años ochenta se han transformado en un verdadero coro griego de imprecaciones malhumoradas, o peor aún.

Para llamar la atención sobre el problema, Douglas Abrams, profesor de derecho en la Universidad de Misuri y durante mucho tiempo entrenador de hockey sobre hielo juvenil, envía cada día por correo electrónico un boletín con artículos de periódico que informan de los peores ejemplos de vandalismo adulto en todo el mundo.[2] He aquí una muestra de estas noticias: en Churchdown, un pueblo inglés, llaman a la policía para que acuda a un partido de rugby de menores de dieciséis años cuando más de veinte padres la emprenden a golpes entre ellos después del pitido final; en Carolina del Norte se prohíbe de por vida a una madre asistir a partidos de baloncesto infantil después de que arremeta contra un funcionario y le cause rasguños en la cara y el cuello; un padre apunta con una pistola a un entrenador de fútbol americano en Filadelfia porque cree que su hijo de seis años no juega tiempo suficiente. Tan grande es la amenaza que plantean estos padres excesivamente activos que algunos árbitros de la liga juvenil llevan ahora teléfono móvil en el campo para pedir ayuda en caso de que les ataquen, y otros exigen agentes de seguridad para que les escolten cuando salen del campo. El público ha llegado a tales extremos de violencia en Edimburgo, Escocia, que las ligas de fútbol juvenil ya no encuentran árbitros que se hagan cargo de los partidos.

¿Por qué sucede todo esto? Tal vez porque los deportes bombean los fluidos competitivos con más fuerza si cabe que los estudios y las demás actividades extraescolares. O tal vez porque algunos padres están obsesionados con la necesidad de que sus hijos obtengan becas deportivas para compensar el precio exorbitante de las matrículas universitarias. Sin embargo, un motivo latente es que muchos vivimos ahora a través de las hazañas deportivas de nuestros hijos. Ya no basta con que los niños disfruten haciendo deporte: tienen que ser estrellas que ganen trofeos y aparezcan en los diarios locales. Durante el juicio a Fauviau, el fiscal describió al acusado como «un adulto que convirtió a sus hijos en objeto de sus propias fantasías de éxito». El mismo Fauviau declaró ante el jurado: «Tenía la sensación de que se me juzgaba en todo momento según lo bien que jugaran mis hijos». Diane Wiese-Bjornstal, profesora de psicología deportiva en la Universidad de Minnesota, cree que muchos padres esperan que sus hijos tengan experiencias deportivas perfectas.

—Hay una mentalidad de derechos adquiridos —me dice—. Muchos padres tratan a sus hijos como mercancías e inversiones. Creen que tienen estos derechos básicos: tiempo de juego suficiente, becas importantes y un estatus elevado. Se trata de padres competitivos que viven a través de los niños.

En otras palabras, el deporte infantil y juvenil ya no es cosa de niños y adolescentes. Es cosa de adultos.

Y al igual que en todos los aspectos de la infancia, desde la escuela a los juguetes, cuando lo más importante son los adultos, los niños salen perdiendo. Desesperados por ser la estrella del equipo o por satisfacer las expectativas de sus padres, o ambas cosas a un tiempo, muchos niños arriesgan la salud a fuerza de tomar fármacos para aumentar el rendimiento. Uno de los estudios sobre el tema concluyó que el número de estudiantes de instituto estadounidenses que usaban esteroides anabólicos se había triplicado desde 1993.[3] Se ha sorprendido a niños mayores de once años tomando productos para aumentar su fuerza, velocidad o resistencia. Esa mentalidad que sólo atiende al triunfo también se infiltra en el aula. El estudio más reciente del estadounidense Instituto de Ética Josephson detectó entre los jóvenes deportistas una creciente tendencia a hacer trampas en la escuela. La conclusión fue que en la actualidad «para la mayoría de niños, el deporte promueve las trampas en lugar de censurarlas».

La sobrecarga deportiva, además, causa graves lesiones a cada vez más niños. En las consultas médicas aparecen chicos, incluso de ocho años, con lesiones en los hombros y fracturas debidas al estrés en la espalda. Pensemos en el caso de Budhia Singh, el corredor de maratón más joven del mundo: a los tres años empezó a participar en carreras. Sus gestas aparecían en los titulares de todo el mundo, y protagonizó varios anuncios televisivos. Le llegaron a apodar «el Forrest Gump indio». Pero su precocidad no tardó en hacer mella en su salud. En 2006, los médicos instaron a Singh a dejar de correr cuando descubrieron que estaba desnutrido, anémico y que tenía la presión alta y estrés cardiológico.

Si forzar los estudios demasiado pronto puede ser contraproducente, la práctica excesiva de un solo deporte desde una edad temprana también puede resultar perjudicial. Durante toda su carrera deportiva, Severiano Ballesteros sufrió dolores en la espalda por haber entrenado con demasiada intensidad después de una lesión en su juventud. Sin embargo, los padres oyen declarar a los expertos que son necesarias diez mil horas de entrenamiento para dominar un deporte y piensan que su hijo debe acumular esas horas lo antes posible. Los entrenadores también presionan a favor de una especialización temprana porque eso puede reportar una ventaja competitiva, sobre todo en deportes como la gimnasia y el patinaje sobre hielo. El problema es que, a la larga, a los niños les va mejor elegir cuando han probado varias cosas y han puesto a prueba su cuerpo de diversos modos antes de concentrarse en un solo deporte. La mayoría de científicos deportivos desaconseja la especialización antes de los trece años.

—Reducir la variedad de actividades físicas antes de que se hayan consolidado los fundamentos atléticos puede poner en peligro el desarrollo a largo plazo de un niño y obstruir más adelante su verdadero potencial —dice Tommi Paavola, director de programas de acondicionamiento juvenil en el Instituto de Alto Rendimiento Deportivo de Ramsey, Nueva Jersey—. Demasiado a menudo tratamos de crear jugadores antes que deportistas.

La especialización temprana también echa a perder a los chicos que se destacan tarde. Todos conocemos la lista de niños prodigio, desde Tiger Woods a las hermanas Williams, conducidos a la cumbre de la pirámide deportiva por padres entregados, altruistas e incluso obsesivos. Pero si estos prodigios convertidos en superestrellas han destacado es porque son la excepción a la regla. Por cada Michelle Wie hay centenares de niños deportistas invernados que se queman o pierden su interés por el camino. Y también están los que, como la tenista Jennifer Capriati, llegan a lo más alto sólo para destruirse a sí mismos. Más aún: Woods, el santo patrón de los prodigios deportivos, no fue tan precoz como muchos suponen. Participó en un torneo del PGA Tour norteamericano a los dieciséis años, en tres a los diecisiete y dieciocho, en cuatro a los diecinueve y en tres a los veinte, antes de profesionalizarse a los veintiuno. Su padre, Earl, evitó precipitar su desarrollo:

—Tenía una norma: no forzarle. ¿Por qué hacerle pasar por eso?

La verdad simple y llana es que el talento deportivo precoz no garantiza las proezas futuras. Lo sé por experiencia personal. Empecé a andar pronto: di mis primeros pasos a los ocho meses y a las pocas semanas ya dribblaba con un balón. Mi padre creía haber engendrado al nuevo Pelé, pero no pasé de futbolista mediocre. Lo cierto es que los niños se desarrollan a velocidades distintas, y la pubertad puede cambiarlo todo. El niño torpe al que siempre eligen el último en el patio durante la primaria se transforma en una estrella del fútbol americano en el instituto, y el que era un prodigio del fútbol a los nueve años apenas es capaz de mantenerse al nivel de los demás a los quince. Muchos deportistas famosos han destacado, o han sentido su vocación, mucho después de que las ligas juveniles actuales hayan dejado de reclutar a nuevos talentos. Jack Nicklaus se aventuró por primera vez en un campo de golf en el instituto. Theo Walcott, el niño prodigio del Arsenal, no entró en el fútbol competitivo hasta los once años. Es sabido que a Michael Jordan no le eligieron para el equipo de baloncesto de su instituto; unos años —y unos centímetros y kilos— después, era tal vez el mejor jugador de básquet que haya visto el mundo.

Lena Nyberg, la defensora de los niños en Suecia, topó hace poco con el mismo problema en el caso de su propio hijo. Tras probar con varios deportes, el niño decidió a los doce años concentrarse en el fútbol. El único problema era que en todos los clubes de Estocolmo le dijeron que era demasiado mayor para empezar.

—Si hay que iniciarse en un deporte a los cinco años y estar especializado a los diez, es que la sociedad no tiene ni idea de tratar a los niños —dice Nyberg.

A Bob Bigelow, autor de *Just Let the Kids Play* [Dejad jugar a los niños] y ex jugador de la NBA, le preocupa que se estén perdiendo muchos posibles deportistas debido a nuestra obsesión por calificar a los niños lo antes posible. Bigelow era todavía un torpe larguirucho a los catorce años.

—Hoy no llegaría a ser un jugador de baloncesto profesional porque mis habilidades serían evaluadas y juzgadas insuficientes por padres que creen equivocadamente conocer este deporte —dice—. ¿Cuántas futuras estrellas se pierden en la escuela primaria por culpa de contables, abogados, carniceros, panaderos y fabricantes de candelabros?

Una vez efectuada la selección, es habitual que los adultos conviertan en demasiado competitivo el juego en sí. Varios estudios realizados en deportes de pelota demuestran que la prioridad de los niños es jugar y mantener los equipos igualados. En ligas organizadas, los adultos son más propensos a arreglar los equipos y conceder más tiempo a los mejores jugadores. Para muchos padres, los resultados —igual que las notas de los exámenes en la escuela— llegan a ser más importantes que el juego en sí. No es extraño que algunos entrenadores de jóvenes traten a sus jugadores como si fueran siervos temporales. Uno eliminó hace poco del equipo de voleibol de un instituto neoyorquino a una muchacha por hacer un retiro espiritual en la iglesia. La obsesión con las estadísticas individuales también puede eliminar la diversión del deporte. Sally Cheng, de catorce años, juega al bádminton a nivel competitivo en Pekín, China. Su padre presencia todos los partidos, de vuelta a casa la sermonea sobre los errores que ha cometido y pega sus resultados en la nevera del hogar.

—Si he jugado mal, estoy toda la semana molesta, porque lo veo todas las mañanas a la hora del desayuno, allí en la puerta de la nevera —dice Sally—. Aunque es evidente que no soy una estrella a escala mundial, mi padre está obsesionado con que algún día participe en unos juegos olímpicos.

Igual que con las notas de los exámenes, dar demasiado valor a las estadísticas puede trastocar las prioridades en el deporte. Un entrenador de hockey de Calgary, Canadá, explica que el mejor pasador de su equipo de niños de diez años dejó de repente de pasar en la zona de ataque. Después de que le arrebatara el disco a un compañero para marcar él, el entrenador le preguntó finalmente por qué lo hacía. El niño le respondió que su padre «me da cinco dólares más en la asignación por cada gol que marco».

No significa esto que contar los tantos o llevar estadísticas sea siempre negativo. La competencia puede resultar estimulante para los niños y hacerles mejorar su juego; también puede enseñarles qué significa ganar y qué significa perder. Pero cuando el resultado final es lo único que cuenta, cuando la primera pregunta después del partido es siempre «¿Has ganado?», otras cuestiones quedan apartadas. Un exceso de competencia obliga a los niños a ceñirse a lo que saben hacer y a no mejorar sus puntos débiles. Ahora los calendarios ligueros están tan llenos de partidos de competición que queda poco tiempo para aprender lo básico. Convencidos de que lo que es bueno para los profesionales es bueno para nuestros hijos, los soltamos en campos y pistas de medidas para adultos, donde tocan menos la pelota o el disco y tienen que correr más para impresionarnos.

—¿Qué tienen que ver los hábitos de los deportistas de elite de entre diecinueve y veinticuatro años con la preparación de niños de ocho? —se pregunta Bigelow—. Es como tratar de enseñar álgebra a niños de primaria: tienen que pasar por un montón de niveles de matemáticas antes de estar preparados. Lo mismo ocurre en los deportes. Hay que introducirlos en ellos despacio, tratarlos como niños y no como miniprofesionales.

Al igual que en la clase, la presión constante por ganar, por acumular marcas mundiales, puede obstaculizar la creatividad. En los juegos de niños no existen los errores, sólo distintos modos de intentar cosas, pero cuando los adultos se involucran sí hay un modo correcto y uno incorrecto. Es menos probable que los niños intenten un *dribling* a lo Ronaldo en el campo de fútbol, un pase por detrás de la espalda a lo Sidney Crosby en la pista de hockey sobre patines o un lanzamiento por debajo de la pierna a lo Vince Carter en la pista de baloncesto si hay un entrenador o un padre señalando el marcador y gritando que no se tomen riesgos innecesarios. Buck Showalter, ex entrenador de los New York Yankees, cree que los niños centroamericanos juegan a béisbol con más libertad y estilo que los muy preparados niños estadounidenses. Los cazatalentos perciben la misma tendencia en otros deportes. John Cartwright ha trabajado durante años en el fútbol infantil y juvenil inglés. Ex futbolista profesional, cree que los niños que suben de las categorías inferiores son menos habilidosos porque se les entrena demasiado y pasan poco tiempo simplemente dándole al balón con los amigos.

—Cuando éramos pequeños, no necesitábamos un campo de verdad, ni palos de portería, equipo o gente que nos entrenara —dice—.

Nos quitábamos los abrigos, jugábamos un fútbol caótico con zapatos de ir por la calle y mejorábamos el control del balón y la toma de decisiones. Todos los grandes jugadores conocerán esta experiencia. Stanley Matthews en las calles de Stoke, Pelé en las calles polvorientas de un cruce de vías en Brasil, Maradona en una zona pobre de Buenos Aires. En Gran Bretaña hace tiempo que el fútbol ha desaparecido de las calles. Lo ha sustituido un sistema que, la verdad, no es que funcione demasiado bien.

Claro está que la mayoría de niños no llegará al deporte profesional en la edad adulta. Lo máximo que podemos esperar ofrecerles es una pasión por el deporte que les dure toda la vida. Pero está sucediendo lo contrario. Se han realizado estudios en Estados Unidos que indican que el 70 por ciento de los niños que practican deporte lo abandonan a los trece años, y el porcentaje aumenta antes de los quince. En los sondeos, los niños atribuyen la desaparición de la alegría en los deportes al cansancio, al agotamiento, al ambiente de presión que han creado los entrenadores y los padres.

Incluso los jugadores de elite rinden más cuando se divierten. El punto de partida para el éxito deportivo, para ganar trofeos y conseguir las mejores marcas, para levantar a los espectadores de sus asientos es el sencillo e infantil entusiasmo por el juego. Sólo hay que fijarse en el fútbol brasileño. Aunque la mayoría de estrellas del país se preparan en clubes privados desde una edad temprana, ganar partidos es menos prioritario que aprender a jugar, y muchos niños no empiezan a jugar partidos de once contra once con redes de verdad hasta los doce años. Además, dedican muchas horas a perfeccionar sus habilidades y a practicar trucos en la calle o en la playa, lejos de entrenadores y padres. Parte de esta aventura infantil les acompaña al campo en los partidos reales. Chico Buarque, el cantautor brasileño, sintetizó el poder y la gloria de los niños que juegan sin la rémora de las normas, rutinas y broncas de los adultos: «Lo que importa de verdad es el niño y el balón, el balón y el niño».

Detrás de todo ello está lo más triste. En nuestras prisas por crear pequeñas estrellas del deporte, estamos acabando con el arte de practicar deporte simplemente por afición: si eliminamos la estructura, las estadísticas, el puesto en la clasificación, ya no creemos que valga la pena. No hace mucho, dos equipos de muchachos de diecisiete años llegaron a un campo de Cleveland, Ohio, para disputar un partido de fútbol. Estaban presentes todos los ingredientes necesarios para un encuentro de sábado por la tarde: césped recién cortado, un cielo azul y una pandilla de chicos equipados y deseosos de empezar. El único problema era que los árbitros no aparecían. ¿Qué hicieron los padres? Metieron a los niños en el coche y se largaron.

¿Es posible hacer que los adultos se aparten un poco y devuelvan el deporte a los niños? La respuesta es afirmativa. En todo el mundo, ligas, padres, estrellas del deporte y políticos encuentran maneras de dar la prioridad al niño y al balón. Carl Ripken Jr., leyenda del béisbol estadounidense, encabeza una cruzada para cambiar la cultura del deporte para jóvenes, y le dice a todos cuantos están dispuestos a escucharle que «todos debemos recordar que se trata de niños, no de adultos». Recomienda a los padres que la primera pregunta que se hagan después de los partidos sea: «¿Se lo ha pasado bien mi hijo?» Con un espíritu similar, ligas de jóvenes deportistas de todos los Estados Unidos están estableciendo códigos de conducta y piden a los padres que firmen documentos de compromiso o asistan a talleres sobre comportamiento paterno. Muchas ciudades celebran «sábados silenciosos» y «domingos silenciosos» en los que se prohíbe a padres y entrenadores levantar la voz más allá de un murmullo. En virtud del sistema de «línea de banda» silenciosa australiano, los espectadores de los partidos de rugby infantiles sólo pueden gritar palabras de ánimo. En 2007, un nuevo grupo de presión británico llamado Devolvednos Nuestro Juego lanzó una campaña para reclamar que entrenadores y padres autoritarios dejaran en paz al fútbol infantil.[4] Una de sus propuestas son partidos de cuatro por equipo que arbitren los propios niños. En Lancashire, Inglaterra, muchos niños de menos de doce años ya juegan a fútbol en campos más reducidos sin la regla del fuera de juego. El resultado son menos palabrotas desde las gradas y más tiempo de balón para los niños. Las ligas juveniles también empiezan a enfrentarse al creciente problema del agotamiento. En 2007, la Pequeña Liga Internacional de Béisbol impuso un límite al número de lanzamientos que pueden hacer los niños.

Hasta los padres que se toman más en serio los deportes aprenden a relajarse. Vicente Ramos, abogado de Barcelona, patrullaba la línea de banda siempre que su hijo de once años, Miguel, jugaba a fútbol. Se pasaba la mayor parte del tiempo gritando: «¡Corre al área! ¡Pásala! ¡Marca a ése! ¡Atrás!» Después analizaba el partido en el coche cuando volvían a casa, y puntuaba a su hijo del cero al diez. Un día, Miguel, que es fuerte, rápido y tiene una izquierda fantástica, anunció que quería dejar el fútbol.

—Me quedé de piedra —dice Ramos—. Hubo muchos gritos y discusiones y lágrimas, y por último resultó que de lo que estaba harto era de tenerme siempre detrás.

Ramos optó por tomárselo con más calma. Sigue colocándose al borde del terreno de juego, pero ha reducido los comentarios al mínimo. Cuando vuelven en coche después de los partidos, ya no puntúa la actuación de Miguel, y a veces los dos hablan de asuntos ajenos al fútbol. Ramos se ha dado cuenta, con sorpresa y alivio, de que su humor durante la semana ya no está determinado por la suerte que su hijo haya corrido sobre el terreno de juego. Aún más, Miguel ha recuperado el amor por el fútbol y se considera mejor jugador:

—Ahora sólo pienso en el partido y en lo que haré con el balón, no me preocupo por lo que me padre va a gritar a continuación —me dice—. Es todo un descanso.

Al otro lado del Atlántico, otro padre ha convertido esa misma reflexión en una cruzada pública. Danny Bernstein vive en Scarsdale, Nueva York, un opulento barrio residencial situado a una hora en tren de Manhattan. Muchos de los vecinos tienen trabajos dinámicos y llevan a casa el mismo espíritu de hay-que-triunfar que reina en la oficina. En muchos hogares es prioritario inculcar un ánimo competitivo. El día que llego de visita, una revista local, la *Westchester Family*, anuncia en portada el artículo «Ser padres en la época de la ansiedad».

Bernstein es alto, delgado y aparenta menos años que los cuarenta que tiene. Como muchos deportistas natos, almacena una energía que hace pensar que en cualquier momento podría iniciar un esprint o dar un gran salto. Tiene dos hijos, y en su tiempo libre todavía juega a fútbol y baloncesto como diversión. Pero se dio cuenta de que los niños de Scarsdale ya no practicaban deportes como lo habían hecho él y sus amigos una generación antes. En los patios traseros o en los campos de la escuela se disputan algunos partidos informales, y las redes de las canastas de baloncesto que hay en los caminos de entrada a las casas están como nuevas porque nadie las toca. Muchos niños están inscritos en deportes organizados que dirigen padres celosos. Para restablecer el equilibrio, Bernstein abandonó la dirección de una tienda de ropa familiar y fundó una empresa llamada Backyard Sports (Deportes del Patio Trasero). Su objetivo: recuperar la sencilla magia del niño y el balón.

Bernstein no es tonto: percibe la ironía de que un adulto cree una empresa encaminada a liberar a los niños de los adultos.

—Sé que es una paradoja, pero hemos llegado a un punto en el que tenemos que organizar la libertad de los niños —dice—. Es posible descubrir los valores del juego libre, y que los niños aprendan los unos de los otros, en un entorno supervisado y estructurado. Y tal vez cuando vean lo divertido que es esto, volverán a jugar en el patio trasero.

También entiende que, por mucho que los padres modernos hablen de diversión, exigen mucho más de los deportes juveniles.

—Por desgracia, todavía hay que presentárselo como un medio para un fin —dice Bernstein—. Además de la diversión, tenemos que decirles a los padres que también enseñaremos a sus hijos a tener confianza y trucos con el balón, y que aprenderán tácticas, trabajo en equipo y competitividad. Cosas que pueden ayudarles a tener éxito en el mundo exterior.

A fin de ver qué efecto tiene esta «libertad organizada» me paso por una de las clases prácticas de domingo por la mañana. El campo no es ni por asomo un patio trasero, sino un gimnasio de escuela. Las paredes están revestidas de fotografías de estrellas deportivas: David Beckham, Michelle Kwan, Serena Williams, Brett Favre.

Un cartel colgado al lado de la puerta dice: «¡Si te has divertido, has ganado!» A pesar del deseo de Bernstein de salvar a los niños de las intromisiones paternas, varios papás y mamás se quedan a observar desde un tablado al extremo del gimnasio.

Al inicio de la clase, una docena de niños de siete y ocho años se reúne en el centro de la pista de baloncesto.

—¿Alguien ha jugado alguna vez a pelota en el patio trasero? Ya sabéis, donde estáis solos con vuestros amigos y no hay ningún mayor que os diga lo que tenéis que hacer —pregunta Bernstein, arrodillado en el suelo. Algunos niños asienten con la cabeza, otros parecen desconcertados—. Quiero que imaginéis que este gimnasio es vuestro patio trasero. Vamos a divertirnos.

Parte de la mentalidad de Patio Trasero consiste en resistir la presión de los padres —y de los niños— por disputar escaramuzas competitivas a una edad demasiado temprana. Bernstein, en cambio, se centra en los ejercicios y anima a cada niño aprender a su ritmo. Los niños se van pasando la pelota entre los dedos, por entre las piernas, la botan sin desplazarse. Practican cómo pivotar con un pie mientras sostienen el balón, después driblar y pararse. Bernstein no les hace lanzar a canastas reglamentarias, sino que cuelga aros de hula hoop en un punto bajo de las paredes. Es el tipo de técnica que parece una pérdida de tiempo para un padre que ya imagina a su hijo en una selección de las mejores imágenes de la cadena ESPN, pero es evidente que a los niños les encanta. Se turnan para lanzar ganchos. A un niño le cuesta encestar pero lo intenta una y otra vez hasta que acierta.

—¡Lo has conseguido! —exclama Bernstein. Los demás niños chocan sus manos con él. «Muy bien, tío», dice uno de los mejores jugadores. Los padres permanecen en silencio mientras las risas de los jóvenes llenan el gimnasio.

La sesión culmina con una competición de lanzamientos. Los niños se dividen en dos equipos y tratan de encestar tantos lanzamientos como puedan en los hula hoops que cuelgan de las canastas de verdad. Bernstein suma los tantos de los dos grupos y obtiene un resultado de catorce aciertos. Después reta a los niños a superar el total que han conseguido como «equipo». Esta vez encestan diecisiete, y una docena de vocecitas lo celebran.

Al fin de la sesión, Bernstein pregunta si alguien quiere mostrar lo que ha aprendido. Niños que piden que se les escoja alzan una docena de manos. Cada uno exhibe un movimiento o truco aprendido durante la clase práctica de noventa minutos. Bernstein concede a los niños algún tiempo para que jueguen por su cuenta. Corren por el gimnasio, driblan, lanzan a canasta y se gritan por encima del ruido de una docena de balones que impactan estrepitosamente contra el suelo.

Pero al borde de la zona de juego no todo el mundo está convencido. Un padre me dice que, si bien la idea que hay detrás de Backyard Sports es noble, los padres de Scarsdale son demasiado competitivos para aceptarla.

—Ya pueden decir que los deportes son de los niños, que cuando hay que empujar, cuando lo que está en juego son trofeos o la elección en un equipo, todo eso salta por la ventana. Los padres de aquí se lo toman todo con demasiada intensidad para permitir que los niños jueguen sin interferencias.

Pero otros son más optimistas. Michael Philipps, agente de Bolsa, ha venido con su hija. Es entrenador de fútbol americano infantil, y conoce la presión por hacerles competir antes de que sepan atrapar o lanzar una pelota adecuadamente.

—Esto es muy reconfortante —me dice—. Está claro que los niños se divierten, aprenden y nadie exige una escaramuza que no les va a servir de nada. Sí, he aprendido algunas cosas que voy a incorporar a mis entrenamientos.

Sally Winton está de acuerdo. Su hijo es el niño que ha hecho mejor el lanzamiento de gancho. Al término de la clase, el niño va a su encuentro corriendo, con la cara encendida, a preguntar si se puede quedar a la siguiente sesión.

—Es guay —dice, antes de volver corriendo hacia el caos colectivo. Winton está asombrada.

—Nunca le había visto tan entusiasmado —me cuenta—. Normalmente quiere irse a casa enseguida.

Más de un centenar de familias ya han inscrito a sus hijos, de entre cuatro y catorce años, en Backyard Sports, que sin duda conecta con una tendencia más general. Helyn Goldstein ha pertenecido a la junta de la asociación deportiva local durante los últimos diez años, y es madre de tres niños atléticos de diez, trece y diecisiete años. Percibe el inicio de un cambio en las actitudes de los padres:

—La gente empieza a decir que está harta de viajar, y de la selección, y de tanto qué-niño-es-mejor-el-tuyo-o-el-mío. Está cansada de todo eso, y los padres más jóvenes no tienen ni por asomo tanto tiempo para toda esta locura.

En la zona de Scarsdale ya hay algunas ligas deportivas que retrasan la selección hasta que los niños sean mayores.

Aun así, paladines de la reforma como Bernstein se enfrentan todavía a una difícil batalla. Sus clases prácticas tendrán escasa repercusión hasta que los padres empiecen a dejar a los niños tiempo y espacio suficiente para que jueguen en el patio trasero o en el camino de entrada o el parque, y eso implica un movimiento tectónico en las actitudes de los padres, los programas familiares y el uso de la tecnología. El domingo que visité Scarsdale, el tiempo era fresco y soleado, pero los parques públicos y las pistas de baloncesto estaban vacíos, los niños estaban ocupados en actividades organizadas en otra parte o enclaustrados. El mayor desafío que aguarda a Bernstein puede consistir en convencer a los padres de que anteponer la diversión y el juego libre puede tener a largo plazo el efecto de hacer de sus hijos mejores jugadores.

—El mundo adulto está lleno de competencia, de afán de victoria, de puntuaciones y comparaciones, pero eso no funciona con los niños —sostiene Bernstein—. Va a hacer falta tiempo para convencer a la gente de que cuando los niños se desarrollan de verdad es divirtiéndose con los deportes.

Este principio lo aplicaron los Humbar Valley Sharks, un equipo de hockey juvenil de Toronto, Canadá. Cuando Mike McCarron, abogado y padre, se hizo cargo de él en 2002, decidió romper esquemas. En lugar de seguir la norma del hockey juvenil y dar más tiempo de juego a los mejores, decidió que todos los miembros de los Sharks tendrían la misma cantidad de minutos, fuera cual fuera su nivel. Si se producía una superioridad numérica o un penalti, y era el turno de uno, éste jugaba. Incluso cuando el equipo iba perdiendo por un gol en la tercera parte, McCarron disponía las mismas líneas en el mismo orden. Además, prohibió las estadísticas personales para evitar que todos, niños y padres, se obsesionaran con quién conseguía más tantos o tenía las mejores estadísticas. aunque algunos niños sobresalieron como líderes tanto en la pista como fuera, los Sharks no tenían capitán oficial. El objetivo declarado —que el equipo es lo primero y que divertirse y aprender a jugar son más importantes que ganar— fue una respuesta enérgica y vigorizante a la competitividad extrema que impera en muchos deportes juveniles.

—Para muchos padres, ganar es un fin en sí mismo, pero para los niños ganar sólo cuenta en la medida en que supone poner y alcanzar objetivos —dice McCarron—. La prioridad debería ser jugar y disfrutar del juego, y no estar pendiente del marcador.

El planteamiento dio resultados. Aunque no contaban con los jugadores más grandes ni más rápidos de la zona, los Sharks se fusionaron como equipo con tanta fuerza que su camaradería, su inteligencia posicional y su habilidad para mover el disco como una unidad les valieron los aplausos de muchos padres rivales. Los niños se esmeraban en prepararse durante los entrenamientos, pero también gozaban de libertad para probar un truco o un movimiento nuevo en un partido, o sencillamente para equivocarse, sin miedo a que les ridiculizaran o les sentaran en el banquillo. Thomas Skrlj, que ahora tiene trece años, estuvo dos de defensa de los Sharks, y disfrutó cada minuto:

—La gente no te juzgaba continuamente ni se preocupaba por el resultado, así que podías equivocarte y no sufrir por ello. Cambió por completo mi manera de jugar. Aprendí mucho y mejoré mucho como jugador.

Lo irónico es que, posicionándose contra una competencia excesiva, los Sharks acabaron logrando el tipo de resultado que le encantaría al padre más competitivo en cuanto al hockey infantil. En tres años, sólo perdieron un partido en la temporada regular. Ganaron más de veinte torneos, incluyendo dos campeonatos nacionales consecutivos. No está mal para un equipo para el que ganar era secundario.

¿Se sentirían igual de complacidos los padres con los métodos de McCarron si los Sharks no hubieran obtenido buenos resultados? Es difícil decirlo. Pero está claro que los jugadores rindieron mucho con un régimen que daba prioridad al niño y el disco, el disco y el niño.

Al igual que la mayoría de sus compañeros de equipo, Skrlj ha pasado a jugar en una liga superior, y echa de menos el planteamiento de los Sharks.

—Ahora es diferente. El hockey es más divertido cuando ganar no lo es todo.

Cuando nos paramos a escuchar, ése es el mensaje que nos llega de todas partes. Que competir está bien, pero no si elimina la diversión de los deportes. Que los niños quieren que compartamos sus altibajos deportivos sin asumir el mando. Que los deportes, en su forma más pura, consisten siempre en el niño y el balón.

Como saben todos los que han visto alguna vez a sus hijos persiguiendo una pelota por un campo, es necesaria mucha disciplina para aceptar este mensaje y resistir el impulso de convertirse en un loco gritón al borde del terreno de juego. El problema, claro, es que en la actualidad escasea la disciplina.

10

DISCIPLINA: ¿SÓLO DECIR NO?

«Si tus hijos nunca te han detestado es que nunca has sido padre.»

BETTE DAVIS, actriz

Poco después de volver de los campos deportivos de Scarsdale, me encuentro cara a cara con otro tipo de preocupación en cuanto a los niños. El escenario es un centro social en un adinerado rincón de Londres. En las paredes hay carteles sobre vacunas y cursos de arte para niños. Una antigua máquina de café borbotea adormecida en una esquina. Seis madres de entre treinta y cincuenta años han venido a presenciar un taller educativo. Todas trabajan y la mayoría tiene experiencia en explicar a otros qué hacer en el lugar de trabajo. El tema de esta tarde es cómo decir no a tu hijo.

A la manera de una reunión de Alcohólicos Anónimos, las mujeres van comentando sucesivamente contratiempos recientes.

—El otro día dejé a mi hijo que se llevara el Game Boy a la escuela a pesar de que no quería que lo hiciera —dice la primera madre—. No podía enfrentarme a una pelea por eso en la puerta de la escuela delante de todos los demás.

Las otras asienten con la cabeza, y se percibe una mezcla de solidaridad y comprensión. Otra mujer, ésta embarazada, aporta más información:

—Mi marido y yo casi hemos renunciado a acostar a nuestro hijo de cinco años por la noche. Se queda dormido en el piso de abajo con nosotros mucho después de la hora en que habríamos querido quitárnoslo de encima.

Bienvenidos a la paradoja central de la infancia moderna. Por un lado, muchos de nosotros organizamos, impulsamos, pulimos y protegemos a nuestros niños hasta el límite de nuestro presupuesto y capacidad. Y cuando se trata de imponer disciplina, de marcar límites, de decir no a este capricho o a ese deseo, nos tiemblan las piernas.

June Walker ha presenciado este cambio en la última generación en su consulta de terapia familiar de Sidney, Australia:

—Ahora veo muchos casos en que padres con una buena formación y profesiones liberales no saben decir no a sus hijos, y se ve a niños de siete años que en buena medida llevan el mando del hogar.

Como todas las demás preocupaciones sobre el estado de los niños modernos, esta queja no es nueva. A generaciones anteriores también les preocupaba que se permitiera a los niños hacer lo que les diera la santa gana. «Nuestro mundo ha degenerado últimamente. [...] Los niños ya no obedecen a sus padres, y es evidente que se aproxima el fin del mundo»: así rezaba una inscripción en una tabla de arcilla asiria de 2800 a. C. En la tercera década del siglo XVI, Conrad Sam publicó un lamento similar en Ulm, Alemania: «Hoy se cría mal a los niños. Los padres no sólo les permiten todos los deseos egoístas, sino que incluso los fomentan».[1] Los expertos en educación infantil se pasaron gran parte del siglo XX advirtiendo que los padres estaban perdiendo fuerza.

En la última generación la profecía se ha hecho realidad. Los consultorios de la prensa de todo el mundo están llenos de cartas de lectores incapaces o poco dispuestos a imponer disciplina a sus hijos. Las parrillas televisivas están atiborradas de programas como *Nanny 911* que muestran a niños mimados y descontrolados que aterrorizan a sus padres. Por primera vez en la historia de la humanidad, parece una realidad que los niños tengan la sartén por el mango en muchos hogares.

¿Significa esto que el comportamiento de los niños es peor hoy que en el pasado? Cuesta decirlo, pero hay indicios preocupantes. Un estudio general determinó que hay el doble de probabilidades de que los británicos de quince años mientan, roben o desobedezcan que en 1974.[2] En un informe de la empresa Public Agenda de 2004, casi el 80 por ciento de los profesores norteamericanos dijo que los estudiantes les había advertido que sus padres podían denunciarlos si les trataban con excesiva severidad o vulneraban sus derechos. En 2006, Kidscape, una organización de beneficencia británica, acusó a los padres permisivos de haber creado un nuevo azote en los patios de recreo: el acoso de clase media.

—Vienen de hogares donde se les permite todo, hasta el punto de que en la escuela se comportan como pequeños dioses que creen que todo gira a su alrededor y que los otros niños tendrían que sentir el mismo respeto reverencial por ellos que sus familias —dice Michelle Elliott, la directora de la organización benéfica—. Esperan que todos los profesores y los demás niños les rindan pleitesía. Si no es así, empiezan a intimidar a sus compañeros.

En los años ochenta del siglo pasado, en Japón, entró en la lengua corriente una palabra para designar el acoso (*bullying*): *ijime*.

¿Cómo se ha llegado a esto? Un factor es el hábito moderno de poner a los hijos en un pedestal. La primera regla parece consistir en decirles, tan a menudo como sea posible, que son perfectos. Nos deshacemos en elogios: «Eres tan listo... Eres precioso. Eres maravilloso. Serás lo que quieras». En el jardín de infancia los niños cantan «Frère Jacques» con la letra cambiada a «Soy especial. Soy especial. Mírame. Mírame». Todos los garabatos acaban en la puerta de la nevera, todos los trofeos deportivos, en la repisa de la chimenea, todos los logros escolares, en la carta navideña. Pensemos en la tendencia a celebrar las nimiedades de las vidas de los niños en complejos álbumes de recortes, o a contratar profesionales para que filmen y monten vídeos familiares. El objetivo es crear un retrato perfecto de la infancia, un resplandeciente y aerográfico homenaje con todos los detalles imperfectos o turbios eliminados.

Como padre, puedo comprender este impulso. Todos queremos recordar lo bueno. Y todos queremos que nuestros niños sean felices y tengan un buen concepto de sí mismos. Muchos de nosotros hemos asimilado la idea de que una autoestima elevada es el trampolín para el éxito: que si un niño se considera una estrella, lo acabará siendo.

Pero ¿es realmente cierto? Un reciente examen de 15.000 expedientes escolares concluyó que una autoestima elevada no mejora siempre las notas ni las perspectivas laborales, ni reduce el consumo de alcohol ni pone freno al comportamiento violento.[3] Sin duda, la confianza es un punto a favor, pero los niños que reciben demasiados elogios pueden acabar más preocupados por mantener su imagen y más inclinados a menoscabar a sus compañeros a tal efecto, y es probable que busquen por encima de todo la aprobación de padres y maestros. En vez de permitir que las cosas sucedan, esperan con ansiedad que el mundo se adapte a su visión de cómo debería ser. Cuando todo lo que haces recibe elogios desmesurados, ya puedes empezar a creerte especial: que en tu vida no hay reveses, que todo el mundo te aprecia, que eres tan único y fabuloso que el mundo te lo debe todo. Este narcisismo puede ser de utilidad en el programa televisivo *American Idol* —aunque incluso ahí puede resultar contraproducente—, pero no sirve para nada en el mundo real. Los directores de recursos humanos se quejan de que muchos recién licenciados tienen dificultades para llegar puntuales y ser respetuosos con los demás o trabajar en equipo. Esperan grandes recompensas sin realizar ningún esfuerzo para merecerlas, y pasan a otra cosa si la que les ocupa no les hace sentir a gusto. Esto tal vez esté bien en coyunturas económicas positivas, pero ¿qué sucede cuando hay una crisis?

Un creciente conjunto de pruebas indica que colocar a un niño sobre un pedestal hace que le cueste más asumir riesgos, experimentar, perseverar en una tarea difícil y aprender de los errores, porque todo cuanto huela a fracaso decepcionaría a todos y por consiguiente empañaría sus credenciales de niño perfecto. En 2006, Monta Vista, un competitivo instituto californiano, empezó a publicar un boletín mensual en el que los alumnos aireaban sus sentimientos anónimamente. Es revelador que el tema del primer número fuera «Ansiedad y miedo». Muchos de los textos enviados señalaron el efecto paralizante de que siempre le dijeran a uno que era perfecto y que se iba a comer el mundo. He aquí un lamento característico de un alumno: «Me da miedo fracasar. La gente siempre me ha dicho que en este mundo haré lo que quiera y conseguiré todo lo que desee. Esta idea, aunque sea maravillosa, me aterroriza. Mi hermano es una de esas personas que tienen todo el "potencial" del mundo, pero no lo usa. Creo que es porque piensa que es mejor fingir que le trae sin cuidado todo antes que intentar algo y tal vez fracasar. Esto se me ha contagiado, a mí y a mi actitud. Siempre me encuentro dudando de mis capacidades, y tiro la toalla antes de que sea demasiado duro porque me da miedo cómo pueda reaccionar la gente si no estoy a la altura de sus expectativas. No quiero quedar mal con un fracaso. [...] Estoy descubriendo que conforme sigo metido en esta, por así decir, espiral descendente, cada vez es más fácil dejarse ir y abandonar. Tengo miedo de acabar por abandonar todo intento y tener un fracaso estrepitoso». Y otro alumno: «Seguro que estaréis de acuerdo con que nadie quiere fracasar. Pero ¿y si este tipo de miedo pasara a un nivel por completo nuevo? Al punto donde tienes demasiado miedo incluso para intentar algo porque es posible que fracases y decepciones a todo el mundo que quiere que seas más. [...] Tal vez si aflojo el ritmo pueda utilizarlo como excusa para mi fracaso».

La investigación indica con claridad que elogiar a un niño sólo por su capacidad («Eres muy inteligente») puede resultar negativo a largo plazo. Cuando las cosas se pongan difíciles, es más probable que abandone, con la convicción de que su talento ha llegado al límite y no puede llevarle más allá. Pero un niño que haya recibido elogios por su esfuerzo («Qué bien que lo intentes tanto») cuenta con una variable a la que recurrir a la hora de la verdad: puede perseverar.

Otro inconveniente de poner a un niño en un pedestal es que resulta mucho más difícil decirle que no. Si nuestro niño prodigio es un dechado de virtudes y de talento, si su felicidad es de primordial importancia, ¿cuándo le vamos a dejar que se las arregle por su cuenta?

Tampoco ayuda que nuestra cultura de Peter Pan haya socavado la misma idea de autoridad adulta. Hacerse mayor —y por extensión crecer— ahora da muy mal rollo. Conforme las familias se han vuelto menos autoritarias y el conjunto de la cultura más indulgente, imponer límites a los niños se ha convertido en anatema para madres y padres enrollados que mantienen el contacto con su niño interior. Como miembro de la generación que quiere vivir-y-dejar-vivir, me molesta un poco escribir una palabra como *disciplina*. ¿Qué significa? ¿Cuándo es necesaria? ¿Qué pasa con la libertad y la diversión?

Incluso cuando más deseamos la obediencia de nuestros hijos, hay cosas que nos impiden sacar el látigo. Tal vez estemos demasiado cansados debido al ajetreo de nuestras vidas para encontrar la energía necesaria. Yo lo veo en mi propia familia. La hora de ir a la cama en mi hogar es a menudo una tarea de Sísifo. Mi mujer y yo empezamos anunciando, con un tono de súplica en las voces: «Es hora de apagar las luces y meterse en la cama». Los niños gritan desde lo alto de las escaleras: «¡Diez minutos más!» Suspiramos y respondemos: «Muy bien, diez minutos más». A los diez minutos empieza de nuevo el ciclo completo.

Muchos preferimos dejar pasar algunas cosas a los hijos porque nos sentimos culpables por no pasar suficiente tiempo con ellos, por la presión a que les sometemos para que tengan éxito, por la gran cantidad de fisgoneos y controles que tienen que soportar en tantos ámbitos de sus vidas.

Por añadidura, queremos crear con ellos una relación más próxima que la que tuvimos con nuestros padres. Queremos que la vida familiar sea agradable y armónica, y nada estropea tanto un momento Kodak que un padre que diga: «No, no puedes hacer esto» o «Estás castigado».

—Utilizamos a los niños como el Prozac —dice Dan Kindlon, psicólogo infantil de la Universidad de Harvard y autor de *Too Much of a Good Thing: Raising Children of Character in an Indulgent Age* [Demasiado de lo bueno: La educación de niños con carácter en una época de indulgencia]—. La gente no siempre está encantada con su cónyuge o el trabajo, pero los niños proporcionan el momento luminoso del día. La gente no quiere estropear ese momento único provocando berrinches de los niños, no quiere herirles:

218

quiere que los niños le proporcionen satisfacción. Son preciosos para nosotros, tal vez más que para cualquier generación anterior. Lo que se pierde por el camino son los límites. Es mucho más fácil recoger la toalla que han dejado en el suelo que obligarles a apartarse de la PlayStation para que la recojan ellos.

—El problema no es que no amemos bastante a nuestros hijos, sino que los amamos demasiado —abunda Rod Parsons, autor de *Teenagers: What Every Parent Has to Know* [Adolescentes: Lo que todo padre debe saber]—. Lo queremos todo para ellos: profesores particulares, vacaciones, las botas de esquí hechas a medida que no rocen los pies. Vemos que algunos padres, en lugar de decir «Si quieres salir por la noche, consigue un trabajo de sábado», dan el dinero... y después incluso les preguntan a sus adolescentes si pueden salir con ellos. Tal vez parezca enrollado, pero no es bueno. Como padres, hay que estar dispuestos a entrar en la lista de impopularidad.[4]

Esa renuncia a ejercer la autoridad también se refleja fuera de la familia. La idea de que los adultos participen en la protección y formación de todos los niños en el seno de la comunidad —según un proverbio africano, «hace falta una aldea para educar a un niño»— parece ajena a nuestro tiempo.

En nuestra cultura egoísta, cada padre va por su cuenta. Nos abstenemos de regañar al hijo de otro por lanzar la basura o grabar sus iniciales en la marquesina de una parada de autobús porque podría increparnos o sacar un cuchillo. O sus padres podrían emprenderla con nosotros.

El nuevo equilibrio de poder entre niños y adultos no es totalmente negativo. La eliminación del autoritarismo de la vida familiar ha acercado a padres e hijos de modo maravilloso. También ha liberado a los adultos de los estereotipos acartonados de otros tiempos. Hay que congratularse de ello. Pero el péndulo ha oscilado demasiado. Los niños sólo pueden ser niños cuando los adultos son adultos. Eso no equivale a pedir el retorno de la matriarca victoriana ni del padre dictatorial de los años cincuenta; sólo significa ejercer la autoridad adulta de vez en cuando.

Lo primero que hay que recordar es que casi todos los expertos en niños están de acuerdo en que a los jóvenes les convienen normas y límites.

—Los niños necesitan límites en su comportamiento porque se sienten mejor y más seguros cuando viven dentro de una cierta estructura —dice Laurence Steinberg, profesor de psicología en la Universidad de Temple y autor de *Principios básicos para educar bien*—. A los adultos no nos gusta que otros nos digan qué podemos y qué no podemos hacer. Los niños no reaccionan así.

Chocar contra los límites descubre a un niño sus propios puntos fuertes y débiles y lo prepara para vivir en un mundo construido con normas y concesiones. Sin fronteras, los niños no aprenden nunca a enfrentarse a las decepciones ni a retrasar las satisfacciones.

Pero se respiran aires de cambio. Se está recuperando la disciplina. Libros como *Silver Spoon Kids* [Niños ricos] y *No —Why Kids of All Ages Need to Hear It and Ways Parents Can Say It* [No: Por qué los niños de todas las edades necesitan oírlo y cómo los padres pueden decirlo] salen de las imprentas de todo el mundo. Un creciente popurrí de programas televisivos, talleres y sitios web ofrece asesoramiento sobre el modo de decir no. La disciplina está tan integrada en el fenómeno *Supernanny* que su protagonista, Jo Frost, se reúne con la familia de la semana vestida como una severa matrona.

Muchos padres están haciendo caso del consejo. Por lo general, eso implica pasar menos tiempo esforzándose por ser el mejor amigo de los hijos y más imponiendo la ley. Incluso Madonna, la santa patrona del mal comportamiento, se jacta de poner límites a sus hijos. En un número reciente de *Harpers & Queen*, se presenta como partidaria de la disciplina que aplica normas estrictas en lo tocante a tareas domésticas, deberes y mantenimiento del orden en las habitaciones.

—A mi hija le cuesta recoger las cosas de su habitación, así que si deja la ropa en el suelo, ha desaparecido cuando llega a casa —declaraba—. Lola tiene que recuperar toda la ropa a base de ser ordenada, de hacerse la cama, de colgar la colada.

Se está produciendo una campaña similar en los hogares no famosos. Los Marshall decidieron que había llegado el momento de empezar a decir no cuando su hijo de doce años, Dylan, respondió a una llamada de teléfono móvil durante un funeral familiar en Cleveland, Ohio.

—Habíamos renunciado a tratar de impedirle que usara el móvil en todo momento, pero cuando le vi cotorreando con un amigo durante el servicio, salté —cuenta su madre, Kathy, que es enfermera—. Pensé: «Esto ha ido demasiado lejos y tenemos que empezar ya a trazar alguna línea».

Ella y su esposo redactaron un conjunto de normas para Dylan: apagar el móvil, la televisión y el ordenador cuando se le ordenara, sacar la basura una vez a la semana y poner toda la ropa sucia en la cesta de la colada en lugar de ir arrojándola al suelo por toda la casa. Si no quería colaborar, sus padres no le pagaban la factura del teléfono móvil. Dylan refunfuñó y se quejó de que aquello era injusto, pero al cabo de unas pocas semanas las cosas volvieron a la normalidad. Ahora Dylan observa las normas, y la familia se lleva mucho mejor que antes.

—Tenemos altibajos y discutimos, pero así es la vida, ¿no? —dice Kathy—. Me siento mucho mejor ahora que no hago siempre lo imposible para complacer a Dylan.

En Edimburgo, Escocia, la familia Clapton experimentó un cambio similar con Alice y Morag, gemelas de siete años:

—No cabía duda de que llevaban la batuta —dice Maggie, la madre. Ella y su esposo, que trabajan mucho, evitaban las discusiones que pudieran estropear el tiempo que la familia pasaba junta—. Lo reconozco: nos plegábamos, optábamos por lo fácil, nos acobardábamos, porque queríamos armonía.

Aunque ambos estaban avergonzados por eludir la cuestión de la disciplina, y a pesar de los comentarios adversos de los abuelos, gozaban con la ausencia de enfrentamientos familiares. La llamada de atención se produjo cuando el director de la escuela primaria de Alice y Morag se quejó de que las niñas se portaban mal con los profesores y maltrataban a los otros niños.

—Quedé consternada —dice Maggie—. Empecé a tener visiones de las niñas convirtiéndose en aquellos niños mimados de *Supernanny*.

Los Clapton decidieron cambiar de táctica. Dejaron de ceder ante todos los deseos de las gemelas, y ahora se esfuerzan en decir no varias veces al día. Las niñas ya no tienen permiso para ver la televisión cuando les plazca, y tienen que limpiar y ordenar la habitación antes de irse a dormir. Tampoco pueden decidir todas las excursiones de la familia. Tres meses después, las dos niñas se portan mejor en la escuela, y los padres han recuperado el respeto por sí mismos.

—Lo llamamos el «Poder del No» —bromea Maggie—. Cuando estás educando a niños en una sociedad de la gratificación instantánea, la lección más valiosa que les puedes inculcar es la contención y el respeto por los demás, y la única manera de hacerlo es que los niños sean niños y los adultos, adultos.

Como todos los demás aspectos de la educación infantil, la disciplina no consiste en una sola receta válida para todos. El principio de que los niños necesitan límites es universal, pero dónde y cómo una familia decida trazar las líneas variará, porque todos los niños y todos los padres son distintos. Pero hay algunas pautas. La primera es olvidarse de la aspiración a impartir justicia y disciplina de un modo siempre coherente. Los errores y las pequeñas contradicciones son inevitables, y no causarán ningún daño irreparable a sus hijos.

La mayoría de expertos recomienda que, al imponer disciplina a los niños, siempre hay que explicar las razones. Pero eso no significa que, a veces, aplicar la ley con un cortante «¡Porque lo digo yo!» sea el fin del mundo. Tampoco es ninguna catástrofe perder los nervios de vez en cuando. Los gurús de padres que afirman que siempre se debe mantener la serenidad y la calma en el trato con los niños viven en otro planeta. Los padres somos humanos, y eso significa que también saltamos. Y en cualquier caso, ver que mamá o papá se desahogan enseña a los niños que las otras personas tienen sentimientos y límites.

Análogamente, también debemos resistirnos a la tentación de

abrir el botiquín a cada indicio de rebeldía. El uso de fármacos para controlar a los niños no es nuevo. En la Gran Bretaña del siglo XVIII, los padres calmaban a los niños revoltosos con soluciones de opio llamadas Ayuda de Mamá, Tranquilidad del Niño y Jarabe Relajante. En 1799, un médico británico advirtió que miles de bebés morían a manos de enfermeras que no paraban de «verterles por la garganta Cordial Godfrey, que es un fuerte opiáceo y, por último, un veneno fatal. Aducían que calmaba al niño, y sí, a muchos los calmaba para siempre».

Hoy los jarabes relajantes están concebidos para ayudar a niños de todas las edades a estar sentados y concentrarse. En Estados Unidos, del orden de un 10 por ciento de niños de doce años toman ahora Ritalin o algún otro fármaco para combatir el síndrome de déficit de atención e hiperactividad.[5] En la última década, estas prescripciones se han multiplicado por diez en Gran Bretaña. En todo el mundo, el uso de fármacos para el déficit de atención y la hiperactividad, como Ritalin, Attenta y Focalin, se ha triplicado desde principios de los noventa.[6]

¿Por qué este aumento repentino en la hiperactividad? Muchos médicos creen que el déficit de atención y la hiperactividad son una afección genético-neurológica que siempre ha afectado a entre el 3 y el 5 por ciento de la población, y que lo único que sucede es que hoy sabemos cómo detectarla. Puede hallarse una descripción temprana de los síntomas en «La historia del inquieto Philip», un poema que Heinrich Hoffman escribió en 1845:

> No *quiere estar sentado;*
> *Se retuerce y ríe tontamente* [...]
> *Ved al niño agitado y travieso,*
> *Cada vez más tosco y salvaje.*

Muchos niños creen que fármacos como Ritalin les ayudan a llevar vidas más normales. Pero hay una opinión contraria. Los escépticos ponen en tela de juicio que el déficit de atención y la hiperactividad sean de verdad una afección neurológica y que haya que utilizar fármacos para tratar los síntomas asociados a ella. Muchos médicos han logrado curar la hiperactividad con terapia y clases para los padres, o modificando la dieta y los hábitos de ejercicio del niño.

Sea como sea, la opinión general es que a muchos niños se les diagnostica déficit de atención e hiperactividad por motivos equivocados, que forman parte de un cambio cultural más amplio: en la actualidad, antes que cambiar el entorno donde vivimos, preferimos alterar nuestros cerebros para que se adapten al entorno. Se tiende a considerar que la timidez, la ira, la tristeza y otras emociones o rasgos «indeseables» no son una parte natural de la condición humana sino enfermedades, síntomas de desequilibrio en la química del cerebro, problemas que hay que arreglar con fármacos. Esto se aplica especialmente a los niños, porque las expectativas demasiado elevadas han hecho mermar la definición de lo que es normal y aceptable. ¿Cómo si no explicar que los padres lleven a sus niños de uno y dos años a psicoterapeutas para que les «curen» rabietas?

—No estamos preparados para vivir con la variación como hacíamos en el pasado —dice el profesor David Healy, director del Departamento de Medicina Psicológica del Norte de Gales—. Queremos que los niños se ajusten a ideales a menudo basados en inseguridades y ambiciones de los padres.

Tal vez ello explique por qué el Ritalin está tan extendido en las escuelas muy exigentes. Tranquilizar a los alumnos rebeldes puede parecer una opción atractiva a profesores con grandes clases a su cargo y ansiosos por mejorar las notas de los exámenes. Los médicos informan de una presión creciente de los padres para que sus hijos tomen medicamentos que les ayuden a portarse mejor o rendir más. Según algunos, el déficit de atención y la hiperactividad pueden ser una razón médica para los niños que rinden por debajo de su capacidad: «No es culpa suya (ni nuestra) que no le vaya bien en la escuela; es un desequilibrio neuroquímico». Y hay otras ventajas en achacar a un cerebro defectuoso la tendencia a despistarse y a dar guerra en el fondo de la clase. En algunos países, las escuelas reciben fondos adicionales por cada niño al que se le diagnostica déficit de atención e hiperactividad, y los niños aquejados reciben clases particulares gratuitas y tienen derecho a gozar de algunas facilidades en los exámenes. Ritalin también ha logrado fama de droga «inteligente», y muchos estudiantes de instituto y universitarios lo usan para mantener la concentración cuando se pasan la noche en blanco estudiando.

Es fácil entender por qué resulta atractivo el botiquín médico. ¿Qué padre no ha fantaseado con inventar una píldora que agilite los preparativos de primera hora de la mañana o un comprimido que haga dormir doce horas seguidas a partir de su ingestión? Yo sí lo he hecho. El peligro es que ahora estamos jugando a la ruleta rusa con las mentes de los niños. Algunas investigaciones indican que el Ritalin disminuye la creatividad, la espontaneidad y la capacidad de asumir riesgos calculados. Y están por ver los posibles efectos secundarios de fármacos que juguetean con la química del cerebro. Algunos niños ya han sufrido alucinaciones e incluso infartos después de tomar Ritalin. Otro temor es que administrar fármacos para el cerebro a niños pequeños pudiera ser un primer paso hacia la adicción posterior. Courtney Love y Kurt Cobain tomaron Ritalin de niños, y ambos hablaron de llevar la mentalidad de la «píldora feliz» a la edad adulta.[7]

—Si de pequeña tomas el fármaco que te hace sentir esa sensación, ¿a qué vas a recurrir de adulto? —le dijo Love a un entrevistadora—. De pequeña era eufórizante... ¿no vas a conservar ese recuerdo?

Algunos padres cuyos hijos siguen tomando fármacos que alteran el comportamiento acaban llegando a la conclusión de que el precio es demasiado alto. Es lo que le ocurrió a la familia Shaw de Londres. A su hijo Richard le diagnosticaron déficit de atención e hiperactividad, y le dieron Concerta después de que cumpliera doce años. El fármaco le curó la hiperactividad, pero también le dejó sin apetito y con insomnio. Richard pasó de ser un manojo de energía a pasarse tardes enteras jugando a la consola en un estado casi catatónico. Victoria, su madre, estaba horrorizada:

—De repente teníamos a ese niño que se portaba la mar de bien, que hacía todo lo que le mandábamos, pero era como si le hubieran sometido a una lobotomía. Le mirabas a los ojos y tenías la sensación de que le habían quitado el alma.

Victoria suprimió el Concerta de Richard y pasó a administrarle comprimidos de aceite de pescado con omega 3. El chico aún tiene momentos de sobreexcitación, pero en gran medida la hiperactividad está controlada.

—Lo peor ya ha pasado, pero como ya no es un zombi se rebela y hay conflictos —dice Victoria—. Pero en eso consiste la vida de familia normal, ¿no? —Aún más importante, su hijo vuelve a ser él mismo—: Hemos recuperado a nuestro niño.

—Discuto con mamá y papá sobre lo que me dejan hacer —conviene Richard—, pero no pasa nada. Al menos ahora me siento yo mismo.

Tal vez la lección más amplia es que no hay una fórmula mágica para mantener a los niños controlados, ni hace falta que la haya. Sólo hay que pensarlo un momento: ¿hay algo más espeluznante que un niño que se comporte de modo impecable en todo momento? ¿O una familia que nunca se pelee? Rebelarse contra la autoridad forma parte del crecimiento —todos lo sabemos instintivamente—, y el conflicto es un rasgo de la vida familiar. Tal vez no resulte agradable que los niños estén enfurruñados, den portazos o digan entre dientes «Te odio», pero eso es parte del trato paternofilial.

Cuando se acepta que los niños necesitan límites, el siguiente paso es decidir dónde se sitúan esos límites, encontrar el equilibrio entre disciplina e indulgencia que más se adapte a nuestra familia. Una advertencia que hay que tener en cuenta es que, en cuestión de ejercer la autoridad adulta, no hay atajos. El buen comportamiento, igual que los resultados de los exámenes o los trofeos deportivos, no debería ser un fin en sí mismo. A veces necesitamos profundizar más. Eso implica hacer el esfuerzo de averiguar por qué un niño se porta mal —¿está triste o preocupado o asustado?— y no limitarse a mandarlo solo a un rincón o darle un comprimido. Y sólo lo conseguiremos si pasamos menos tiempo dirigiendo a nuestros hijos y más hablándoles y escuchándoles.

El problema, desde luego, es que la tarea lenta, complicada y poco elegante de construir relaciones choca frontalmente con la cultura del consumismo y la satisfacción instantánea.

11

CONSUMISMO: PETICIONES INSISTENTES Y CAJEROS AUTOMÁTICOS QUE ANDAN Y HABLAN

«Quien muere con más juguetes gana.»

Adhesivo de coche

Es sábado por la tarde, y el mayor centro comercial de mi rincón de Londres está abarrotado de compradores. Muchos parecen gozar con el «¡Fantástico Día Fuera!» que promete el folleto. Las parejas se pasean del brazo, toman café. Unas jovencitas están sentadas en bancos, cuchicheando y riéndose tontamente, con gran cantidad de bolsas de la compra a sus pies. Parece un cuadro vivo de dicha consumista, hasta que uno se percata de que en el seno de las familias hay una guerra abierta.

Entre las plantas en macetas complicadas y fuentes de jardín, muchos padres están librando una ofensiva de retaguardia contra las peticiones insistentes. Un niño arrastra a una madre desesperada hacia una tienda para ver la última consola de la PlayStation. A una niña le da una pataleta cuando papá se niega a comprarle un brazalete en el puesto de joyería. Una elegante mujer está enzarzada en una riña ante una juguetería. Su hijo, que aparenta unos seis años, la arrastra hacia un escaparate de muñecos Bionicles. Su boca adopta una forma que indica que se aproxima al límite de su aguante.

—Basta de pedir cosas —dice entre dientes—. Ya tienes un montón de regalos para tu cumpleaños.

—Pero también quiero un Bionicle —gime el niño.

Es una situación que conocen casi todos los padres del mundo, pero hoy espero evitarla. Mi hija de cinco años y yo hemos venido a comprar leotardos, así que no hay necesidad de acercarse a un escaparate de juguetes. Pero en cuanto entramos en la tienda de ropa infantil, empieza la batalla. De los altavoces sale «Jingle Bells», que desencadena una reacción pavloviana.

—Es un villancico... pronto llegarán los regalos —dice mi hija—. ¿Puedo...?

Se me aflige el corazón. Apenas he acabado de apoquinar el dinero de Halloween y el radar ya detecta la Navidad. ¿No es un poco pronto para lanzar la arremetida navideña? Echo un vistazo al móvil en busca de la fecha. Es 9 de noviembre.

Vivimos en un mundo consumista. Marcas y logotipos se exhiben como colores tribales, el canto de sirena de la publicidad convierte todos los deseos en necesidades y uno es lo que tiene. Se presentan las compras como la panacea de todos los males. Cuando la economía decae, los políticos nos instan a gastar dinero para mejorar el PIB. Cuando los ánimos flaquean, es el momento de un poco de terapia al por menor. Cuando una relación se tambalea, compramos bombones o flores. Incluso pagamos a compradores profesionales para que nos ayuden a comprar mejor. Comprar ya no es un medio, sino un fin en sí mismo. Un reciente estudio de Nielsen en cuarenta y dos países concluyó que tres cuartas partes de los consumidores compra sólo para divertirse.

De paso, el consumo se ha convertido en un rasgo central de la infancia moderna. Ello no significa que los niños de antes no codiciaran cosas. A principios de siglo XV, un cardenal llamado Giovanni Dominici observó que los pequeños florentinos estaban subyugados por «caballitos de madera, címbalos atractivos, pájaros de imitación, tambores dorados y mil tipos de juguetes distintos».[1] Pero hoy algunos niños crecen en medio de una riqueza jamás vista en la historia humana. ¿Qué habría pensado Dominici de una mañana navideña en un hogar acomodado del siglo XXI?

El consumo empezó a forjarse un lugar más preponderante en la infancia durante el siglo XVII, cuando se introdujeron en el mercado europeo ropa, libros, juguetes y juegos concebidos específicamente para niños. No es coincidencia que las quejas sobre las peticiones insistentes se multiplicaran poco después. Locke escribió en 1693 lo siguiente: «Y conocí a un niño pequeño tan distraído con la cantidad y variedad de sus juguetes, que la sirvienta se agotaba recogiéndolos; y estaba tan acostumbrado a la abundancia, que nunca le parecía tener bastante, sino que siempre preguntaba: ¿Qué más? ¿Qué más? ¿Qué cosita nueva me daréis?» ¿Les recuerda a alguien?

Ni siquiera Locke podía predecir lo que llegaría a ser la infancia comercializada. A principio de siglo XX, los anunciantes empezaron a apuntar a los jóvenes directamente, con estrellas infantiles como Shirley Temple, Judy Garland y Mickey Rooney que promocionaban las marcas de ropa infantil o lanzaban sus propias líneas. Los expertos dieron su bendición a las compras como medio para que los niños desarrollaran sus personalidades y gustos. En 1931, el *New York Times* opinaba que «el niño pequeño que guarda todos sus peniques en su banco metálico ya no es considerado [...] un brillante ejemplo financiero para la infancia».

Después de la segunda guerra mundial, cuando la televisión empezó a bombear anuncios de juguetes y cereales al interior del hogar, estallaron las primeras modas de consumo infantil. El humilde hula hoop se vendió por centenares de millones en todo el mundo después de aparecer súbitamente en escena en 1958. Se terminó por ver el aburrimiento como un cáncer para la infancia, y el gasto en juguetes y actividades como la curación. En Estados Unidos se gasta 150 veces más dinero en marketing para niños que a principios de los años ochenta.[2] Otros países han presenciado un salto similar.

Como antropólogos que estudiaran una remota tribu amazónica, los vendedores acechan a los niños en su hábitat natural: zonas de juegos, parques, centros comerciales, aulas, incluso dormitorios. El objetivo es adentrarse en las mentes jóvenes con vistas a diseñar campañas publicitarias que les seduzcan. Michael Brody, director del comité de televisión y medios de comunicación de la Academia Norteamericana de Psiquiatría Infantil y Adolescente, vincula esta vigilancia empresarial a los preparativos que llevan a cabo los pervertidos sexuales: «Igual que los pedófilos, los vendedores se han convertido en expertos en niños».

Como consecuencia, la publicidad aborda ahora casi todos los rincones de la vida infantil. Las escuelas reservan espacio en las paredes para carteles de los últimos estrenos cinematográficos, estimulan el patrocinio empresarial en las jornadas deportivas y las producciones teatrales, y aceptan viajes de estudio gratuitos a empresas como Domino's Pizza. En escuelas de todos los Estados Unidos, casi ocho millones de alumnos miran programas de actualidad de doce minutos (incluyendo dos minutos de anuncios) de Channel One (un noticiario televisivo, con contenido publicitario, que las escuelas públicas y privadas estadounidenses proyectan a sus alumnos a cambio de financiación). Incluso el tradicional viaje a la escuela se ha vendido ilícitamente. En 2006, una compañía llamada Bus Radio empezó a emitir música, noticias y anuncios en unos ochocientos autocares escolares amarillos en doce ciudades estadounidenses.

Ni siquiera el programa escolar es ya seguro. En los años veinte del siglo veinte, fabricantes de cepillos de dientes, fabricantes de cacao y otras empresas se introdujeron en las aulas norteamericanas a fuerza de enviar personal a pronunciar conferencias y después mediante filmes «educativos», todo ello con el mismo mensaje subyacente: ¡comprad nuestro producto! Hoy esa infiltración es mucho más profunda. Algunas escuelas estadounidenses se sirven de materiales de aprendizaje lingüístico proporcionados por Pizza Hut, Kmart y otras compañías y que están infestados de mensajes de la empresa. Un «módulo de aprendizaje» patrocinado por Revlon explica los matices de los días buenos y malos para el cabello y pide a los alumnos que enumeren tres productos indispensables que se llevarían a una isla desierta.[3]

Fuera de la clase, el consumismo se ha deslizado hacia rincones de las vidas de los niños que antes parecían intocables. Incluso el humilde descanso es ahora una oportunidad publicitaria, con empresas como Girls Intelligence Agency que patrocinan grupos de sueño en los que los niños prueban nuevos productos y responden cuestionarios. Toys R Us organiza sus propios campamentos de verano dentro de una tienda para niños incluso de tres años. Cheerios publica un libro para contar que invita a los niños de uno y dos años a poner pequeños anillos de cereal en ranuras sobre la página. Trabajadores de McDonald's visitan las salas de pediatría de hospitales británicos para repartir juguetes y globos, así como folletos que promocionan su comida. Si se junta todo, se calcula que muchos niños ven ahora unos 40.000 anuncios al año.[4]

Más aún, el tono de la publicidad ha cambiado. Los vendedores explotan el espíritu de Peter Pan de la época denigrando a los adultos, mostrándolos como aguafiestas que se interponen entre los niños y la diversión. El trasfondo es que las peticiones insistentes constituyen una fuerza positiva.

El resultado es que los niños son ahora consumidores hechos y derechos que conocen las marcas, esperan satisfacer sus caprichos consumistas y tienen voz y voto en grandes decisiones económicas de la familia, desde el destino de las vacaciones hasta qué sofá comprar. En Estados Unidos, niños de menos de catorce años influyen en cómo se gastan más de 700.000 millones de dólares cada año, incluyendo dos terceras partes de todas las compras de coches.[5] No es de extrañar que canales televisivos infantiles como Disney-ABC y Nickelodeon proyecten anuncios de monovolúmenes y centros vacacionales en el Caribe, o que Hummer y otros fabricantes de coches ofrezcan páginas para colorear y juegos con anuncios en sus sitios web. Grupos familiares de todo el mundo industrial advierten que en la actualidad puede considerarse adictos a las compras a niños de tan sólo diez años.

¿Por qué hemos permitido todo esto? Está bastante claro que las compañías apuntan a los jóvenes para aumentar los beneficios y que las escuelas abren las puertas a mensajes empresariales porque necesitan dinero. Pero los motivos por los que los padres sucumben al consumismo son más complejos y contradictorios. En parte es para lucirse. Desde botines Prada hasta el iPod Nano, lo que nuestros descendientes poseen se ha convertido, más aún que antes, en un modo de exhibir nuestro estatus, riqueza y buen gusto. En parte es por seguir la corriente: si los hijos de todos los demás consumen, ¿por qué no habrían de hacer tres cuartos de lo mismo los nuestros? La presión de los compañeros también entra en juego. Todos sabemos qué se siente cuando, al salir con otras familias, se pide un helado o una Coca-Cola. En cuanto un padre cede, resistirse es muy difícil para todos los demás. También está el deseo de dar a nuestros hijos lo mejor de todo y hacerles felices. Si comprar nos dibuja una sonrisa en la cara, ¿por qué negar el mismo placer a los niños? Además, muchos nos sentimos culpables por no pasar suficiente tiempo con nuestros hijos o por las presiones que sufren, así que les compramos cosas para compensar.

Reacios a decir no, preferimos buscar la cartera antes que arriesgarnos a disgustar a nuestros niños o dar lugar a una escena. En cuanto a mí, tengo mucha experiencia en sucumbir a las peticiones insistentes. En nuestra familia, la expresión «regalito especial» se pronuncia ahora con un matiz de ironía, porque los regalitos se dispensan tan a menudo que hace tiempo que no pueden considerarse «especiales» ni «regalitos». Tal vez los padres modernos estén también obsesionados por el recuerdo de que de niños se les negaran los productos de consumo. Todavía reprocho a mis padres que no me compraran una bicicleta BMX —de esas que tenían amortiguadores falsos y el sillín largo y negro acolchado— cuando tenía nueve años. Al mencionárselo a un compañero, éste me confesó estar resentido con sus padres por haberle negado un helicóptero Raleigh a la misma edad. Incluso había encontrado un sitio web donde los adultos hablaban de cómo aceptar sus infancias desprovistas de helicópteros. Tal vez preferimos decir que sí porque no queremos que nuestros niños nos recuerden como unos tacaños dentro de veinte años.

Claro que no todo el consumo es malo. Los niños, como los adultos, pueden obtener mucho placer inofensivo de los bienes materiales. Muchos de los niños de la escuela primaria de mi hijo coleccionan cromos de Dr. Who. Cada mañana en el patio de la escuela se reúnen para cambiarlos. Han creado un complejo sistema de normas para determinar el valor relativo de cada cromo: dos Daleks por el Grupo de la Guardia Imperial, tres Ciberhombres por un Hombre Lobo. El trueque y la búsqueda forman parte de la diversión. Recuerdo que a su edad hice lo mismo con cromos de hockey.

Así pues, debemos ser escépticos respecto a las advertencias de que la cultura del consumismo ha acabado con la infancia. Pero ello no implica tragarse el cuento de que la publicidad es inofensiva y que todos los niños han de comprar hasta el límite de sus fuerzas.

Igual que los juguetes que hacen demasiadas cosas, el consumo ilimitado puede reducir la experiencia infantil del mundo. Cuando el escritor Frank Cottrell Boyce preguntó recientemente a un grupo de alumnos de primaria londinenses qué harían si recibieran una gran cantidad de dinero, todos recitaron de un tirón una lista de aparatos que se comprarían. Ninguno habló de construir una nave espacial ni de nada que oliera a aventura o imaginación.

—Todo este consumismo —dice Boyce— está eliminando la capacidad de fantasear, de viajar a otro mundo de tu propia creación.

Algunos estudios efectuados en todo el mundo vinculan las inmersiones en la cultura consumista con depresiones, desórdenes de alimentación, baja autoestima, abuso de drogas y otros problemas. Para su libro *Nacidos para comprar*, Juliet Schor, profesora de sociología en el Boston College, realizó una encuesta entre niños de diez a trece años. Los resultados indicaron a las claras que «una menor inmersión en culturas consumistas produce niños más sanos; una mayor inmersión causa el deterioro del bienestar psicológico infantil». Otras investigaciones indican que los niños sienten la ansiedad del estatus con más intensidad que los adultos. Publicado en 2006, *Shopping Generation* [Generación de compras], un estudio fundamental del Consejo Nacional de Consumidores de Gran Bretaña concluyó que los británicos jóvenes se sienten presionados por los mensajes de marketing, y la mitad querría que sus padres ganaran más dinero para poder comprarse más cosas.

Hace poco presencié cómo mi hija entraba en fusión nuclear consumista en una tienda de comestibles. Habíamos ido a comprar unas bebidas para llevar al parque un día cálido y estábamos frente a una nevera gigante atiborrada de más de treinta zumos y refrescos distintos. Mi hija levantó la vista hacia aquel muro de ofertas y se bloqueó. Recorría los estantes con los ojos, pasaba de una etiqueta de colores chillones a la siguiente, y después volvía hacia atrás. En la mayoría de las botellas y envases de cartón había imágenes de Shrek y de otros personajes que conoce bien. La insté a elegir, pero ella seguía inmóvil, chupándose el pulgar y cada vez más perpleja. Por último se echó a llorar.

—No sé cuál quiero, sólo sé que quiero una —dijo entre sollozos.

Dar a un niño «lo mejor de todo» le deja sin la oportunidad de aprender a sacar lo máximo de lo que tiene. Esto se aplica a todos los aspectos de la infancia, de la educación a los deportes, pero sobre todo a la navegación en la cultura del consumismo. Más avanzada la vida, el niño mimado puede convertirse en un adulto con incontinencia financiera que primero gasta y después pregunta. Personas de entre dieciocho y veinte años constituyen ahora una quinta parte de las quiebras en Inglaterra y Gales. El aumento en los préstamos a los estudiantes y del precio de la vivienda no ayudan, pero la «Generación de la Deuda» parece inmersa en una permanente orgía de compras. Fíjense en Cheryl Tawiah, una asesora de vacaciones organizadas que creció en un hogar de clase media en Tampa, Florida. Salió de la universidad con muy pocas deudas y enseguida consiguió un trabajo de 55.000 dólares anuales en Charlotte, Carolina del Norte. Tres años después, su cuenta corriente está en 18.000 dólares negativos.

—Mi generación no sabe lo que es retrasar las satisfacciones —dice—. Si vemos algo que queremos, lo compramos, aunque no tengamos el dinero. —Tawiah parece asombrada y un tanto divertida de su propia incapacidad de guardar la tarjeta—. ¿Significa eso que estoy, no sé, mimada?

En esta cultura de «porque yo lo valgo», no será fácil devolver el genio consumista al interior de la botella. Pero se está produciendo una reacción. Jerry O'Hanlon se ha pasado casi veinte años haciendo anuncios para niños en varias agencias neoyorquinas. Cuando en 2005 tuvo un hijo empezó a relacionarse con otros padres y enseguida sintió un escalofrío social:

—Cuando le dices a la gente de qué vives, te das cuenta de que piensan: «Éste es el maldito que hace que mi hijo no pare de pedirme comida basura y juguetes». Hoy en día la gente está mucho más irritada con los productos de marketing para niños que cuando empecé a trabajar en este sector.

Ahora mismo, O'Hanlon, víctima de las peticiones insistentes de su hijo, ha decidido ponerse firme. Está buscando un trabajo que sólo implique anunciar productos para adultos.

En una vena similar, algunos psicólogos han empezado a denunciar a los compañeros de profesión que usan su experiencia para ayudar a empresas a analizar el mercado de los niños. Raffi, el cantante, y otras celebridades que se dirigen a los niños han añadido su voz al coro. Escuelas de todo el mundo organizan ahora seminarios para enseñar a las familias a combatir las peticiones insistentes. Cuando una escuela de enseñanza primaria celebró un foro en un centro comercial de Hong Kong, asistieron docenas de padres que no tenían ninguna relación con la escuela. Por todas partes, grupos como Commercial Alert organizan marchas, boicots y campañas de cartas contra empresas que dirigen sus productos a los niños. Presionadas por padres, políticos y demás activistas, muchas escuelas estadounidenses han suprimido Channel One de las clases, lo que ha reducido los ingresos de la compañía en más de la mitad de su máximo a mediados de los noventa.

La industria de la comida basura es el objetivo más habitual. Escuelas de todo el mundo están eliminando las máquinas dispensadoras de comida y bebidas, o como mínimo atenúan la publicidad que las acompaña. En 2006, Letonia se convirtió en el primer país europeo que prohibía la venta y la comercialización de comida basura en sus escuelas públicas. Pocos meses después, Gran Bretaña prohibió los anuncios de comida basura durante la emisión de programas televisivos dirigidos a menores de dieciséis años.

¿Seguirá adelante todo esto? En muchos países, los grupos de consumidores reclaman que se prohíba toda o gran parte de la publicidad para niños. En Suecia y Noruega ya están prohibidos los anuncios de televisión para niños de menos de doce años, y en la provincia de Québec, para menores de trece. Otros países, como Grecia, la parte flamenca de Bélgica y Nueva Zelanda, también han impuesto restricciones. Todavía se discute qué efecto tendrá todo esto. Uno de los problemas es que la televisión no es más que uno entre muchos soportes de publicidad, junto con internet, los teléfonos móviles y hasta los juegos de ordenador. Otro, y tal vez más grave, es que los niños ya no sólo ven programas infantiles. En Gran Bretaña, el espacio que más ven los menores de dieciséis años es *Coronation Street*, un culebrón grueso dirigido a los adultos.

Sin embargo, conforme va cambiando la actitud pública, a las empresas les resulta más difícil vender productos a los niños. Para la Navidad de 2006, Wal-Mart lanzó un sitio web donde dos geniecillos animaban a los niños a pulsar Sí cuando un juguete aparecía en la pantalla. «Si nos dices qué quieres en tu lista de deseos, se lo enviaremos directamente a tus padres», prometía el geniecillo con un acento que imitaba el de la clase popular londinense. Grupos de consumidores atacaron el sitio porque promocionaba las peticiones insistentes, y hasta los lectores de *Advertising Age*, la biblia interna de la industria publicitaria, sentían recelos: más de la mitad creía que Wal-Mart había ido «demasiado lejos».

Incluso en la Feria de Juguetes de Londres encontré empresas que enarbolaban la bandera anticonsumista. Una empresa familiar llamada Charlie Crow promociona disfraces que evitan deliberadamente las alusiones a personajes televisivos o a la última película. Hay doncellas, soldados, leones, ovejas, reyes y reinas, pero no Spiderman ni Batman. Hay princesas pero no la Princesa Leia, una bruja pero no Hermione Granger*. La directora de marketing, Sue Crowder, me dice que el objetivo es poner freno al consumismo infantil:

—Te paseas por esta feria y a veces tienes la sensación de que el niño es la parte menos importante del proceso, que todo consiste en vender más que en jugar. —Los disfraces de Charlie Crow rompen esquemas porque se mantienen genéricos—. Cuando todo es objeto de *merchandising* o tiene marca, a los niños les cuesta más ser ellos mismos. Queremos ofrecerles disfraces que no impongan una fórmula, a fin de que puedan inventar el cuento y el personaje: es entonces cuando de veras se libera su imaginación.

A los cuatro años de iniciarse su producción, los disfraces de Charlie Crow se venden a buen ritmo en Gran Bretaña y en el extranjero, y tienen una gran demanda en escuelas que desean representar papeles históricos y entre padres hartos de disfraces de marca

---

* Personajes de *La guerra de las galaxias* y de Harry Potter, respectivamente. (*N. del T.*)

238

que desencadenan un sinfín de peticiones de otros accesorios («¡Necesito la varita mágica y la escoba para la ropa de Harry Potter!»).

Tal vez parezca paradójico que una empresa surja como paladín del anticonsumismo, pero así es el mundo en el que vivimos. El consumo forma parte de la vida. En lo concerniente a los niños, el reto no es detenerlo por completo sino imponerle límites.

En última instancia, buena parte del éxito dependerá de que los padres encuentren la fuerza para decir no, y quizás empezamos a aprender a decirlo. Sophie Lambert, asesora de relaciones públicas en París, antes les compraba a sus dos hijas cualquier cosa que le pedían. Ella se deleitaba con la gratitud de ambas hasta que un día las oyó inventando cuentos con sus muñecas. Un personaje le decía a otro: «No quiero que me abraces; quiero que me compres un regalo. Comprarme algo quiere decir que me quieres». Lambert se quedó helada:

—Fue como sufrir una descarga eléctrica. De repente me di cuenta de que les estaba enseñando que las cosas materiales eran más importantes que el amor.

Lambert apartó la tarjeta de crédito y empezó a agacharse para jugar con sus hijas. Ahora sólo les compra regalos alguna vez, y cree que la relación con las niñas es mucho más rica:

—Vamos menos de compras y hablamos más. Y ellas juegan más a fondo con los juguetes que tienen porque no están pensando siempre en la siguiente compra.

Lo que de veras necesitan y quieren de nosotros los niños es lo que a menudo resulta más difícil darles, nuestro tiempo y atención incondicionales. Cuando no los consiguen, reclaman el dinero. Malcolm Page lo aprendió cuando su hijo de siete años, Noah, llevó a casa un trabajo titulado «¿Por qué quiero a mis padres?». En la primera página había una larga lista de actividades de su madre, entre las cuales hacerle reír a él, cocinar platos deliciosos y abrazarle cuando se lastimaba. En la página del padre, Noah sólo había escrito: «Me compra cosas». Page, analista financiero en Londres, sintió una horrible punzada de culpabilidad al leerlo.

—Siempre había querido tener con Noah una relación más estrecha que con mi padre, pero por algún motivo nunca encontraba tiempo o energía suficiente para que sucediera —me dice—, supongo que consideraba los regalos como una oferta de paz, o como un modo de tranquilizarme la conciencia por no ser mejor padre.

Page concluyó que sólo había un modo de romper el círculo: gastar menos dinero en Noah y pasar más tiempo con él.

Empezó por acompañarle a la escuela un día a la semana, llevarle al parque los fines de semana y volver a casa antes para leerle cuentos antes de dormir. También disminuyó los regalos. Seis meses después, su relación ha cambiado:

—Antes, siempre que los dos estábamos a solas, no paraba de pedirme que le comprara esto o aquello, pero ahora ya casi no sucede —me cuenta Page—. La última vez que fuimos al parque se pasó todo el rato hablando de cómo sería vivir en la luna: comer, ir a la escuela, jugar a fútbol, incluso ir al baño. Fue divertidísimo, increíble. Y resultó un gran alivio que no hubiera la pregunta «¿qué vamos a comprar ahora?» pendiendo entre nosotros en todo momento.

Melinda Ball, madre soltera de Nueva York, siguió un camino más formal para refrenar a su hija adolescente adicta a las compras, Hannah. Calificó el desayuno de «zona libre de peticiones» oficial. Las normas: no pedir dinero, no hablar de productos de consumo, sino de cualquier otra cosa. A veces madre e hija están sentadas frente al muesli en un silencio taciturno, pero a menudo charlan de la escuela, los amigos o los planes de Hannah de dedicarse de mayor a la arquitectura.

—Es agradable que no te traten como una cajero automático con piernas, y un descanso que Hannah empiece a estar un poco menos obsesionada con que le compre cosas, incluso al margen del desayuno —dice Ball—. De hecho, me estoy planteando declarar también la cena libre de peticiones.

En la lucha contra el consumismo infantil, las fiestas de cumpleaños aparecen como un frente de batalla decisivo. La misma idea de celebrar un aniversario infantil ya es en sí moderna. A principios de la Edad Media, la iglesia denunció las fiestas de aniversario por paganas y trató de erradicarlas. El ritual se fue extendiendo paulatinamente en la era moderna, y en el siglo XIX las familias de clase media señalaban los aniversarios de los hijos reuniendo a unos cuantos parientes en el hogar. Después de la segunda guerra mundial, las fiestas se hicieron más complejas: salidas con los amigos a la piscina o a algún otro destino. Más recientemente, los presupuestos para las fiestas se han disparado, y los más ricos han subido el listón de modo ostentoso. David Brooks, director de una compañía fabricante de chalecos antibala, fue noticia en 2006 por, según se dijo, patearse diez millones de dólares en la fiesta del decimotercer aniversario de su hija.[6] Un elenco de ensueño de estrellas del pop, como Tom Petty, Stevie Nicks y 50 Cent, divirtió a trescientas niñas en el exclusivo restaurante y club Rainbow Room de Nueva York. Las invitadas volvieron a casa con una bolsa que contenía cámaras digitales e iPods. El hecho de ampliar hasta niveles exagerados la fiesta de cumpleaños se ha convertido en una forma de diversión en sí misma, gracias a *My Super Sweet 16*, un *reality show* de la MTV que muestra a adolescentes mimados durante la preparación de fiestas y bailes de una extravagancia pasmosa. Aunque son muchos los que ven el programa para burlarse de los excesos, es evidente que otros lo consideran una fuente de ideas.

Incluso padres corrientes sienten la presión de organizar fiestas de cumpleaños más espectaculares, más espléndidas, más memorables que la anterior. Pensemos en los zoos de animales de compañía en los patios traseros, servicios de limusina para niños de cinco años y pasteles temáticos a la altura de un baile de sociedad. Como sucede con muchos otros aspectos de la infancia moderna, la fiesta de cumpleaños «perfecta» a menudo tiene más que ver con los adultos que con los niños. Un sitio web norteamericano organiza un concurso mensual donde se recompensa a los padres que tienen las «mejores ideas para fiestas». Un estudio de 2006 determinó que, en el período previo al gran día, los padres británicos tienen el triple de posibilidades que sus hijos de sufrir dolores de cabeza y estomacales y otros síntomas de estrés.[7] El estudio también concluyó que, si bien dos terceras partes de los adultos creen que su hijo quiere invitar a toda la clase a un acto contratado con profesionales del entretenimiento, el 59 por ciento de los niños preferiría en realidad juntar a unos pocos amigos para divertirse discretamente en casa. Una madre londinense asistió hace poco a una fiesta de cumpleaños en la que ocho niños de cuatro años visitaron un parque de bomberos, hicieron esculturas de plastilina, prepararon y comieron pizzas y miraron un espectáculo de un titiritero profesional: todo ello en dos horas. El niño que cumplía años se durmió durante la actuación de marionetas.[22]

—Todo era tan inconcreto que no creo que los niños se fijaran en nada de lo que sucedía —dice la madre—. No estoy segura de que se dieran cuenta siquiera de que habían ido a celebrar el cumpleaños de alguien.

A veces la rivalidad por organizar la Mejor Fiesta de Todos los Tiempos puede llegar a ser muy peligrosa. En 2006, una familia de Coral Glabes, Florida, contrató una empresa para que llevara varios animales salvajes a fin de entretener a los invitados de la fiesta del séptimo aniversario de su hijo. Cuando el adiestrador dejó salir al puma de la jaula, el felino rodeó con sus fauces la cabeza de una niña de cuatro años, le arrancó parte de la oreja y le lastimó los párpados y las mejillas.

Agotados y horrorizados ante esta competencia por colocarse por encima de los demás, muchos padres empiezan a simplificar las fiestas de cumpleaños. Susan Sawchuk, de San Francisco, decidió volver a lo básico cuando su hijo Jack cumplió cinco años. Había asistido a algunas fiestas de gran derroche (en una se había hecho una visita exclusiva a un acuario y había actuado un tragafuegos profesional). El niño había vuelto con bolsas repletas de todo, desde entradas para partidos de béisbol de los Giants hasta un reproductor de MP3.

—Lo que me abrió los ojos fue el MP3 —dijo Sawchuk—. Pensé: esto se está descontrolando. Estos niños ni siquiera han entrado en la escuela... ¿para qué necesitan un MP3?

Así que tomó cartas en el asunto. En el quinto aniversario del niño, invitó a seis de los amigos más próximos de Jack a pasar un par de horas en su casa. Los niños jugaron a todos los juegos que los profesionales del entretenimiento menosprecian y que muchos padres suponen que ya no son lo bastante buenos para contentar a los niños modernos, como el escondite, recordar objetos observados durante un rato y otros juegos tradicionales. Sawchuk también preparó una búsqueda del tesoro, en la que el tesoro era el derecho al primer trozo de pastel de cumpleaños. Durante los últimos treinta minutos, los niños jugaron a estatuas musicales con la música de los Beatles. Ningún niño se quejó de que las bolsas sólo contuvieran un libro de colorear y un chupachup, y todos se fueron a casa felices y contentos. Varios meses después, Jack recuerda el día con una gran sonrisa:

—Fue la mejor fiesta de todas. Jugué un montón con mis amigos.

Sawchuk percibió la frialdad de la desaprobación de padres partidarios de presupuestos mayores, pero piensa hacer lo mismo el año que viene:

—Sólo hay que prescindir de la presión competitiva, que sobre todo proviene de los demás padres —dice—. Y la única manera de conseguirlo es recordar una y otra vez que las fiestas de cumpleaños son para los niños, no para los mayores.

Para que sea más fácil resistir a la carrera armamentística para lograr la fiesta «perfecta», los padres hacen causa común y firman un tratado de no proliferación. Algunos estipulan límites de gastos en regalos y bolsas o los eliminan por completo. Otros acuerdan cuotas de invitados. Incluso empiezan a surgir grupos activistas.

Bill Doherty es profesor de estudios de familia en la Universidad de Minnesota. Le conocí en un congreso celebrado en Chicago, donde habló sobre los riesgos de imponer demasiadas actividades a los niños. En 2007 se interesó por el azote de las fiestas desmedidas y contribuyó a impulsar un grupo de padres de base llamado Cumpleaños Sin Presión en St. Paul, Minnesota. Un tipo amable dotado de un buen sentido del humor, Doherty no es ningún aguafiestas puritano. Sólo quiere apaciguar el frenesí que rodea las fiestas de cumpleaños infantiles, y situar este cambio en un desafío más amplio a la cultura de las expectativas disparadas.

—Quiero dar a los padres permiso para no disculparse por celebrar una fiesta sólo para la familia o por invitar a pocos amigos y que haya unos pocos juegos sencillos. Y quiero que estos padres se sientan parte de un cambio social más amplio —dice Doherty—. No tratamos de crear nuevas reglas sobre las fiestas de cumpleaños: no hay nada intrínsecamente malo en las bolsas de regalos ni en los profesionales del entretenimiento ni en invitar a toda la clase. Lo esencial es que la fiesta perfecta no existe, ni grande ni pequeña. Sólo hay que preguntarse si se está preparando a partir de los valores propios o a partir de la presión para lucirse de la comunidad.

Un modo de rebajar esta presión es organizar fiestas de aniversario «sólo para niños». Con esto se elimina la necesidad de impresionar a otros padres con la calidad de la comida, el entretenimiento, el cuidado de los niños pequeños y hasta el orden y limpieza de la casa. Nosotros también hemos organizado fiestas en teatros de títeres y centros deportivos, pero la que recuerdo con más afecto fue la del quinto aniversario de mi hija. Los padres dejaron a los niños en nuestra casa y se fueron. La fiesta fue muy sencilla: búsqueda del tesoro, sillas musicales y juego del paquete. Las niñas bailaron... y nosotros también.

Está claro que el consumismo descontrolado no sólo malcria a los niños. También les obliga a crecer más deprisa, un fenómeno que en la jerga del marketing se denomina KAGOY («kids are getting older younger»: 'los niños crecen antes'). Pero ¿es eso positivo? ¿debemos animar a los niños a enfrentarse antes a los traumas, vicios y miedos adultos? Mi infancia quedó marcada por una expedición familiar a ver *La invasión de los ladrones de cuerpos*, una película de ciencia ficción y terror sobre alienígenas que dominan el mundo creando réplicas de seres humanos. A pesar de que estaba calificada para mayores de catorce años y yo sólo tenía once, mi padre se las ingenió para que pudiéramos entrar. Las imágenes de la película me obsesionaron durante años, sobre todo la escena final, en la que el personaje interpretado por Donald Sutherland señala a la protagonista y lanza el alarido espeluznante y sobrenatural con que los extraterrestres identifican a los seres humanos. Hasta que tuve catorce años, me acosté todas las noches enterrado debajo de un montón de almohadas, o me escabullía a la habitación de mi hermano para dormir con él.

No somos la primera generación que teme una exposición demasiado temprana de los jóvenes al material adulto. Aunque a nuestros antepasados no les preocupaba tanto que los ruidos nocturnos aterrorizaran a los niños, sí les desvelaba que pudieran corromperse. Platón advirtió que las obras de los poetas dramáticos podían contaminar las mentes de los jóvenes. En el siglo I d. C., un retórico llamado Quintiliano reconvino a sus conciudadanos romanos por alentar la participación de los niños en las payasadas lascivas de los mayores: «Nos alegramos mucho de que digan cosas excesivas, y palabras que no deberíamos tolerar ni siquiera en labios de un paje alejandrino se celebran con risas y un beso. [...] Nos oyen utilizar tales palabras, ven a nuestras amantes y favoritos; en todas las cenas se entonan canciones soeces, y se muestran a sus ojos cosas cuya sola mención debería sonrojarnos».[8] En 1528, William Tyndale, autor de la primera traducción al inglés de la Biblia, denunció al clero inglés por permitir que los jóvenes leyeran «Robin Hood y Bevis de Hampton, Hércules, Héctor y Troilo, con mil historias y fábulas de amor y libertinajes y procacidades, tan groseras como pueda imaginar el corazón, para corromper el espíritu de los jóvenes».

Después de que los románticos entronizaran la idea de la inocencia infantil, el miedo a la corrupción no cesó de intensificarse. Los críticos advirtieron que leer cómics estimularía en exceso a los jóvenes y los llevaría a cometer crímenes y actos disolutos. Otros temían que el trabajo en las fábricas de la Revolución Industrial mancillara moralmente a los niños, lo que motivó que algunos jefes contrataran a monjas o enfermeras para tranquilizarse la conciencia. Como todos los demás miedos sobre la infancia, el temor a la corrupción aumentó en el siglo XX, y se amplió hasta abarcarlo todo, desde la música rock a tiendas de regalos.

Esto nos muestra una de las paradojas más curiosas de la infancia moderna: hoy, al mismo tiempo que nos inquieta nuestra pérdida de inocencia, permitimos, incluso alentamos, que los niños se mojen cada vez más temprano los dedos en la piscina adulta. En parte se debe a nuestro deseo de acercarnos a los hijos, de fortalecer el estatus de «mejor amigo». Al fin y al cabo, nada une más a dos personas que un pasatiempo compartido. Sólo hay que oír cómo deliran algunas madres sobre hacer limpiezas de cutis y pedicura a sus hijas de nueve años. Empecé a leer libros de Tintín a nuestro hijo muy temprano porque quería compartir con él mi amor por esos cómics. Me encantó que empezara a representar aventuras protagonizadas por el capitán Haddock y el profesor Tornasol. Me gustó menos que comenzara a hablar de traficantes de heroína en el patio del recreo.

Deseosas de construir una base de clientes para el futuro, las empresas preparan a los jóvenes con productos «de inicio». Fijémonos en el auge de balnearios que ofrecen tratamientos de belleza y arreglos a menores de diez años. O en cómo la industria de las apuestas está adaptando los hoteles-casino a los niños y llega a introducir máquinas tragaperras con motivos de la Pantera Rosa. Kidsbeer ('cerveza para niños'), una popular bebida sin alcohol en el mercado japonés infantil, parece cerveza, se sirve en botellas de cristal marrón y se promociona con eslóganes como «Perfecta para las noches que quieras ser un poco adulto». En un anuncio de la compañía sale un niño que primero llora porque ha suspendido un examen de matemáticas y después llora pero de alegría al beber Kidsbeer.

Y por añadidura está lo del sexo. Durante gran parte de la historia, y en muchas culturas, los jóvenes han tendido a vestirse como versiones en pequeño de sus padres. El hijo de un trabajador llevaba ropa de obrero, la hija de una familia rica vestía galas de encaje. En las pinturas, niñas aristocráticas de seis años posaban con piezas escotadas y peinados atractivos con la esperanza de llamar la atención de un monarca lejano. Desde el siglo XVIII, sin embargo, conforme se asentaba la idea de la inocencia infantil, estas imágenes empezaron a desentonar. En 1785, el poeta William Cowper lamentaba que las niñas se vestían como mujeres: «Incluso damiselas a cuya edad sus madres llevaban cuerdecitas y babero se ponen vestidos de mujer».

Hoy hemos vuelto a una época anterior a la Ilustración, y gente de todas las edades viste de manera idéntica. La diferencia es que los niños acceden a una cultura adulta cada día más provocativa. Adiós a las cuerdecitas y al babero. Hola a los sujetadores rellenos Pequeña Miss Pícara. En la televisión infantil, los sobrios presentadores han dado paso a aspirantes a Shakira que lucen tatuajes atrevidos y estómagos descubiertos. Barbie, que debido a su figura anatómicamente imposible y sofisticado guardarropa se convirtió en la bestia negra de las feministas, ha sido reemplazada por las supersexys y desdeñosas muñecas Bratz. Incluso puede comprarse un body estampado con el eslógan «Equipo de Chulos Junior».

En lo tocante a aumentar el cociente sexual en la infancia, las niñas están en la línea de combate. Minoristas como La Senza Girl, Limited Too y Abercrombie y Fitch venden medias de red, sujetadores acolchados y bragas con mensaje de tallas mínimas. Las papelerías ofrecen lapiceros rosas, libretas, instrumentos de geometría y otros artículos para la escuela con el conejito de la imagen de Playboy. Aunque no compremos a nuestras niñas camisetas que declaren «Tantos chicos, tan poco tiempo», parecen captar por osmosis las vibraciones sexuales. La otra noche me asombró ver que mi hija de cinco años se ponía a girar en el baño mientras entonaba la canción del anuncio de Renault: «Mueve el culo, mueve el culo».

¿Me estoy poniendo neurótico? ¿Son todas estas provocaciones sólo un poco de diversión inofensiva o de ironía postmoderna? Tal vez hasta cierto punto, pero también da la sensación de que se ha traspasado una línea. Como ya hemos visto, desdibujar la frontera entre la edad adulta y la infancia puede perjudicar a los más jóvenes, reducir el espacio en el que pueden ser niños. Las niñas siempre se han vestido simulando ser mamás, enfermeras o gatitas para divertirse o explorar y experimentar con identidades femeninas. Pero eran juegos que se podían iniciar y acabar a voluntad. La actual moda de adoptar atuendos de mujeres parece menos un juego y más una actitud o un modo de incorporarse a un estilo de vida. Así que si nuestras hijas se pintan las uñas ya no es sólo para divertirse, sino porque forma parte de su *look*; ese vestido con tirantes unidos en la nuca no es un disfraz, es un atuendo normal.

En la imitación de adultos, tal vez los niños se sepan el guión y las poses adecuadas, pero no hay demasiadas pruebas de que entiendan la complejidad emocional y moral de representar papeles adultos. No son adultos en miniatura: son niños. Cuando una sociedad venera la inocencia de la infancia y al mismo tiempo arroja a sus niños al crisol sexual de la cultura pop, lo probable es que haya confusión o consecuencias más dañinas. Tal vez eso explique por qué ha aumentado la preocupación acerca de los niños. O por qué los niños de muchos países descubren el sexo antes. O por qué los trastornos de alimentación, la disforia corporal y otros achaques antes asociados con los adultos ahora cunden entre los jóvenes. En un estudio efectuado hace poco en Australia, más del 70 por ciento de niñas de siete y ocho años dijo a los entrevistadores que desearía un cuerpo más delgado, y la mayoría creía que el hecho de perder peso aumentaría su aceptación.[9] Un estudio de 2007 realizado por un grupo de trabajo de la Asociación de Psicología Norteamericana concluyó que la representación sexual de las niñas favorece la insatisfacción con el propio cuerpo, la depresión y la baja autoestima.

Y después está la pregunta más incómoda de todas: si vestimos a nuestras niñas como Lolitas, ¿qué tipo de mensaje estamos enviando a los pedófilos que tanto nos preocupan?

A medida que estas cuestiones adquieren importancia, se produce un ataque a la cultura de la provocación. Escuelas de todo Occidente han prohibido los vestidos que dejen entrever la ropa interior. En 2007, el Sindicato de Profesores Británicos pidió el fin de la «explotación sexual» de los niños por parte de anunciantes y medios de comunicación. Es sabido que Abercrombie y Fitch retiraron su colección de vestidos de correas para niñas a raíz de las quejas de padres y políticos. Asda, una cadena de supermercados británica, dejó de vender lencería de encaje negra y rosa para niñas después de una protesta pública. A continuación, un detallista de ropa retiró las camisetas «Tantos chicos, tan poco tiempo» por el mismo motivo. Entre otros productos torpedeados por las protestas de los padres están varios sujetadores Bratz para niñas pequeñas y una línea de muñecas Hasbro para niñas de seis años basada en un grupo de pop escasamente vestido llamado Pussycat Dolls.

Los propios niños se suman a la batalla contra la provocación. En Estados Unidos, más de 2,5 millones de adolescentes han hecho la «promesa de virginidad» que manda abstenerse de prácticas sexuales hasta el matrimonio. Otros niños apuntan contra productos erotizados. Mattel aparcó Lingerie Barbie —«Su conjunto encantador empieza con un delicado corpiño sin tirantes negro con cinta rosa. La túnica a juego ofrece una cubierta atractiva»— después de protestas públicas en las que hubo una campaña de cartas de escolares.[10] En 2005, niñas de entre once y quince años boicotearon una tienda londinense de W. H. Smith, una cadena de papelería que vende artículos escolares con motivos extraídos de Playboy.

—Usan cosas necesarias en los estudios para hacernos creer que somos objetos sexuales —dijo una de las manifestantes, de trece años—. Es asqueroso y me indigna.

W. H. Smith no cedió, pero otras marcas británicas, como Claire's Accessories y John Lewis, retiraron más adelante los artículos de Playboy.

Hacer de la infancia una zona libre de consumismo es imposible en una cultura consumista. Pero ha llegado la hora de poner límites. No sólo están en juego la salud y la felicidad de nuestros niños, sino también el futuro del planeta: la humanidad no puede seguir consumiendo como lo hace ahora. El aspecto positivo es que cada vez más gente se está dando cuenta de ello.

El mejor lugar donde empezar a refrenar la cultura consumista es en el ámbito de los jóvenes. Colectivamente, eso significa impedir que el material comercial entre en las escuelas, aumentar las restricciones sobre publicidad infantil y rebajar el cociente provocativo. Para los padres significa, una vez más, encontrar un equilibrio. Comprar cosas está bien, pero muchos sabemos cuándo estamos cediendo demasiado a las peticiones insistentes. Lo sentimos en el estómago.

Pero decir «no» es sólo el principio. También tenemos que lidiar con la secuela: los gritos de «¡Eres la peor madre del mundo!» o «¡Si no me compras un iPhone, no te volveré a hablar!». Este rencor se manifestará independientemente de que se compre mucho o poco, porque el afán consumista no se puede sofocar por completo jamás, y menos aún en los niños: es el precio que debemos pagar por vivir en una época de abundancia. Pero podemos empezar por domar esas ansias. Una manera consiste en dejar de usar el dinero como sustituto del tiempo y la dedicación. Otra, dominar nuestra adicción a las compras.

Malcolm Page ha dejado de comprar todos los chismes de alta tecnología que le apetecen. Espera que su ejemplo ayude a su hijo Noah a crecer en parte vacunado contra el virus del consumismo:

—Es una lección que todos, niños y adultos, necesitamos aprender. Que pasar tiempo juntos es más importante que gastar dinero.

I 2

SEGURIDAD: JUGAR CON FUEGO

«Mantenerse seguro no significa enterrarse.»

SÉNECA (4 a. C.-65 d. C.)

Una mañana borrascosa de principio de primavera, con una temperatura que rondaba los cero grados, Magnus Macleod descubrió que el fuego es caliente. Muy, pero que muy caliente. Como miembro del grupo de párvulos Jardín Secreto, Magnus, de tres años, había pasado el día recorriendo un bosque en el este de Escocia. Para combatir el frío, los niños, ayudados por el monitor, encendieron una fogata sirviéndose de ramitas, ramas y hojas recogidas del suelo. Formaron un círculo en torno a las llamas, y se calentaron los dedos de los pies y los dedos y bebieron limonada caliente. De repente, sin aviso, Magnus metió la mano en el fuego y cogió una brasa. Su grito resonó por los bosques.

¿Qué sucedió a continuación? Bueno, hoy en día, cabría esperar que se abrió la caja de Pandora. Una denuncia contra Jardín Secreto. Una tormenta de preguntas furibundas del inspector de sanidad y seguridad: ¿Dónde estaba el adulto responsable cuando Magnus cogió la brasa? ¿Por qué no había una enfermera titulada cerca? ¿Por qué había niños de tres años cerca del fuego? Y cabe imaginar que los padres hicieron cola para llevarse a sus hijos del parvulario.

No sucedió nada de lo antedicho: todo el mundo se tomó con calma el percance de Magnus con la brasa. Desde luego, la herida en el índice derecho tardó quince días en curarse, pero el niño también aprendió una valiosa lección sobre los peligros del fuego. Ahora, cuando encuentra una caja de cerillas, se la da al adulto más cercano. Y jamás toca las brasas. Su madre, Kate, no sólo sigue llevando a Magnus a Jardín Secreto, sino que también inscribió en él a su hermano pequeño, Freddie.

—Claro que al principio estábamos algo preocupados cuando se quemó, pero lo principal es que ahora Magnus va con mucho cuidado con el fuego: sabe que no tiene que acercarse demasiado a él —dice—. La verdad es que en el mundo hay riesgos y que los niños se benefician de una exposición sensata a ellos.

Como primer jardín de infancia al aire libre de Gran Bretaña, Jardín Secreto es un desafío directo a muchos de los dogmas de la infancia moderna. Como otras escuelas que utilizan la naturaleza como clase, plantea una nueva manera de que los niños aprendan, jueguen y se relacionen con los demás.[23] Pero también desafía la muy moderna creencia de que hay que tratar a los niños con extremo cuidado, que hay que educarles en espacios interiores, rigurosamente higiénicos, libres de accidentes, con clima controlado y bajo supervisión constante.

El programa de Jardín Secreto es lo contrario de todo esto. Haga el tiempo que haga, y eso en Escocia puede significar temperaturas inferiores a los cero grados, vientos gélidos que azoten desde el Mar del Norte y lluvia incesante, los niños pasan todo el día al aire libre. Hacen pis en el bosque sin lavarse las manos; el bosque que exploran está infestado de hongos venenosos así como de bayas de tejo y frutos silvestres que, si se ingieren, pueden causar vómitos, mareos y fluctuaciones en el ritmo cardíaco de un niño. Acariciar pollos, corderos y otro ganado implica peligro de contraer Dios sabe cuántos gérmenes. Ah, y no nos olvidemos de esas fogatas sin protecciones.

Y a pesar de esos peligros, o tal vez debido a ellos, Jardín Secreto está ganando conversos. Lo fundó Cathy Bache, una dinámica mujer de mediana edad con afición a tejer labores de punto. El hecho de vivir un tiempo en Noruega le hizo pensar en importar la idea escandinava del jardín de infancia al aire libre. En 2005 empezó a cuidar un puñado de niños en los bosques de alrededor de su casa en Letham, un pueblo de Fife. Jardín Secreto ha obtenido hace poco una subvención estatal, y Bache tiene ahora veinticuatro niños inscritos y una larga lista de espera.

—Algunos padres están un poco nerviosos al principio, pero cuando vienen y ven lo bien que se las arreglan los niños, lo mucho que se divierten y cuánto aprenden, se relajan —explica Bache—. Hoy en día hay muchos niños encerrados en casa como gallinas de corral; no tienen libertad, porque como sociedad nos hemos obsesionado con la seguridad. Parecemos vivir en un constante estado de miedo.

Y que lo diga. Tal como hemos visto, mucho de lo que pensamos sobre los niños está determinado por el miedo: el miedo a que se desaproveche una brizna de su capacidad, que no lleguen a brillar, que no sean felices, que pierdan la inocencia, que no nos quieran, que crezcan demasiado deprisa o demasiado despacio, que nos juzguen como malos padres.

Pero en muchos sentidos el miedo más visceral, el que toca nuestro disco duro evolutivo, es el miedo a que nuestros niños corran peligro físico. Preocuparse porque los pequeños sufran daños es común en todas las culturas y todos los tiempos. Incluso en la familia prehistórica, la madre, y probablemente el padre cuando estaba en casa, estaban pendientes de que los niños pequeños no se quemaran los dedos en el fuego como Magnus. Toda sociedad tiene su terror. En la Edad Media, los cristianos europeos temían que los judíos asesinaran a sus hijos y usaran la sangre para preparar pan ácimo destinado a la Pascua judía.

Sin embargo, en la época moderna se han disparado las preocupaciones por el bienestar físico de los niños, impulsadas por la creencia en aumento de que los jóvenes son por naturaleza frágiles y el mundo cada vez más peligroso. A principio de siglo XX, los círculos oficiales empezaron a advertir que el hogar era un campo minado de gérmenes, enchufes, estufas calientes y agua donde ahogarse. Cuando el coche pasó a dominar el paisaje urbano, las ciudades construyeron zonas de juego cercadas y aprobaron leyes que prohibían jugar a las canicas y al fútbol, pelearse de broma y otros juegos en la calle. En casa, los padres reservaban habitaciones donde los niños pudieran jugar seguros y resguardados.

Cada nueva amenaza a los pequeños, real o imaginaria, desencadena más pánico y medidas drásticas para conseguir una mayor seguridad. ¿Recuerdan el alboroto que hubo a principios de los ochenta sobre psicópatas que repartían caramelos envenenados y manzanas que contenían hojas de afeitar en Halloween? Estos incidentes eran tan raros que se convirtieron casi en leyendas urbanas, pero eso no rebajó la histeria. Revolvíamos el alijo de caramelos con un peine fino, en busca de cualquier indicio de manipulaciones. Y las manzanas iban directamente a la basura. Fue también por entonces cuando los padres empezaron a acompañar a los niños en sus travesuras de la noche de Halloween.

En la última década, las preocupaciones sobre la seguridad de los niños han llegado al paroxismo. Sólo hay que echar un vistazo al hogar del siglo XXI, con pestillos de seguridad en las puertas y los armarios de la cocina, tapones de plástico en las tomas de corriente y protecciones acolchadas en todos los ángulos duros. Incluso se puede comprar un cierre para los retretes. Mi editor pagó a un experto 1.500 dólares para que comprobara si su casa era segura para bebés. Y el miedo es aún más agudo fuera del hogar. Dejar que un niño vaya en triciclo sin casco o juegue en el parque sin antes empaparlo con media botella de protector solar se considera ahora una grave infracción. Escuelas de todo el norte de Europa y de América del Norte han prohibido las batallas con bolas de nieve, antaño preciado rito de infancia en los meses de invierno. En una escuela de Cumbria, Inglaterra, los alumnos llevan gafas de seguridad industriales para practicar *conkers*, un juego antiguo y enormemente popular en el que se ata una castaña a una cuerda y se trata de romper la del contrario. Otra escuela inglesa ha sustituido las corbatas tradicionales por otras sujetas con ganchos a fin de reducir el riesgo de ahogarse. Una escuela de enseñanza primaria de Attleboro, Massachusetts, concluyó que el corre que te pillo suponía un riesgo para la salud y lo prohibió. En la actualidad muchos niños van a la escuela pertrechados con bolsitas de gel desinfectante para liquidar cualquier germen que salga al paso. Profesores de todo el mundo informan que, cuando las clases se van de excursión al campo, algunos padres les siguen en coche para asegurarse de que el pequeño está bien.

El resultado final es que al niño del siglo XXI se le cría en cautividad, se le encierra en espacios interiores y se le traslada de un sitio a otro en el asiento trasero de un coche. Muchas escuelas de Suecia ya no permiten que niños de menos de once años vayan y vuelvan a casa en bicicleta solos. Dos terceras partes de niños británicos de entre ocho y diez años no han ido nunca solos a la tienda o al parque, y una tercera parte no ha jugado nunca al aire libre sin la supervisión de un adulto.

¿Por qué se ha producido recientemente este aumento del miedo? En parte puede deberse a la tendencia a las familias más pequeñas. Al decir de David Anderegg, autor de *Worried All the Time: Rediscovering the Joy of Parenthood in an Age of Anxiety* [Siempre preocupados: Redescubrir la alegría de ser padres en una época de ansiedad]: «Cuantos menos hijos se tienen, más preciosos son y más se rechazan los riesgos». El miedo también puede provenir de los apretados programas que nos mantienen separados: cuanto más tiempo pasan juntas las familias, más fácil les resulta a los padres confiar en la capacidad de sus hijos de enfrentarse al riesgo. Pero nuestras ciudades también han cambiado. Hoy hay mucho más tráfico. Y muchas comunidades son más anónimas, lo que implica que las calles de alrededor de nuestros hogares están llenas de desconocidos y no de vecinos que conocemos bien y en los que podemos confiar para que echen un vistazo a nuestros hijos.

Además, somos víctimas de una paradoja básica: gozar de más seguridad puede motivar que la gente tenga más miedo. Incluso cuando el tráfico está tranquilo y los índices de criminalidad son bajos, el miedo se mantiene activado. Una oleada de inquietud recorre nuestro hogar cada vez que se abre la puerta de entrada: ¿Dónde están los niños? ¿Están jugando cerca de la carretera? ¿Es eso un coche que se acerca? ¿O un atracador? Según UNICEF, Suecia es ahora el lugar donde se puede crecer con más seguridad en el mundo, pero los padres y los burócratas suecos están sumidos en tal paranoia sobre posibles daños a los niños que uno de los psiquiatras más destacados del país, David Eberhard, publicó en 2006 un libro titulado *Land of the Safety Junkies* [Tierra de yonkis protegidos]:

—Suecia ejemplifica a la perfección que, cuanto más seguro se está, más preocupación se siente incluso por los riesgos más insignificantes —dice—. Y ello resulta especialmente cierto en el caso de los niños.

Aún lo empeora más que algunas personas tengan un gran interés en señalar, o incluso exagerar, los peligros a los que se enfrentan los niños en la vida cotidiana. En este grupo están las empresas que venden productos de seguridad infantil (pensemos en las gafas de sol contra rayos ultravioleta para niños), los burócratas de la salud y la seguridad que tienen que justificar presupuestos y grupos de presión que quieren difundir un mensaje. También están los medios de comunicación. Con tantas páginas y tanto tiempo de emisión por llenar, los nuevos directores de programas buscan noticias y reportajes para destacarse, y nada llama tanto la atención como la noticia de que le ha sucedido algo terrible a un niño. Aunque los delitos de pedofilia no hayan aumentado en los últimos veinte años, se ha disparado su tratamiento. Apenas puede abrirse un diario o poner el telediario sin encontrarse con una información morbosa sobre un delito sexual, con imágenes estremecedoras de la víctima. Esta cobertura exhaustiva me ha afectado, sin duda. De adolescente hice muchas veces de canguro. Era una manera fácil de ganar un poco de dinero, y todavía sigo en contacto con algunas de las familias para las que trabajé hace veinte años. Y sin embargo, hoy me intranquiliza confiar el cuidado de mis hijos a un adolescente o a un cuidador masculino. En parte sé que es absurdo, injusto y hasta un poco histérico, pero en parte estoy paralizado por las dos palabras que desplazan incluso las estadísticas más tranquilizadoras y sirven de comodín a cualquier padre moderno: «Y si...».

Adobados en pánico adulto, los niños han absorbido sin duda el mensaje de que el mundo es un lugar peligroso y que la única manera de sobrevivir es anteponer la seguridad. En una encuesta británica reciente se preguntó a setecientos niños de cerca de diez años que señalaran la lección más importante que habían recibido en su educación. La respuesta más repetida fue: permanecer en lugar seguro.

El aspecto positivo es que tanta prudencia y tantos mimos evitan probablemente que muchos niños se metan en líos, pero ¿a qué precio? ¿Qué sacrificamos cuando rendimos culto a la seguridad infantil? Bueno, ¿por dónde quieren empezar?

Cuando la seguridad de los niños se convierte en una obsesión, la verdad desaparece. Todos los adultos parecen de repente pedófilos en potencia, y la pedofilia es el crimen más atroz en una cultura subyugada por los niños. Los papás modernos reciben un mensaje contradictorio: sé sensible con tus hijos, pero con los de los demás guárdate las caricias y los sentimientos. El otro día estaba en el patio de recreo cuando un niño de uno o dos años se cayó del tobogán y se puso a llorar. Mi primera reacción fue ir a consolarle, pero me refrené. ¿Y si alguien piensa que soy un pervertido? Me quedé inmóvil, soltando tópicos a una distancia segura hasta que llegó su madre. Esa misma parálisis puede tener consecuencias espantosas. En 2002, una niña de dos años salió por la puerta de un jardín de infancia de Lower Brailes, un pueblo tranquilo y pintoresco de la región inglesa de Cotswolds. Un trabajador que pasaba con su camión vio a la niña andando al borde de la carretera y se planteó detenerse para ver si estaba segura. Pero temió que le tomaran por un pedófilo y siguió adelante. Unos minutos después, la niña cayó al estanque del pueblo y se ahogó.

—No paraba de pensar que tenía que volver atrás —dijo después el trabajador a los investigadores—. Si no lo hice fue porque creí que la gente podía pensar que trataba de secuestrarla.

Enclaustrar a los niños estrecha sus horizontes al apartarles de la comunidad. Si se va a todas partes en coche, no se conoce a los vecinos ni a los tenderos del barrio. También es posible que los niños sobreprotegidos no aprendan a andar por la calle, lo que podría explicar que los niños de poco más de diez años formen el grupo más atropellado por coches.

Los psicólogos afirman que cuando los niños están sobreprotegidos, cuando cada instante de su día está reglamentado y supervisado, es más probable que de mayores sufran ansiedad y temor a los riesgos. Los escáners cerebrales dan credibilidad a las observaciones fundadas de que en torno a un 15 por ciento de los niños nacen con predisposición a la ansiedad y a asustarse. Estudios más generales indican que más de la mitad acaba dejando atrás esos defectos iniciales. ¿Por qué? Parece que al fin y al cabo se debe, como mínimo en buena parte, a los padres: si los padres son animosos, optimistas y están dispuestos a asumir riesgos en la vida diaria, es más probable que el niño con ansiedad pueda salir de la cáscara.

Los niños envueltos en algodón pueden terminar oscilando hasta el otro extremo y buscar los estímulos extremos de las drogas, el sexo, la conducción peligrosa o la violencia. Tal vez sea éste otro motivo de que los índices de abuso de sustancias, lesiones autoinfligidas y ansiedad sean ahora más altos entre los niños de familias ricas que dan prioridad a la seguridad infantil.

Como psicólogo clínico en Halifax, Nueva Escocia, Michael Ungar dispone de una posición privilegiada para observar las secuelas de la cultura de la sobreprotección. En 2007 publicó un libro titulado *Too Safe for Their Own Good: How Risk and Responsability Help Teens Thrive* [Demasiado seguro para su propio bien: Cómo el riesgo y la responsabilidad benefician el desarrollo de los adolescentes].

—Hay una ironía terrible —dice—. Con este intento tan decidido de eliminar el riesgo de la vida de nuestros hijos, acabamos por crearles más ansiedad. También podemos hacerles perder seguridad y capacidad a largo plazo porque no aprovechan todos los beneficios que reporta asumir riesgos.

Ungar se refiere a investigaciones que indican que la suerte favorece a los audaces: los que poseen confianza y están dispuestos a aventurarse sufren menos accidentes de cualquier tipo.

¿Y qué decir de la libertad y la aventura? Sin duda arriesgarse, flirtear con el peligro, es una de las alegrías de la infancia. Hace poco, nuestra familia pasó un fin de semana con amigos en un pequeño pueblo del sur de España. Mi hijo y su amigo se pasaron todos los días caminando por el monte, recogiendo palos, construyendo pequeños fuertes de piedra y comiendo naranjas cogidas directamente de los árboles, y a veces desaparecían por completo. Cuando le pregunté qué era lo que le había gustado más de las vacaciones, mi hijo respondió en el acto: «La libertad».

Quedé atónito. Libertad parecía un concepto demasiado grande para un niño de siete años. Pero me permitió comprender que mis hijos habitan un mundo muy circunscrito: no les dejamos ir caminando a la escuela, ir a casas de amigos y ni siquiera cruzar una calle sin ir acompañados de un adulto. A la edad de mi hijo, yo andaba y circulaba en bicicleta por el barrio solo con mis amigos. A veces me parece que lo más parecido a la aventura que viven mis hijos es ver programas de televisión como *Raven*, donde otros niños compiten en acciones «peligrosas» previamente examinadas por funcionarios de seguridad.

Si el problema consiste en el exceso de protección, ¿cuál es la solución? ¿Cómo nos liberamos del ciclo del miedo? El primer paso es desconectarnos de la histeria de fondo y observar de frente los hechos.

Hecho 1: El mundo es ahora un lugar más seguro que nunca para los niños. Las muertes infantiles por lesión han caído en un 50 por ciento en los países desarrollados en los últimos treinta años. Entre 1970 y 2000, el número de menores británicos muertos en accidente descendió de 17,5 a 4,5 por cada 100.000. Y la tendencia es idéntica en otros países.

Hecho 2: Nuestro pánico ante los peligros que implican los desconocidos no se corresponde con las estadísticas. Las aleatorias agresiones de pedófilos son muy raras: los desconocidos no constituyen la principal amenaza para nuestros niños. Es mucho más probable que un niño padezca violencia o maltratos sexuales a manos de sus propios padres o parientes.

Hecho 3: Mantener a los niños encerrados en interiores o transportarlos a todas partes en el asiento trasero no es tan seguro como creemos. Miles de niños sufren accidentes dentro del hogar. Y en los accidentes de tráfico de muchos países mueren ahora más niños como pasajeros que a pie.[1] El riesgo está en todas partes; la clave es encontrar el equilibrio justo.

Hecho 4: Los niños tienen más capacidad de recuperación y fortaleza de lo que les reconocemos. Aunque los primeros años son de formación, unos cuantos golpes por el camino no dejarán marcado a nadie de por vida: incluso podrían contribuir a hacer personas más fuertes. Un reciente estudio efectuado en Dinamarca no halló ninguna conexión entre traumatismos sufridos en la infancia y calidad de vida en la edad adulta.

Hecho 5: Los niños son a menudo más sensatos, competentes y capaces de enfrentarse al riesgo de lo que imaginamos. Sólo hay que fijarse en cómo se desenvuelven los más jóvenes en los rincones más duros del Tercer Mundo. Entre el pueblo de los fulani de África occidental, niñas de incluso cuatro años salen del pueblo a recoger leña y agua.[2] Muchos niños de la calle brasileños sobreviven a un sinfín de peligros que suscitarían sudor frío en el padre occidental medio: desnutrición, violencia organizada, comerciantes hostiles, pervertidos sexuales, policía corrupta y traficantes de droga. Según la ocurrencia de Samuel Butler, novelista inglés del siglo XIX: «Los jóvenes tienen una maravillosa capacidad de o bien morir o bien adaptarse a las circunstancias».

Y fijémonos en que los niños saben enfrentarse de sobras al riesgo en el Occidente rico y neurótico cuando se les da alguna oportunidad. ¿Recuerdan la escuela Reggio de Prampolini? A todos los visitantes les sorprende que los niños puedan utilizar tijeras, chinchetas y muchos otros objetos prohibidos en otras partes porque pueden suponer un peligro si se las tragan o se cortan. La directora explica que, si bien los niños más pequeños acceden despacio a los artículos que entrañen algún riesgo, siempre se hace a partir de la premisa de que todos los niños pueden aprender a utilizarlos, aunque en el proceso se hagan uno o dos arañazos:

—En la vida hay cosas peligrosas, así que no tiene ningún sentido tratar de eliminar todos los riesgos en la infancia —explica—. Analizamos los peligros de ciertos objetos y los niños aprenden muy deprisa a manejarlos.

Armados con informaciones y alarmados al constatar que sus hijos crecen en una pecera, cada vez más padres aceptan que un poco de riesgo es un ingrediente esencial de una infancia feliz y saludable. Uno de los éxitos editoriales de 2006-2007 fue un libro cuyo mismo título parece una llamada a levantarse en armas contra la asfixiante cultura de la sobreprotección. *El libro peligroso para los chicos* está lleno de propuestas para gozar con todo tipo de pasatiempos, desde carreras con carretillas hasta cómo preparar tirachinas/catapultas para jugar a *conker* (sin gafas protectoras).

Parece haberse invertido la tendencia a hacer zonas de juegos más seguras a fuerza de eliminar aparatos «de alto riesgo», como toboganes altos y tiovivos. A raíz de la presión de niños y padres que buscan mayores emociones, los burócratas británicos están introduciendo ahora equipamientos más audaces, como redes para escalar inspiradas en los prácticas de asalto del ejército, columpios y unos tiovivos sobrecogedores llamados «discos holandeses». Y a las familias les encanta.

También aumenta la presión para que los niños vuelvan a las calles. Las ciudades imponen medidas para apaciguar el tráfico y dar más espacio y protección a los transeúntes. Al mismo tiempo, se está demostrando que incluso ahora muchas calles no son tan peligrosas como pensamos. Una vez al año, millones de niños de cuarenta países participan en el Día de Ir a Pie a la Escuela. Claro que padres y profesores los vigilan de cerca, o incluso dirigen caminatas en grupo, pero a muchos niños el día les permite probar un poco de libertad. Y para algunos lo cambia todo. En 2006, Cindy Browning dejó el Ford Explorer en su casa de Indianapolis, Indiana, y fue andando con su hijo de diez años, Max, a la escuela de éste, a un kilómetro de distancia. A Browning le sorprendió lo seguro que era el camino, con luces o líneas de señalización vial especiales en los tres cruces que había. Sólo vieron a residentes del barrio que se dirigían al trabajo. Algunos les sonrieron y saludaron con la mano, y Browning incluso reconoció a la secretaria de la empresa donde trabaja como agente de seguros. Resultado final: Max va y vuelve de la escuela a pie todos los días, a menudo con un amigo y casi siempre sin la compañía de adultos.

—Cuando miro atrás, no estoy nada segura de por qué creía que ir a pie era tan peligroso —reflexiona la madre. A Max le encanta la independencia.

—Me hace sentir menos como un niño pequeño —dice con orgullo—. Y me divierto mucho con mi amigo por el camino.

Además, el ejercicio le sienta bien. Un estudio británico que siguió a 5.500 niños nacidos a principio de los noventa concluyó que incluso un pequeño aumento en la actividad física —y eso incluye un breve paseo a la escuela— reducía mucho las posibilidades de que el niño sufriera algún grado de obesidad.[3]

Otra iniciativa para ir a pie a la escuela dio a Martha Kane ánimos para permitir que Ethan, su hijo de once años, fuera en bicicleta a casa ya oscurecido desde la casa de un amigo en Toronto. En el recorrido tiene que atravesar dos carreteras concurridas.

—Reconozco que las primeras veces estuve sentada al lado de la ventana hasta que llegó a casa, pero después me di cuenta de que la cosa no era tan grave —dice—. Me refiero a que, a su edad, yo iba en bicicleta por todo el barrio sola cuando ya era de noche, y ahora vivimos en un barrio mucho mejor que el de mis padres. —Algunas amigas de Kane han seguido su ejemplo.

Una vez se supera un miedo paterno, resulta fácil seguir en la misma línea. Cuando mi hijo cumplió ocho años, decidimos que ya era hora de dejarle ir solo a la tienda. El quiosco-papelería de Harry se encuentra en una calle comercial animada, a la vuelta de la esquina de nuestra calle, pero el trayecto es de menos de cincuenta metros y no requiere cruzar ninguna calle. El primer par de veces que fue permanecimos expectantes y nerviosos al lado de la puerta, pero ahora hace el viaje con la puerta cerrada. Me siento un poco estúpido por haber esperado tanto a dejarle ir: habría recorrido el trayecto sin ningún problema un año antes o más. Envalentonados por este éxito, ahora concedemos a nuestra hija libertades que habrían resultado inimaginables para su hermano, como jugar en el patio de delante sin supervisión.

Pocos meses después de que Magnus se quemara el dedo, decido acompañar a Jardín Secreto en una jornada al aire libre. Termina enero y la temperatura ronda los cero grados. Seis niños de tres y cuatro años, entre ellos Magnus, llegan vestidos de pies a cabeza con ropas cálidas e impermeables. Forman una fila india ante el gallinero que hay detrás del jardín de Bache. La gripe aviar vuelve a ser noticia, pero ninguno de los padres que vienen a dejar a los niños parece alarmado por las informaciones. Dos niños están alimentando a las gallinas cuando otro encuentra un gorrión muerto en el suelo.

—Quizás está durmiendo —dice Alexia.

—No, no está durmiendo, está muerto —tercia Duncan.

Bache recoge el pájaro y despliega su ala blanda para que la toquen los niños. Eligen un lugar detrás del palomar para enterrarlo, y señalan la tumba con clavos oxidados y fragmentos de cristal roto y cerámica que dejaron los anteriores propietarios. Pienso en inyecciones antitetánicas, y siento alivio al constatar que los niños no se han hecho ningún corte en los dedos.

Después nos adentramos en el bosque. Por el camino, los niños se paran a romper los charcos helados que se han formado en el camino. A veces el pie se mete en el agua sucia de debajo. Magnus coge un trozo de hielo del suelo y empieza a lamerlo.

Todo esto hace que Jardín Secreto parezca la peor pesadilla de los padres, un caldo de cultivo de enfermedades, heridas o algo peor. Pero resulta justo lo contrario. Varias encuestas realizadas en Dinamarca demuestran que los niños que asisten a jardines de infancia al aire libre contraen un 80 por ciento menos de resfriados, dolor de garganta, infecciones en los oídos y otras enfermedades contagiosas que los que permanecen encerrados en interiores. Y en Alemania se han efectuado estudios que demuestran que los niños que salen al exterior también sufren menos lesiones y son menos agresivos. Los padres de Jardín Secreto lo confirman: los veinticuatro alumnos de Bache parecen inmunes a los chinches que hacen estragos entre sus amigos de los jardines de infancia convencionales.

En los últimos años, los índices de alergia se han disparado entre niños de todo el mundo.[4] Los científicos todavía tratan de averiguar por qué, pero algunos sospechan que en parte se deba a los entornos muy desinfectados en los que tantos niños crecen hoy. Sólo hay que fijarse en lo que ocurrió en Alemania: antes de la unificación, los índices de infecciones eran mucho más altos en la parte occidental, aunque en la parte del este comunista la contaminación era mucho peor y más niños vivían en granjas; después de la reunificación, se limpió a fondo y urbanizó la Alemania del Este, y los índices de alergias aumentaron mucho. Otros informes indican que el brusco incremento de niños con diabetes tipo 1 también puede deberse a entornos excesivamente desinfectados. Esto nos conduce a la ironía endémica en la infancia moderna: al tratar de proporcionar a los niños un entorno ideal, en este caso uno escrupulosamente higiénico, podemos estar debilitándoles. Cada rociada de absorbeolores, cada pasada de antibacterias, cada hora de juego al aire libre sustituida por una hora de juego en un interior, podría representar negarles otra oportunidad de robustecer sus sistemas inmunitarios. De ser así, jardines de infancia como Jardín Secreto son la solución más adecuada.

La naturaleza es un lugar arriesgado, pero los niños aprenden rápidamente a sortear los peligros. Magnus se pone a la cabeza de un grupo que asciende por un sendero empinado y sinuoso a través de una espesa masa de arbustos, algunos de ellos bastante espinosos.

—Es mi camino secreto —dice. A media subida, se para a señalar una rama que atraviesa el sendero a la altura de mi cintura. Cual portero de hotel elegante, la retira a fin de que yo pueda pasar sin hacerme ningún rasguño—. Si tienes más de cuatro años tienes que ir con cuidado con esta rama —me dice—. Puede arañarte la cara.

Más adelante, una niña de tres años llamada Alice recoge una seta del pie de un árbol.

—Es muy bonita —dice. Mi primera reacción es arrebatársela antes de que se la trague, así que me siento bastante estúpido cuando oigo sus siguientes palabras—: Pero podría ser venenosa, se la llevaré a Cathy.

La entrega a Bache, que la sostiene en lo alto a la luz y se muestra de acuerdo con que es muy bonita:

—Ésta no la conozco, Alice, así que tendremos que dejarla —dice antes de lanzar la seta a un arbusto.

Es evidente que pasar tiempo en Jardín Secreto aumenta la independencia de los niños. El otro día, Eileen Sutherland, de cuatro años, fue a pasear al bosque con su familia. Se le enganchó un pie bajo un tronco de árbol y se echó a llorar, al tiempo que buscaba a sus padres para que la ayudaran. Éstos, sin embargo, en lugar de acudir a toda prisa al rescate, le preguntaron qué haría si ocurriera algo similar en Jardín Secreto. Eileen rio, se soltó el pie y siguió andando.

—Sólo tenemos que mencionar Jardín Secreto y es como si pasara a otro modo —dice Jenny, su madre—. Se transforma en una niña más capaz y menos miedosa.

En muchas familias, esto crea un círculo virtuoso: cuanta más confianza siente el niño, menos miedo tiene el padre, etcétera. Jenny cree que ahora controla y se preocupa mucho menos:

—Antes de Jardín Secreto, creo que trataba a Eileen como a un bebé y hacía que todo resultara demasiado sencillo y fácil. Ahora que veo de lo que es capaz, trato de no intervenir tanto. Si viene a casa con el trasero sucio de barro, o con algún chichón o magulladura, bueno, es la vida.

Otra madre, Natalie, me dice que el grupo da la fuerza:

—En Jardín Secreto conoces a otros padres que permiten que sus hijos corran más riesgos, y eso te da confianza para hacer lo mismo. Te ayuda a enfrentarte a tu propia paranoia sobre la seguridad de los niños. Y te permite comprender que no sólo es imposible crear un mundo perfectamente seguro para tu hijo, sino que tampoco es demasiado bueno para él.

Sin embargo, puede resultar difícil la presión de otros padres. Mucha gente se queja de que los demás padres se asombran de que consientan que sus hijos vuelvan de la escuela a pie. En unas recientes vacaciones de verano en Canadá, mis hijos fueron a patinar a la misma pista descubierta donde patinaba yo de niño. Hace una generación, pocos niños, si había alguno, llevaban casco; hoy lo llevan todos, incluso los mejores patinadores, y algunos incluso protecciones para la cara. El segundo día, un padre se acercó patinando para comentarme que mis hijos se podían hacer mucho daño en la cabeza si caían. Lo primero que sentí fue vergüenza: no estoy protegiendo a mis chicos. Después me recuperé y seguí mi criterio. Mis hijos pasaron tres semanas en la pista sin llevar casco. Cayeron muchas veces, y hasta se dieron un par de golpes en la cabeza, pero no se hicieron ningún daño. Ambos aprendieron a patinar. Después, cuando pregunté a mi hijo qué le había gustado más de patinar en pista descubierta, me respondió:

—Cuando vas muy deprisa y sientes cómo el viento te revuelve el pelo.

Y créanme, eso no se siente con un casco puesto.

Volvamos a Jardín Secreto. Después de siete horas de trepar a árboles, buscar mariquitas en hibernación y chapotear en charcos a temperaturas gélidas, tengo algo muy claro: los niños son mucho más resistentes de lo que imaginamos los adultos. Con el fin del día, todos los niños tienen las mejillas sonrosadas, y algunos, salpicaduras de barro en la cara, pero nadie se ha quejado ni una sola vez de tener frío o estar mojado.

Ya me gustaría poder decir lo mismo de mí. Tengo los dedos de los pies tan fríos que me alegro cuando Bache propone encender un fuego en un claro del bosque. Siguiendo los principios de Jardín Secreto, los niños toman el mando y recogen ramitas y ramas para prender el fuego. Magnus se ofrece como voluntario para encenderlo. Banche le entrega un instrumento sueco que facilita el proceso y un trozo de algodón calcinado. Muy concentrado, Magnus pasa el percutor por la pequeña vara de acero y levanta chispas de hasta 3.000 °C. Después de varios intentos, una da en el algodón y lo enciende. Magnus recoge el material sin acercar los dedos al rincón encendido y lo pone sobre las ramas. Al cabo de pocos minutos estamos todos sentados en torno un fuego espléndido. En el rostro embarrado de Magnus apunta una sonrisa.

—Con el fuego hay que andarse con cuidado —me dice, en un tono casi profesional—. Pero no hay que tenerle miedo. —Arroja otro tronco a las llamas y después musita, como para sí—: No me da miedo nada.

DEJA EN PAZ A ESOS CHICOS

«No todo lo que puede contarse cuenta, y no todo lo que cuenta puede contarse.»

ALBERT EINSTEIN

Cuando, en el siglo XVIII, en Europa se impuso el gusto por los niños prodigio, una escritora inglesa llamada Hester Lynch Thrale decidió dedicar su vida a hacer de su hija mayor una superniña. A los dos años y medio, Queeney ya mostraba indicios de tener una memoria prodigiosa. Podía nombrar los países, mares y capitales de Europa; conocía el sistema solar, la brújula, los signos del zodíaco; podía recitar los días de la semana y los meses del año, así como varios textos religiosos. A los cuatro años y medio, la pequeña Queeney sabía los verbos latinos hasta la quinta declinación. Con una habitual mezcla de jactancia y autocompasión, su abnegada madre escribió: «No he salido a cenar ni he hecho visita alguna sin llevarla a ella, a no ser que la dejara en la cama; porque jamás la he dejado ni una hora al cuidado de los sirvientes (salvo dormida)».

Todo este control excesivo acabó mal. Ninguna de las hijas de Thrale alcanzó la excelencia intelectual, y la madre terminó por reñir con ellas, sobre todo con Queeney, a quien calificó de «huraña, maliciosa, perversa, deseosa de atormentarme, aunque sea haciéndose daño». Decidió no molestarse en imponer el mismo tratamiento a su hermana pequeña, Sophy: «He hecho caso del aprendizaje de bebés hasta quedar medio aturdida... y todos mis desvelos han tenido muy escaso efecto. No tengo ánimos para batallar con Sophy. [...] No voy a llenar su vida de desdicha».

Siempre ha existido el deseo de un superniño, inscrito en lo hondo del ADN de todos los padres. Lo que ha cambiado es que muchos de nosotros sentimos ahora la presión social, y tenemos tiempo y dinero para tratar de crear uno. El fracaso de Thrale es un recordatorio de lo inútil y ruinoso que puede ser el intento, en cualquier siglo.

No nos desmoralicemos demasiado. Como ya hemos visto, una de las lecciones que ofrece la historia es que la niñez pocas veces resulta tan lúgubre como la describen los agoreros. En la actualidad, hay muchas cosas maravillosas en la niñez. Muchos pequeños tienen una relación más cercana y relajada con sus padres que en cualquier otro momento de la historia. El mundo está repleto de oportunidades para aprender, viajar y divertirse. Internet ofrece toda la aventura embriagadora de una nueva frontera.

Al mismo tiempo, sin embargo, es mucho lo que se ha torcido. La salud física y mental de los niños se resiente. A muchos se les niega la libertad de jugar al aire libre, de trazar su propio camino en la vida, de ver un mundo en un grano de arena. Crecen con el miedo a posibles fracasos y con la expectativa de que todo se les sirva en bandeja de plata. La tarea de ser padre corre el peligro de convertirse en una competición llena de pánico, culpa y decepción, lo que puede hacer que nos despreocupemos del bienestar de los demás niños, incluso que desconfiemos de ellos. ¿Cuándo fue la última vez que vio a sus hijos jugando solos en la calle? ¿Cuándo la última que vio a un grupo de jóvenes sin vigilancia adulta y no pestañeó?

Pero hay esperanza. Otra lección de la historia es que la infancia evoluciona. La presión por dar a nuestros hijos lo mejor de todo y convertirles en los mejores en todo es fuerte, pero no irresistible. Nadie nos apunta con una pistola a la cabeza ni nos obliga a criar a la próxima generación con el celo neurótico de una Hester Thrale. Está en nuestro poder cambiar, relajarnos.

¿Por dónde empezamos? El primer paso consiste en aceptar que los niños tienen una determinada cantidad de aptitudes e intereses, y que hay muchos caminos hacia la condición adulta. La vida no se acaba por no entrar en Oxford o Harvard. No todo el mundo es seleccionado para trabajar en Wall Street, ni lo quiere todo el mundo. Por definición, sólo un puñado de niños será verdaderamente excepcional de mayor en algún campo. Si vamos a reinventar la infancia de un modo que sea bueno para los niños y para los adultos, hemos de aprender a tolerar la diversidad, la duda, las asperezas ocasionales, incluso el conflicto. Tenemos que valorar a los niños por lo que son y no por lo que queremos que sean.

El péndulo empieza a oscilar en sentido contrario. A raíz de un conjunto de pruebas e investigaciones científicas cada vez mayor, escuelas, profesores, comunidades y familias de todas partes encuentran maneras de tratar a los niños como personas y no como proyectos, y resulta que éstos crecen más felices, sanos y capaces de dejar su impronta en el mundo.

Resistir a la presión del control excesivo en un ámbito lleva a menudo a hacer lo mismo en otros. Cuando Vicente Ramos vio que su hijo recuperaba la afición por el fútbol después de que dejara de gritarle desde el borde del terreno de juego, empezó a presionarle menos en lo concerniente a la escuela. Reducir las actividades extraescolares favoreció que la familia Carson limitara las horas que sus hijos pasaban frente a la pantalla del ordenador. Cuando Malcom Page dejó de comportarse como un cajero automático con piernas, le resultó más sencillo decir «no» a su hijo cuando éste insistía en seguir levantado después de la hora de acostarse. Cuando Beatrice Chang empezó a crecer en la escuela Waldorf de Hong Kong, su padre reservó más tiempo para que la niña pudiera jugar por su cuenta. Ver que a su hija la beneficiaba la vida en el bosque en el jardín de infancia Jardín Secreto convenció a Jenny Sutherland de dejar de mimarla durante el resto del día.

—Cuando te das cuenta de que el mundo no se acaba si no vigilas a tu niño o niña cada instante del día, cambia toda tu actitud —dice—. Ya no tratas de hacerlo a la perfección todo, cedes un poco para que tu hijo o tu hija pueda vivir su vida, en vez de vivirla tú en su lugar.

Lo que están descubriendo personas como Sutherland es la alegría de un niño que no satisface todas las expectativas adultas sino que abre un camino diferente, más interesante por el hecho de ser él mismo.

Debo hacer una confesión: al inicio de este viaje, esperaba concluirlo con una receta paso a paso para la educación de los niños en el siglo XXI, un antídoto completo contra la obsesión por no ser menos que los demás. Pero ahora me doy cuenta de que eso no supondría más que sustituir un dogma por otro. Lo que he descubierto, en cambio, es que no hay una sola fórmula para la educación de los niños. Claro que hay algunos principios básicos válidos en diversas clases y culturas: los niños necesitan sentirse seguros y amados, necesitan nuestro tiempo y atención, incondicionalmente, necesitan fronteras y límites, necesitan espacio para arriesgarse y equivocarse, necesitan pasar tiempo al aire libre, necesitan que les puntuemos y les midamos menos, necesitan comida saludable, necesitan aspirar a algo mayor que tener el próximo cachivache de marca, necesitan margen para ser ellos mismos. Pero dicho esto, los detalles varían: cuántas actividades extraescolares, cuántas horas frente al ordenador, cuántos deberes, cuánto dinero de asignación, cuánta libertad. Como todos los niños y padres son distintos, cada familia debe hallar la fórmula que mejor se adapte a ella. No es tan complicado como parece: puede conseguirse si se apaga el ruido de fondo y se hace más caso de la intuición, si se busca un modo propio de ser padre en vez de tratar de estar a la altura del de otros. Claro que nuestro consejo experto puede ser de ayuda, pero por muchos manuales que se lean y por muchos talleres de paternidad a los que se asista o por mucho esfuerzo que se ponga en ser la Madre o el Padre del Año, siempre nos quedaremos cortos. Y tampoco hay ningún problema en eso. No hay que sentirse culpable por perder los nervios, o por aburrirse jugando a Barbies o porque esta tarde no podamos preparar magdalenas. O porque no se pueda comer siempre en familia y a veces se les permita a los niños ver más televisión de lo que parece aconsejable. Los niños pueden encajarlo.

Hace medio siglo, un influyente pediatra inglés llamado D. W. Winnicott sostuvo que crear la infancia perfecta era imposible, y que el intento resultaba dañino tanto para el padre como para el hijo. En cambio, los padres deberían aspirar a satisfacer la mayoría de necesidades de sus hijos y aceptar que en ocasiones se equivocarán. Si se acierta «razonablemente», decía Winnicott, la mayoría de los niños crecen bien.

Claro está que el papel de los padres sólo es una parte de la ecuación. Más allá de la familia, debemos replantear las normas que gobiernan todo lo tocante a las vidas de los niños: escuela, publicidad, juguetes, deportes, tecnología, tráfico. Eso implica aceptar algunas verdades incómodas: que los coches deben ocupar menos espacio en nuestras calles, que gran parte del mejor aprendizaje no puede medirse, que los chismes electrónicos no pueden reemplazar algunas cosas, que la medicación debe ser el último recurso ante un comportamiento difícil, que nuestra adicción colectiva al consumo debe acabar.

Lo que indica todo ello es que se debe encontrar una nueva definición de infancia. Tal vez lo que más necesitamos es una amalgama de la filosofía romántica y la de Locke: aceptar que la infancia es un ensayo general para la edad adulta pero no siempre tratarla como tal ensayo. Eso implica aportar a los niños una estructura y una orientación junto con parte de la libertad que encontrarían en el País de Nunca Jamás. También implica planificar el futuro sin perder la magia del presente. En lugar de cocer un pastel con sus hijos porque les familiarizará con las nociones de peso, volumen y aritmética, o besuquearse con el bebé porque eso reforzará su córtex prefrontal, hágalo por la simple alegría de hacerlo. Deje que los efectos del desarrollo se arreglen por su cuenta.

Esta definición de la infancia lleva aparejadas nuevas exigencias para los adultos, y sobre todo para los padres. Los niños necesitan que les demos ejemplo, que hagamos sacrificios e impongamos límites. El padre del siglo XXI debe encontrar un equilibrio entre crecer y no crecer nunca.

Al igual que cualquier cambio social, la creación de una nueva forma de infancia y de condición adulta surgirá de millones de pequeños actos de desafío. Siempre que se opta por permitir que un niño sea él mismo, la balanza cultural oscila un poco, y a los demás les resulta más fácil seguir el ejemplo. Llevará tiempo, pero el cambio merecerá la pena.

Mi viaje particular no ha concluido, es una actividad abierta. Se me da mejor resistir las peticiones insistentes e imponer la ley en general. Ahora aplicamos más la norma de apagar las luces a la hora de acostarse. También nos aseguramos de que los niños tengan mucho tiempo libre, y racionamos la parte de este tiempo que pasan frente a pantallas electrónicas.

Sigo esperando que mis chicos tendrán talento para algo —eso seguramente no desaparecerá nunca—, pero, al menos, ahora esa esperanza no me convierte en un sargento de instrucción al primer indicio de potencial. Lo que me propongo es animar a mis hijos a levantar el vuelo pero dejarles escoger la ruta. En vez de meterlos con calzador en mi plan maestro, disfruto averiguando quiénes son a medida que crecen.

El punto de partida de este libro ha sido la cruzada por hacer de mi hijo un gran artista. Todavía le encanta dibujar, y sus mejores obras todavía acaban en la puerta de la nevera o en mi escritorio. Mientras mecanografío estas palabras estoy mirando un retrato de un personaje de *Star Wars*, Darth Vader. Pero el deseo de convertirle en el próximo Miguel Ángel se ha debilitado.

El otro día sucedió algo que me indicó que tal vez me encuentre en proceso de recuperación. Estábamos chutando un balón de fútbol en el parque cuando mi hijo anunció que en su escuela organizan un grupo de dibujo. Por un instante se me paró el corazón, pero resistí el impulso de mandarle a inscribirse de inmediato. En cambio, respondí con tono neutral:

—Parece interesante. ¿Vas a apuntarte?

—Es que sobre todo van a ir niñas, y no quiero ser el único niño —dijo mi hijo—. Pero me gustaría que un profesor que sabe mucho de arte me enseñara a dibujar mejor. Creo que podría aprender algunas cosas en el grupo.

—Tiene sentido —comenté al mismo tiempo que le devolvía el balón.

Dejamos el asunto y nos concentramos en el fútbol durante un rato. En la última jugada, mi hijo levantó la pelota del suelo y de un empalme me superó y marcó, para después correr con los brazos en alto como sus héroes de *Match of the Day* (programa dedicado al fútbol en la BBC). Mientras recogíamos las cosas, retomó la cuestión del grupo de dibujo:

—Papá, sé que quieres que me apunte. Pero soy yo quien tiene que decidirlo.

Le expresé mi conformidad y le dije que esperaría a que se decidiera. Y lo decía de veras.

Mi hijo cogió el balón y me prometió que haría un dibujo de sí mismo marcando un gol con Inglaterra cuando llegáramos a casa. Le sonreí, le rodeé con el brazo y nos dirigimos a casa. Durante todo el trayecto no hablamos más que de fútbol.

NOTAS

INTRODUCCIÓN. GESTIÓN DE LA INFANCIA

1. Jo Ann Shelton, *As the Romans Did: A Sourcebook in Roman Social History*, Nueva York: Oxford University Press, 1997, p. 19.
2. Frank Furedi, *Paranoid Parenting: Why Ignoring the Experts May Be Best for Your Child*, Nueva York, A Cappella Books, 2002, p. 13.
3. Erin White, «Employers Court Mom and Dad», *Wall Street Journal*, Classroom Edition, mayo de 2007.
4. Basado en una investigación del Dr. Mininder S. Kocher, portavoz de la Academia Norteamericana de Cirugía Ortopédica y codirector de la División de Medicina Deportiva, Hospital de Niños, Boston, Massachusetts.
5. Basado en cifras de la Asociación Europea para la Prevención de Lesiones y Promoción de la Seguridad.
6. Basado en una investigación de la Universidad de Okayama en 2002.
7. Patrick West y Helen Sweeting, «Fifteen, females and stressed: changing patterns of psychological distress over time», *Journal of Child Psychology and Psychiatry*, vol. 44, n.º 3 (2003), pp. 399-411.
8. Richard M. Scheffler, Stephen P. Hinshaw, Sepideh Modrek y Peter Levine, «The Global Market for ADHD Medications», *Health Affairs*, vol. 26, no. 2 (marzo/abril de 2007), pp. 450-457.
9. Joyce M. Lee, Matthew M. Davis, Sarah J. Clark, Timothy P. Hofer y Alex R. Kempe, «Estimated Cost-effectiveness of Growth Hormone Therapy for Idiopathic Short Stature», *Archives of Pediatric and Adolescent Medicine*, vol. 160 (marzo de 2006), pp. 263-269.
10. Basado en las respuestas de 16.475 estudiantes a la encuesta Inventario de Personalidad Narcisista concebido por Jean Twenge, profesora adjunta de psicología en la Universidad del Estado de San Diego.

11. Po Bronson y Ashley Merryman, «Baby Einstein vs. Barbie», *Time*, 22 de septiembre de 2006.

1. SON LOS ADULTOS, ESTÚPIDO

1. Michael Sanderson, *Education and Economic Decline in Britain, 1870 to the 1990s*, Cambridge: Cambridge University Press, 1999, p. 5.
2. Basado en una encuesta de Synovate en 2004.

2. PRIMEROS AÑOS
CUANDO LOS HITOS SE CONVIERTEN EN PITOS

1. Lawrence Stone, *Family, Sex and Marriage in England, 1500-1800*, Londres: Penguin Books, 1990, p. 82.
2. Lloyd de Mause (ed.), *The History of Childhood*, Londres, Souvenir Press, 1976, p. 314.
3. Basado en una investigación de Su-hua Wang, del departamento de psicología de la Universidad de California, Santa Cruz.
4. Janet Werker y Whitney Weikum, «Visual Language Discrimination in Infancy», *Science*, 25 de mayo de 2007, p. 1159.
5. Kathy Hirsh-Pasek, Diane Eyer, Roberta Michnick Golinkoff, *Einstein Never Used Flash Cards: How Our Children Really Learn—And Why They Need to Play More and Memorize Less*, Nueva York: Rodale Books, 2003, pp. 27-28 (traducción al castellano: *Einstein nunca memorizó, aprendió jugando*).
6. Basado en una investigación del Centro de Estudios Longitudinales de la Universidad de Londres en el Instituto de Educación.
7. Jeffrey Kluger y Alice Park, «The Quest for a Super Kid», *Time*, 30 de abril de 2001.
8. C. H. Janson y C. P. Van Schaik, «Ecological Risk Aversion in Juvenile Primates: Slow and Steady Wins the Race», en M. E. Pereira y L. A. Fairbanks (eds.), *Juvenile Primates: Life History, Development and Behavior*, Chicago: Chicago University Press, 2002, pp. 57-76.
9. Kathy Hirsh-Pasek, Diane Eyer, Roberta Michnick Golinkoff, *Einstein Never Used Flash Cards: How Our Children Really Learn—And*

Why They Need to Play More and Memorize Less (traducción al castellano: *Einstein nunca memorizó, aprendió jugando*).

3. JARDÍN DE INFANCIA
JUGAR ES COSA DE NIÑOS

1. Kathy Hirsh-Pasek, «Pressure or challenge in preschool? How academic environments impact upon young children», en L. Rescorla, M. Hyson y K. Hirsh-Pasek (eds.), «Hurried children: Research and policy on early academic learning for preschoolers», en B. Damon (ed. gen.), *New Directions in Developmental Psychology*, vol. 53, Nueva York, Jossey-Bass, 1991.
2. Basado en un estudio de 2003 de la Britain's Office for Standards in Education.
3. Reggio Children confirmó la exactitud de todos los datos de la sección de este libro. Sin embargo, la organización siempre pide a los visitantes que incluyan el siguiente descargo de responsabilidad: «Las opiniones expresadas en este libro pertenecen al autor y representan su interpretación personal del Enfoque de Reggio sobre la educación. El contenido de este libro refleja el punto de vista y la opinión expresados por el autor, que tuvo la oportunidad de visitar varios jardines de infancia municipales y el Centro Internacional Loris Malaguzzi en Reggio Emilia».

4. JUGUETES: PULSE «PLAY»

1. Amelia Hill, «Educational toys? An old box teaches just as much», *Observer*, 25 de septiembre de 2005.
2. Bill Brown, «American Childhood and Stephen Crane's Toys», *American Literary History*, vol. 7, n.° 3, *Imaging a National Culture* (otoño de 1995), pp. 443-476.
3. Visite www.iteddy.com
4. Visite www.froginthehole.com

1. Basado en el informe Youth TGI, copyright BMRB International 1994-2006.
2. Elizabeth Vandewater y Dra. Ellen Wartella, «Zero to Six: Electronic Media in the Lives of Infants, Toddlers and Preschoolers», The Henry J. Kaiser Family Foundation, octubre de 2003.
3. Elizabeth Vandewater y Dra. Ellen Wartella, «Zero to Six: Electronic Media in the Lives of Infants, Toddlers and Preschoolers», The Henry J. Kaiser Family Foundation, octubre de 2003.
4. Basado en un estudio de Hewlett-Packard realizado en 2005 por Glenn Wilson, psiquiatra de la Universidad de Londres.
5. Steve Lohr, «Slow Down, Brave Multitasker, and Don't Read This in Traffic», *New York Times*, 25 de marzo de 2007.
6. Dimitri A. Christakis, Frederick J. Zimmerman, David L. DiGiuseppe y Carolyn A. McCarty, «Early Television Exposure and Subsequent Attentional Problems in Children», *Pediatrics*, vol. 113, n.º 4 (abril de 2004), pp. 708-713.
7. Helen Phillips, «Mind-altering media», *New Scientist*, 19 de abril de 2007.
8. Rachel Nowak, «Lifestyle causes myopia, not genes», *New Scientist*, 8 de julio de 2004.
9. Peter Stearns, *Anxious Parents: A History of Modern Childrearing in America*, Nueva York: New York University Press, 2003, p. 178.
10. Tara Stevens y Miriam Mulsow, «There is no Meaningful Relationship Between Television Exposure and Symptoms of Attention-Deficit/Hiperactivity Disorder», *Pediatrics*, vol. 117, n.º 3 (marzo de 2006), pp. 665-672.
11. C. S. Green y D. Bavelier, «Action-Video-Game Experience Alters the Spatial Resolution of Vision», *Psychological Science*, vol. 18, n.º 1 (2007).
12. Óscar López y otros, «A randomized pilot study to assess the eficacy of an interactive, multimedia tool of cognitive stimulation in Alzheimer's disease», *Journal of Neurology, Neurosurgery and Psychiatry*, vol. 77 (octubre de 2006), pp. 1.116-1.121.
13. Basado en una investigación publicada en 2006 por Michael Shayer, profesor de psicología aplicada en King's College, Universidad de Londres, y financiada por el Economic and Social Research Council (ESRC).
14. Mark Tremblay y otros, «Conquering Childhood Inactivity: Is the

Answer in the Past?», *Medicine & Science in Sports & Exercise*, vol. 37, n.º 7 (julio de 2005), pp. 1.187-1.194.

15. Basado en cifras de la National Sleep Foundation, con sede en Estados Unidos, y un estudio de 2004 de la unidad de Psiquiatría Infantil y Adolescente de Oxford.

16. Basado en una investigación dirigida por Markus Bindemann, investigador en psicología de la Universidad de Glasgow.

17. Basado en un estudio de YouthTrends financiado por la Nuffield Foundation y publicado en 2007.

18. R. M. Viner, T. J. Cole, «Television viewing in early childhood predicts adult body mass index», *Journal of Pediatrics*, vol. 147, n.º 4 (octubre de 2005).

19. Donald Roberts, Ulla Foehr y Victoria Rideout, «Generation M: Media in the Lives of 8-18 Year-Olds», The Henry J. Kaiser Family Foundation, marzo de 2005.

20. Guy Claxton, *Hare Brain, Tortoise Mind: Why Intelligence Increases When You Think Less*, Londres, Fourth Edition, 1997, pp. 76-77.

21. David Kirkpatrick, «Do you answer your cellphone during sex?», *Fortune*, 28 de agosto de 2006.

22. Citado en el resumen de un estudio de 2005 de Dan Anderson, profesor de psicología de la Universidad de Massachusetts.

23. Basado en un estudio de 2002 de la State Education and Environmental Roundtable, organización estadounidense que examina la «educación centrada en el entorno».

6. ESCUELA: TIEMPO DE PRUEBAS

1. Basado en una encuesta de 2006 de Horizon Research Group.

2. Basado en un estudio de 2006 de Julia Chirstensen Hugues, directora de servicios de apoyo a profesores de la Universidad de Guelph.

3. «Student web cheats caught out by "pyjama inspiration"», *Evening Standard*, 7 de marzo de 2007.

4. Peter Adamson, «Child poverty in perspective: An overview of child well-beign in rich countries», Inocenti Report Card 7, UNICEF 2007.

5. Donald Macintyre, «Too Cruel for School—South Korea's youth gangs», *Time*, 25 de abril de 2005.

6. Brian Grow, «A Spate of Cheating—By Teachers», *Business Week*, 5 de julio de 2004.
7. Angeline Lillard y Nicole Else-Quest, «Evaluating Montessori Education», *Science*, vol. 313, n.º 5.795 (29 de septiembre de 2006), pp. 1.893-1.894.
8. Oliver James, «Mrs Mac's Elementary Lesson», *London Times*, 2 de octubre de 2006.
9. Basado en una entrevista concedida por Tharman Shanmugaratnam, ministro de Educación de Singapur, a Channel NewAsia en diciembre de 2005.
10. Basado en pruebas de aptitud que realizó en 2004 el Ministerio de Educación japonés.
11. Nancy Gibbs y Nathan Thornburgh, «Who Needs Harvard?», *Time*, 13 de agosto de 2006.

7. DEBERES: LA ESPADA DE DAMOCLES

1. Harry Hendrick, *Children, Childhood and English Society, 1880-1990*, Cambridge: Cambridge University Press, 1997, p. 75.
2. Basado en una investigación de Julian Betts, profesor adjunto de Economía de la Universidad de California, San Diego.
3. David P. Baker y Gerald K. LeTendre, *National Differences, Global Similarities: World Culture and the Future of Schooling*, Palo Alto: Standford University Press, 2005.
4. Rachel Nowak, «Lifestyle causes myopia, not genes», *New Scientist*, 8 de julio de 2004.
5. Liam Fitzpatrick, «Asia's Overscheduled Kids», *Time*, 20 de marzo de 2006.
6. Lee, Jong-Tae; Kim, Yang-Boon y Yoon, Cho-Hee: «The Effects of Pre-Class Tutoring on Student Achievement: Challenges and Implications for Public Education in Korea», *KEDI Journal of Educational Policy*, vol. 1, n.º 1 (2004), p. 39.
7. Cleo, Roland y Euston Quah, «Mothers, Maids and Tutors: An Empirical Evaluation of their Effect on Children's Academic Grades in Singapore», *Education Economics*, vol. 13, n.º 3 (2005), p. 276.
8. Mark Bray, «Adverse Effects of Private Supplementary Tutoring», International Institute for Educational Planning, UNESCO, 2003.

8. ACTIVIDADES EXTRAESCOLARES
¡PREPARADOS, LISTOS, TRANQUILOS!

1. Ann Hulbert, «Ready, Set, Relax! America's Obsession with Telling Its Kids to Stress Less», *Slate*, 18 de marzo de 2003.
2. Peter Stearns, *Anxious Parents: A History of Modern Childrearing in America*, Nueva York: New York University Press, 2003, p. 168.
3. Basado en un estudio comparativo de 2007 de Isabelle Gingras en el departamento de psicología de la Universidad de McGill.
4. Cassandra Jardine, *Positive Not Pushy: How to Make the Most of Your Child's Potential*, Londres, Vermillion, 2005, p. 58.
5. Basado en una investigación de 1996 de Catherine Snow, profesor de educación en la Universidad de Harvard.
6. Basado en una encuesta que realizó a lo largo de veinte años en Estados Unidos la National Merit Scholarship Corporation.
7. Lawrence Stone, *Family, Sex and Marriage in England, 1500-1800*, Londres: Penguin Books, 1990, p. 276.

9. DEPORTES: PÁSALA

1. Tomado de un informe de Velocity Sports Performance, centro de preparación deportiva en Chamblee, Georgia.
2. Para más información, escriba a AbramsD@missouri.edu.
3. Basado en un estudio de 2003 del Centro para el Control de Enfermedades, estadounidense.
4. Para más información, visite www.giveusbackourgame.co.uk.

10. DISCIPLINA: ¿SÓLO DECIR NO?

1. Colin Heywood, *A History of Childhood: Children and Childhood in the West from Medieval to Modern Times*, Londres: Polity Press, 2001, p. 99.
2. Barbara Maughan, Stephan Collishaw *et al*, *Journal of Child Psichology and Psychiatry (JCPP)*, vol. 45. basado en un estudio de veinte años sobre salud mental adolescente publicado en 2004 por el Insti-

tuto de Psiquiatría del King's College de Londres y la Universidad de Manchester.

3. Son las conclusiones de Roy Baumeister, profesor de Psicología Social en la Universidad del Estado de Florida y antiguo defensor de la autoestima, después de examinar 15.000 estudios de autoestima para la Association for Psychological Science en 2003.
4. Catherine O'Brien, «Never Letting Go», *London Times*, 9 de julio de 2007.
5. «Hidden dangers of failure to diagnose ADHD correctly», *New Scientist*, 1 de abril de 2006.
6. Richard M. Scheffler, Stephen P. Hinshaw, Sepideh Modrek y Peter Levine, «The Global Market for ADHD Medications», *Health Affairs*, vol. 26, n.° 2 (marzo/abril de 2007), pp. 450-457.
7. Sue Palmer, *Toxic Childhood: How the Modern World Is Damaging Our Children and What We Can Do About It*, Londres: Orion, 2007, p. 17.

11. CONSUMISMO: PETICIONES INSISTENTES
Y CAJEROS AUTOMÁTICOS QUE ANDAN Y HABLAN

1. Lloyd de Mause (ed.), *The History of Childhood*, Londres: Souvenir Press, 1976, p. 204.
2. Juliet Schor, *Born to Buy: The Commercialized Child and the New Consumer Culture*, Nueva York: Scribner, 2004, p. 21 (*Nacidos para comprar: Los nuevos consumidores infantiles*, Ediciones Paidós Ibérica).
3. Schor, *Born to Buy*, p. 93.
4. Schor, *Born to Buy*, p. 77.
5. Basado en cifras de James McNeal, asesor de marketing infantil de College Station, Texas.
6. «Another Marie Antoniette Moment», *New York Times*, 2 de enero de 2006.
7. Basado en una encuesta de Haribo de 2006.
8. Neil Postman, *The Disappearance of Childhood*, Nueva York: Vintage, 1994, p. 9 (*La desaparición de la niñez*, Círculo de Lectores).
9. Hayley Dohnt y Marika Tiggermann, «Peer influences on body satis-

faction and dieting awareness in young girls», *British Journal of Developmental Psychology*, vol. 23 (2005), pp. 103-116.

10. Susan Linn, *Consuming Kids: Protecting Our Children from the Onslaught of Marketing & Advertising*, Nueva York: Anchor, 2005, p. 143.

12. SEGURIDAD: JUGAR CON FUEGO

1. Basado en conclusiones del informe de Better Safe Than Sorry (Mejor Seguro Que Lo Siento) publicado en 2007 por la Comisión de Auditoría del Reino Unido.

2. Michelle Johnson, *The View from the Wuro: A Guide to Child Rearing for Fulani Parents*, Cambridge: Cambridge University Press, 2000, pp. 171-198.

3. Andy R. Ness, Sam D. Leary, Calum Mattocks *et al.*, «Objectively Measured Physical Activity and Fast Mass in a Large Cohort of Children», *Public Library of Science Medicine*, vol. 4, n.º 3 (marzo de 2007).

4. Stanley Goldstein, «The Hygiene Hypothesis», *Allergy and Asthma Health Advocate*, invierno de 2004.

FUENTES

En mi investigación sobre la infancia leí muchos libros y artículos. A continuación enumero algunos de los más destacados. Después encontrarán una lista de sitios web útiles: son un buen punto de partida para buscar maneras de conceder más tiempo y espacio a los niños. Iré ampliándola en mi página web: www.carlhonore.com.

Anderegg, David, *Worried All The Time: Rediscovering the Joy in Parenthood in an Age of Anxiety*, Nueva York: Free Press, 2004.

Cunningham, Hugh, *The Invention of Childhood*, Londres: BBC Books, 2006.

Elkin, David, *The Hurried Child: Growing Up Too Fast Too Soon*, Nueva York: Perseus, 2001.

Furedi, Frank, *Paranoid Parenting: Why Ignoring the Experts May Be Best for Your Child*, Nueva York: A Cappella Books, 2002.

Hirsh-Pasek, Kathy y Roberta Michnick Golinkoff, *Einstein Never Used Flash Cards: How Our Children Really Learn—And Why They Need to Play More and Memorize Less*, Nueva York: Rodale Books, 2003 (hay traducción al castellano: *Einstein nunca memorizó, aprendió jugando*, Madrid: Martínez Roca, 2005).

James, Oliver, *They F*** You Up: How to Survive Family Life*, Nueva York: Marlowe and Company, 2005 (hay traducción al castellano: *Te joden vivo: cómo sobrevivir a la familia*, Barcelona: Global Rhythm Press, 2008).

Jardine, Cassandra, *Positive Not Pushy: How to Make the Most of Your Child's Potential*, Londres: Vermillion, 2005.

Levine, Madeline, *The Price of Privilege: How Parental Pressure and Material Advantage Are Creating a Generation of Disconnected and Unhappy Kids*, Nueva York: Harper Collins, 2006.

Linn, Susan, *Consuming Kids: Protecting Our Children from the On-slaught of Marketing & Advertising*, Nueva York: Anchor, 2005.

Manne, Anne, *Motherhood: How Should We Care for Our Children?*, Sidney: Allen & Unwin, 2005.

Mead-Ferro, Muffy, *Confessions of a Slacker Mom*, Cambridge: Da Capo Lifelong, 2004.

O'Farrel, John, *May Contain Nuts*, Londres: Doubleday, 2005.

Palmer, Sue, *Toxic Childhood: How the Modern World Is Damaging Our Children and What We Can Do About It*, Londres: Orion, 2007.

Pope, Alexander, *Scriberius*, Londres: Hesperus Press, 2003.

Pope, Denise, *Doing School: How We Are Creating a Generation of Stressed-Out, Materialistic, and Miseducated Students*, New Haven: Yale University Press, 2003.

Postman, Neil, *The Disappearance of Childhood*, Nueva York: Vintage, 1984 (hay traducción al castellano: *La desaparición de la niñez*, Barcelona: Círculo de Lectores, 1988).

Robb, Jean y Hillary Letts, *Creating Kids Who Can Concentrate: Proven Strategies for Beating A.D.D. Without Drugs*, Londres: Hodder and Stoughton, 1997.

Rosenfeld, Alven, *The Over-Scheduled Child: Avoiding the Hyper-Parenting Trap*, Irvine, Griffin Press, 2001.

Schor, Juliet, *Born to Buy: The Commercialized Child and the New Consumer Culture*, Nueva York: Scribner, 2004 (hay traducción al castellano: *Nacidos para comprar: Los nuevos consumidores infantiles*, Barcelona: Ediciones Paidós Ibérica, 2006).

Stearns, Peter, *Anxious Parents: A History of Modern Childrearing in America*, Nueva York: New York University Press, 2003.

Thacker, Lloyd, *College Unranked: Ending the College Admission Frenzy*, Cambridge: Harvard University Press, 2005.

Zelizer, Viviana, *Pricing the Priceless Child*, Nueva York: Basic Books, 1985.

General

www.hyperparenting.com

Educación

www.montessori.edu
www.zerosei.comune.re-it (sitio internacional de Reggio Emilia)
www.awsna.org (Association of Waldorf Schools of North America)
www.steinerwaldorf.org.uk
www.stanford.edu/dept/SUSE/sosconference/ (SOS: Stressed-Out Students, estudiantes estresados)
www.nhen.org (educación en el hogar, EE.UU.)
www.home-education.org.uk
www.flora.org/homeschool-ca/achbe/index.htmal (educación en el hogar, Canadá)
www.stjohns.wilts.sch.uk/home.htm (St. John's School and Community College, Marlborough)
www.rsa.org.uk/newcurriculum (reforma del plan de estudios en el Reino Unido)

Extraescolares

www.froginthehole.com
www.ipaworld.org (International Play Association, Asociación Internacional de Juegos)
www.ipaargentina.org.ar/laboratorio.php (Laboratorio de Juguetes y Juegos, IPA Argentina)
www.sitrec.kth.se (International Toy Research Center, Centro Internacional de Investigación en Juguetes, Estocolmo)

Tecnología

www.childrenssoftware.com (reseñas de tecnología para niños)
www.blogging.wikia.com/wiki/Blogger's_Code_of_Conduct
www.lazytown.com
www.mediadietforkids.com/book/book_authors.html

Deportes

www.giveusbackourgame.co.uk (Give Us Back Our Game, 'Devolvednos
    nuestro juego')
www.bobbigelow.com
AbramsD@missouri.edu (actualizaciones diarias por correo electrónico de
    deportes juveniles)
www.silkensactivekids.ca/content/Home.asp (Canadá)
www.byardsports.com (Danny Bernstein's Backyard Sports)

Consumismo

www.commercialalert.com
www.charliecrow.co.uk
www.birthdayswithoutpressure.org

Seguridad

www.homezones.org
www.iwalktoschool.org

AGRADECIMIENTOS

Jamás podría haber escrito este libro sin la ayuda de muchas personas.

Mi agente, Patrick Walsh, allanó el camino con su brío y visión habituales. Mis editores, Gideon Weil, de HarperOne, San Francisco, y Michael Schellenberg, de Knopf Canadá, formaron el equipo perfecto: pacientes, prudentes, comprometidos, meticulosos y siempre dispuestos a ofrecer palabras de ánimo. Ian Marshall, mi editor en Orion UK, me acompañó en todo momento, reflexivo y tranquilizador.

Para que este libro fuera de veras internacional, confié en la ayuda de personas de todo el mundo en lo concerniente a investigaciones y entrevistas. Quiero expresar mi gratitud a Chin-Hwa Lee, Steven Wong, Raymond Cheung, Maki Tanabe, Steve Trautlein, Sachie Kanda, Anna Fleischer. A lo largo de su preparación, hablé con centenares de familias, profesores y médicos, y les estoy muy agradecido a todos por haberme concedido su tiempo y haber compartido casos y conocimientos. Sólo el nombre de algunos aparece en estas páginas, pero todas las entrevistas contribuyeron a modelar el libro. También estoy en deuda con los muchos investigadores y expertos que me explicaron pacientemente su tarea. Un agradecimiento especial a Cathy Bache; Danny y Beth Bernstein; Jasmin Blunck; Mike Brody; Vincent Carpentier; Bill Doherty; David Eberhard; Arar Han; Kathy Hirsh-Pasek; Maurice Holt; Julie Lam; Levin; Marcia Marra; Annamaria Mucchi, Claudia Giudici y todos los componentes de Reggio Children; Lena Nyberg; Tommi Paavola; Genevieve Pan; Denise Pope; Rachel Nixsieman; Vivian Numaguchi; Alejandra Rabuini; Gisela Rao; Uwe Schott; Heather Tansem; Eileen y Edward Tracy.

También me gustaría dar las gracias a mis padres, y sobre todo a mi madre, por ayudarme a dar los últimos retoques al libro. Pero como siempre, mi gratitud más profunda es para mi esposa, Miranda France, por su paciencia, su don con las palabras y su gracia para ver el lado divertido de las cosas. Y por ser una madre tan buena para nuestros hijos.

ÍNDICE